I0888853

Sommaire

articles

Sébastien CARÉ et Gwendal CHÂTON, *Néolibéralisme(s) et démocratie(s)* 3

Sébastien CARÉ, *La dérive des continents néolibéraux : essai de typologie dynamique* 21

Serge AUDIER, *« Néolibéralisme » et démocratie dans les années 30, Louis Rougier et Louis Marlio* 57

Gwendal CHÂTON, *Libéralisme ou démocratie ? Raymond Aron lecteur de Friedrich Hayek* 103

Jean SOLCHANY, *Le problème plus que la solution : la démocratie dans la vision du monde néolibérale* 135

Gilles CAMPAGNOLO, *Hayek au Japon : la réception d'une pensée néolibérale* 171

Daniel MANSUY HUERTA, *Jaime Guzman : une synthèse libérale-conservatrice* 209

Recensions

Anthony B. Atkinson, *Inequality*, Cambridge (Ma), Harvard University Press, 2015
par Serge-Christophe KOLM 231

Pierre-Yves Quiviger, *Le secret du droit naturel ou Après Villey*, Paris, Classiques Garnier, 2013
par Guillaume DROUOT 235

NÉOLIBERALISME(S) ET DÉMOCRATIE(S)

SÉBASTIEN CARÉ ET GWENDAL CHÂTON

> Les idées, justes ou fausses, des philosophes de l'économie et de la politique ont plus d'importance qu'on ne le pense en général. A vrai dire le monde est presque exclusivement mené par elles. Les hommes d'action qui se croient parfaitement affranchis des influences doctrinales sont d'ordinaire les esclaves de quelque économiste passé. Les visionnaires influents, qui entendent des voix dans le ciel, distillent des utopies nées quelques années plus tôt dans le cerveau de quelque écrivailleur de Faculté. Nous sommes convaincus qu'on exagère grandement la force des intérêts constitués, par rapport à l'empire qu'acquièrent progressivement les idées. (Keynes, 1936)

> Ce qui, du point de vue de l'observateur contemporain, semble être un affrontement d'intérêts opposés a bien souvent été décidé antérieurement par un débat d'idées dans des cercles plus restreints. (Hayek, 1949)

NÉOLIBÉRALISME : L'ÉTRANGE SUCCÈS D'UN CONCEPT MOU

Longtemps d'un usage très marginal, le concept de « néolibéralisme » a vu son emploi s'étendre considérablement dans les dernières années du XXe siècle (Flew, 2014). La croissance exponentielle du recours à ce vocable, depuis maintenant plus de vingt ans, n'a pas été seulement observable dans les débats qui se déroulent au sein de l'espace public : le néolibéralisme s'est aussi peu à peu imposé dans l'espace académique comme un objet d'étude désormais légitime.

En philosophie, en économie, en science politique, en sociologie et en histoire, les travaux sur le néolibéralisme fleurissent depuis deux décennies, ce phénomène ayant été encore amplifié par la publication du cours que Michel Foucault lui a consacré à la fin des années 1970 au Collège de France (Foucault, 2004). Par-delà la pluralité des définitions retenues, la multiplicité des méthodes mobilisées et la diversité des appréciations posées, un fait massif s'impose : l'étude du néolibéralisme est aujourd'hui à la mode.

Un examen de cette production académique foisonnante révèle cependant qu'il n'existe aucun consensus quant au contenu prêté au néolibéralisme, quant au sens donné à son histoire et quant à son impact sur le monde contemporain. Les travaux portant sur le concept insistent tantôt sur l'impossibilité qu'il y aurait à le rapporter à une définition unique, tantôt sur la très grande cohérence du projet de transformation sociale dont il serait le fondement. Les recherches sur l'histoire et la sociologie du néolibéralisme décrivent ici une quasi-conspiration déployant dans l'ombre une stratégie hégémonique à l'échelle mondiale, là un mouvement sans unité, à la fois éclaté dans des contextes nationaux fortement différenciés et pluriel dans ses orientations politiques et économiques. Les études sur ses prolongements économiques s'interrogent quant à elles sur l'impact du néolibéralisme sur le réel : à la lumière de la crise de 2008, certains ont pu expliquer que notre époque se caractériserait par un recours insuffisant au néolibéralisme, d'autres au contraire ont insisté sur sa responsabilité écrasante dans le déclenchement de la crise financière et des difficultés économiques qui l'ont suivie. La prolifération tous azimuts des recherches sur le néolibéralisme conduit ainsi à une situation pour le moins paradoxale : plus elles se multiplient, moins on perçoit clairement ce que signifie cette notion qui ressemble fort à ce que les Anglo-saxons appellent un *fuzzy concept*.

LE NÉOLIBÉRALISME À L'ÉPREUVE DE LA CRITIQUE

Si les travaux universitaires sur le néolibéralisme se caractérisent ainsi par une très grande diversité, il n'en reste pas moins que les approches critiques sont aujourd'hui largement dominantes. Par-delà leurs différences, qui sont évidemment loin d'être négligeables, ces approches ont pour point commun de s'employer à dévoiler les dangers anthropologiques du néolibéralisme et à mettre en évidence les conséquences politiques et sociales délétères qu'engendrerait sa mise en pratique dans les sociétés contemporaines, au nord comme au sud de l'équateur. Si la galaxie des approches critiques apparaît très vaste, il est néanmoins possible d'y distinguer trois étoiles qui brillent d'une lumière particulièrement intense. On ne peut en effet que relever l'incontestable vitalité de trois branches de la pensée critique : la première trouve sa source dans la philosophie de Karl Marx, la deuxième s'inscrit dans le sillage de la sociologie de Pierre Bourdieu, la troisième trouve son inspiration dans la démarche archéo-généalogique proposée par Michel Foucault. Sans prétendre à une impossible exhaustivité, et sans nier qu'il existe des métissages possibles entre ces trois inspirations, on voudrait évoquer ici brièvement ce qui fait l'actualité de chacune d'elles.

L'approche marxiste envisage le néolibéralisme comme la nouvelle idéologie dominante qui recouvre de son voile trompeur – on se souvient de la métaphore de la *camera obscura* utilisée dans *L'idéologie allemande* (Marx et Engels, 1845) – la forme contemporaine prise par le capitalisme. Sur le plan de l'analyse économique, les travaux récents de Gérard Duménil et Dominique Lévy illustrent parfaitement cet angle d'attaque (Duménil et Lévy, 2010 et 2014). A leurs yeux, le néolibéralisme correspond à une nouvelle phase du capitalisme, débutée dans les années 1970, qui prend la forme d'une « restauration » permettant un accroissement des revenus des classes supérieures – et notamment du petit monde de la finance (Duménil et Lévy, 2009). Au plan philosophique, les travaux de Stéphane Haber envisagent quant à eux le néolibéralisme comme un « néocapitalisme » reposant sur une « ontologie sociale » spécifique qui, tout en donnant l'impression de concourir à la libération des individus, met *de facto* en place de nouvelles formes d'aliénation toujours plus subtiles (Haber, 2013). Les travaux du géographe britannique David Harvey, qui font du néolibéralisme un « projet de classe » au service d'une domination accrue permise par le « capitalisme global » (Harvey, 2014), s'inscrivent aussi dans ce courant qui connaît indéniablement, depuis quelques années, un nouveau souffle.

L'approche bourdieusienne apparaît certes très soucieuse de se distinguer de l'approche marxiste (Pallotta, 2015), mais elle partage avec elle cette conception du néolibéralisme comme idéologie du temps présent. Dans un texte célèbre publié à la fin des années 1990 sous le titre « l'essence du néolibéralisme » (Bourdieu, 1998a), le « dernier Bourdieu » décrivait le néolibéralisme comme « l'utopie, en voie de réalisation, d'une exploitation sans limites », comme « un programme de destruction méthodique des collectifs », mais aussi comme une « nouvelle croyance » se présentant « comme la forme suprême de l'accomplissement humain » – ce que d'autres ont pu appeler, un demi-siècle auparavant, une religion séculière. Dans son sillage, les travaux de Loïc Wacquant (Wacquant, 1998, 1999 et 2009) ou de Keith Dixon (Dixon, 2000, 2005 et 2008) ont cherché à mettre en évidence les conséquences politiques et sociales néfastes de cette religion de l'économie qui aurait réussi à conquérir une hégémonie culturelle indiscutable. Pour les tenants de cette approche, il s'agit bien de dénoncer une utopie ravageuse tout en militant simultanément pour la formation d'une « gauche de gauche » qui défend l'État et les services publics afin de lutter contre « l'invasion néolibérale » (Bourdieu, 1998b). Ajoutons enfin que ce courant a également inspiré des recherches portant plus spécifiquement sur l'histoire – il est vrai longtemps méconnue – de la branche française de ces nouveaux croyants que seraient les penseurs néolibéraux (Denord, 2007).

L'approche foucaldienne, quant à elle, propose d'envisager le néolibéralisme sous un autre jour, c'est-à-dire comme une « gouvernementalité » d'un nouveau genre. En France, ce sont sans doute Pierre Dardot et Christian Laval qui incarnent le mieux la reprise et le prolongement des intuitions foucaldiennes. Ils décrivent ainsi le néolibéralisme comme « la nouvelle Raison du monde » ayant réussi à imposer un gouvernement des vivants qui passe par une transformation complète des rapports de pouvoir : le néolibéralisme reposerait ainsi tout entier sur la figure inédite de « l'individu-entrepreneur » (Dardot et Laval, 2009). Par contraste avec l'approche bourdieusienne, l'approche foucaldienne propose en outre de ne pas envisager les mutations contemporaines sous l'angle d'une « démission de l'État », mais plutôt comme une reconfiguration de l'État qui devient ainsi « l'agent le plus efficace de la mutation néolibérale des sociétés » (Laval, 2014). Outre-Atlantique, les travaux de Wendy Brown s'inspirent aussi de la vision foucaldienne du néolibéralisme afin de mettre en évidence un phénomène de « dé-démocratisation » qui, à partir du laboratoire américain, se diffuserait partout sur le globe, le néolibéralisme étant voué à s'allier naturellement avec le néoconservatisme (Brown, 2007). Des trois courants de la pensée critique, c'est sans doute ce dernier qui est aujourd'hui le plus vivace, comme en témoigne la parution de deux numéros importants de la revue *Raisons politiques* soumettant les thèses de Foucault à la discussion (*Raisons politiques*, 2007 et 2013).

LE NÉOLIBÉRALISME AU PRISME DE L'HISTOIRE DES IDÉES

Les contributions présentées dans ce dossier viennent de quatre disciplines différentes – la philosophie, l'histoire, l'économie et la science politique. Elles ont pour point commun de s'inscrire en dehors de l'orbite des approches critiques pour se situer, plus modestement, dans celui de l'histoire des idées politiques et économiques – ce qui n'implique pas pour autant un quelconque présupposé philolibéral. Un tel positionnement ne va pas de soi aujourd'hui, tant il est vrai que l'histoire des idées passe dorénavant pour une perspective quasiment obsolète, en tout cas naïvement idéaliste, quand elle n'est pas tout simplement suspectée de charrier des opinions conservatrices plus ou moins latentes. Beaucoup considèrent ainsi qu'elle est vouée à se muer en une « histoire sociale des idées politiques » enfin débarrassée de sa candeur et de son surmoi réactionnaire (Pudal, 2006 ; Matonti, 2012). Rien n'interdit de considérer, cependant, que l'histoire des idées politiques n'est pas définitivement condamnée et qu'elle peut évoluer sans être phagocytée par le *sociological turn* (Nay, 2016). C'est le pari de ce numéro que d'illustrer la pertinence d'une démarche qui, sans négliger les apports de la « nouvelle histoire des idées » (Giroux et Karmis, 2013 ; Skornicki et Tournadre, 2015), n'entend pas pour autant congédier les formes plus traditionnelles d'investigation.

Cette manière hétérodoxe de s'intéresser au néolibéralisme découle de quatre choix méthodologiques clairement assumés que l'on peut formuler sous forme de principes. Elle repose tout d'abord sur un *principe de charité interprétative* qui conduit à prendre au sérieux les idées avancées par les penseurs néolibéraux, à les étudier en détail en explorant leur logique interne, à chercher à reconstituer le dédale que constitue chaque proposition théorique basée sur une architecture conceptuelle toujours singulière, et donc à refuser de faire des idées de simples outils au service d'une recherche de rétributions matérielles et/ou symboliques. C'est seulement au prix d'une telle *épochè* qu'il apparaît possible de comprendre en profondeur l'intentionnalité qui caractérise ces propositions théoriques : sans respecter ce vœu d'abstinence axiologique, il semble bien difficile de réellement progresser dans l'intelligibilité de l'objet « néolibéralisme ».

Elle entend ensuite mettre en œuvre un *principe de non-hiérarchisation* qui amène à étudier avec autant de curiosité les grands penseurs consacrés que nombre d'auteurs aujourd'hui oubliés, et ceci en dépit de l'importance qu'ils ont pu avoir à certains moments-clés de l'histoire du mouvement néolibéral. Il ne s'agit donc pas de produire une « histoire des vainqueurs », mais plutôt de s'inspirer de ce qu'on appelle aujourd'hui l'« histoire des possibles » (Deluermoz et Singaravélou, 2016) : cela passe par une patiente reconstruction des différents chemins qu'aurait pu prendre cette histoire si les choses s'étaient passées autrement, ce qui permet en outre d'envisager les voies de possibles réorientations futures. Contrairement à ce que suggère l'image réifiante d'un néolibéralisme ossifié et pleinement réalisé, l'attention à l'égard de penseurs plus marginaux vient révéler qu'il n'a peut-être pas épuisé toutes ses potentialités et que, par conséquent, il demeure susceptible d'emprunter à l'avenir d'autres chemins. Dans cet esprit, le regard porte alors moins sur *le* néolibéralisme que sur *les* néolibéralismes auxquels une telle histoire des idées peut permettre d'accéder.

Cette manière de procéder insiste encore sur l'importance d'un *principe de contextualisation* : elle tente en effet de « tenir les deux bouts de la chaîne », c'est-à-dire qu'elle essaye de ne jamais séparer l'étude approfondie des idées de leur inscription dans un contexte d'énonciation. Au-delà d'une référence commode au contexte, devenue un peu rituelle avec la diffusion de l'œuvre de Quentin Skinner (Skinner, 1969 ; Tully, 1989), cela suppose concrètement d'intégrer à l'analyse l'examen de multiples dimensions qui tiennent aux contextes politiques et économiques bien sûr, mais aussi aux contextes culturels nationaux, aux contextes sémantiques ou encore aux contextes académiques. Là aussi, plutôt que d'évoquer l'inscription dans *un* contexte d'énonciation, il faudrait mieux se référer à *des* contextes divers dans lesquels les auteurs néolibéraux sont plongés lorsqu'ils produisent leurs systèmes de pensée.

Enfin, cette démarche repose également sur ce que l'on pourrait appeler un *principe d'horizontalité*. Cela signifie qu'elle entend ne pas négliger la question de la réception et de la circulation des idées néolibérales, afin notamment de ne pas laisser de côté les phénomènes souvent décisifs de traduction, d'appropriation et de prolifération transnationale dont elles ont effectivement fait l'objet. Néanmoins, la mise en évidence de ces dynamiques ne peut être entreprise sans s'interroger au préalable sur leurs conditions de possibilité théoriques, c'est-à-dire sans en passer par l'étude de la logique interne des discours concernés ainsi que de leurs contextes de production.

Les contributions réunies dans ce numéro thématique s'inscrivent ainsi dans une perspective de travail résolument ouverte et sans *a priori* sur le néolibéralisme. Cette approche, volontairement humble et non dogmatique, cherche avant tout à faire progresser l'intelligibilité d'un objet conçu non pas comme un bloc homogène, mais comme un ensemble complexe de doctrines dont certaines ont lourdement pesé sur le cours du dernier demi-siècle, tandis que d'autres se sont perdues dans les oubliettes de l'histoire ou ont été abandonnées à la critique rongeuse des souris. Cette perspective n'est pas sans lien avec celle qui inspire deux ouvrages publiés récemment aux États-Unis (Stedman Jones, 2012 ; Burgin, 2012), mais tout en insistant davantage que ne le font ces livres sur la diversité de la nébuleuse néolibérale et sur l'existence, dans son histoire, de plusieurs possibles non advenus – une orientation en consonance avec les travaux de Serge Audier (Audier, 2007 et 2012). Simultanément, une telle démarche entend aussi contribuer à sa manière à la compréhension de l'étonnante « résilience » dont le néolibéralisme a su faire preuve sur la longue durée (Schmidt et Thatcher, 2013) : il est vrai que son « étrange survie » depuis quatre décennies, notamment dans le domaine économique qui est sa facette la plus visible, ne peut que susciter l'interrogation (Crouch, 2016).

LE NÉOLIBÉRALISME FACE À LA QUESTION DÉMOCRATIQUE

Ce dossier propose de surcroît d'explorer la variété des néolibéralismes en questionnant leurs rapports contrastés et parfois ambigus à la démocratie. Deux manières de rendre compte de cette diversité peuvent ainsi être envisagées : l'une qui s'attache en quelque sorte à construire une échelle des degrés d'adhésion au régime démocratique ; l'autre qui cherche à distinguer la nature des correctifs que certains penseurs ont proposé de lui apporter.

Si la démocratie a pu faire l'objet, au sein d'une même famille doctrinale, d'attitudes aussi contradictoires, c'est paradoxalement parce que beaucoup de néolibéraux défendent une même conception négative de la liberté. Comme l'a très clairement énoncé Isaiah Berlin, ce choix découle de la priorité donnée à la question « Jusqu'où le gouvernement s'ingère-t-il dans mes affaires ? » sur celle consistant à se demander « Qui me gouverne ? », à laquelle s'attachent plus volontiers ceux qui défendent une conception positive de la liberté (Berlin, 1969 ; en amont, *cf.* Röpke, 1939 et Hayek, 1960). Or, cette distinction conduit à considérer que la démocratie et le libéralisme constituent des réponses à deux questions bien distinctes, respectivement relatives aux modalités d'exercice et aux limites du pouvoir d'un côté, et à sa dévolution de l'autre. La démocratie entend ainsi remettre au peuple un pouvoir que le libéralisme vise seulement à borner : comme le souligne très nettement Hayek, le vis-à-vis de la démocratie serait donc l'autoritarisme, celui du libéralisme serait le totalitarisme (Hayek, 1960). Pour l'exprimer dans le vocabulaire des mathématiques, les deux questions précédentes seraient similaires à deux droites qui resteraient toujours parallèles.

Les penseurs néolibéraux accordent en général leur partition sur ces distinctions, ce qui les conduit à adopter une définition procédurale et non substantielle de la démocratie : ils la considèrent alors uniquement comme étant une manière de prendre des décisions, d'assurer une gestion pacifique des conflits, de sélectionner des dirigeants en s'assurant la possibilité d'alternances sans violence. Cette distance entretenue à l'égard de la démocratie ouvre ainsi sur un large spectre d'attitudes possibles, d'un rejet pur et simple (Murray Rothbard, Hans-Hermann Hoppe, Robert Nozick, Louis Baudin, Alexander Rüstow) à une adhésion très poussée (Raymond Aron, Norberto Bobbio), en passant par une acceptation qui ne s'opère que sous conditions (Friedrich Hayek, Wilhelm Röpke, Milton Friedman). Cette manière d'envisager les diverses conceptions néolibérales de la démocratie a le mérite de la clarté, mais elle n'est pas exempte d'inconvénients, le moindre n'étant pas de masquer l'existence de différences d'une autre nature, mais aussi de donner sans doute trop de crédit à la thèse d'une indépendance possible entre néolibéralisme et démocratie.

Une lecture approfondie de ces philosophes suggère en effet que la question du régime politique ne leur est pas totalement indifférente. Si on laisse de côté les néolibéraux les plus vigoureusement hostiles à la démocratie, on doit relever que beaucoup de ceux qui en acceptent les principes la rejettent lorsqu'elle prend une forme qualifiée par eux d'« illimitée » (Hayek, 1979), de « pure » (Röpke, 1962) ou encore d'« exaspérée » (Ortega y Gasset, 1917). La compossibilité du néolibéralisme et de la démocratie s'obtient alors au prix d'une contention de cette dernière : l'indépendance entre la doctrine et le régime paraît donc devoir être relativisée. Partant, la réponse à la question des limites du pouvoir influencerait bien celle donnée à la question platonicienne que rejetait avec tant de vigueur Karl Popper : « Qui doit gouverner ? » (Popper, 1993). Pour filer la métaphore mathématique, ces deux questions seraient similaires à deux droites qui finiraient nécessairement par devenir sécantes.

Ce constat invite à appréhender différemment les rapports du néolibéralisme à la démocratie, qu'il ne s'agit plus d'interroger dans les termes d'une plus ou moins grande compatibilité, mais selon la manière dont ils s'influencent réciproquement. On découvre alors que, si la plupart des néolibéraux insistent sur la nécessité de borner le processus démocratique, le registre des griefs qu'ils lui adressent dans sa forme « chimiquement pure » et la nature des limites qu'ils lui opposent présentent des différences significatives – ce qui illustre d'ailleurs, une fois de plus, la grande diversité des néolibéralismes. On doit notamment insister sur trois attitudes de méfiance néolibérale vis-à-vis de la démocratie, que l'on peut certes parfois retrouver associées sous une même plume, mais qui doivent néanmoins être analytiquement distinguées. Nous verrons sans grand étonnement réapparaître, derrière ces trois critiques bien distinctes, les principales écoles néolibérales du XXe siècle : celle de Fribourg, celle de Chicago et celle de Vienne.

Une première attitude néolibérale, que l'on peut qualifier de *conservatrice*, déplore l'irruption des « masses » indisciplinées dans l'espace public et propose, pour conjurer ce qu'elle perçoit comme le signe d'une dégénérescence culturelle, de confier l'exercice du pouvoir à une élite vertueuse. S'inspirant du diagnostic sévère dressé par José Ortega y Gasset dans *La Révolte des masses* (Ortega y Gasset, 1929), cette critique, notamment portée par les ordolibéraux allemands, commence par dénoncer les effets délétères de la démocratie, coupable d'exacerber un pluralisme nocif (Röpke, 1962), de conforter les masses dans un matérialisme étriqué et d'affaiblir les dispositions vertueuses des individus. Le régime démocratique est ici accusé de placer à la tête de la société des « hommes non habilités pour en prendre la direction spirituelle, parce qu'incapables de se distinguer suffisamment des masses nivelées, auxquelles ils appartiennent par leur savoir et leurs réactions affectives » (Röpke, 1939, pp. 21-22). Au modèle d'une société de masse bureaucratisée et avilissante, les ordolibéraux entendent ensuite substituer l'idéal d'une société organique unie dans une culture et des modes de vie stables et partagées, ordonnée par un État fort, capable de résister aux humeurs d'un peuple irrationnel et dirigée par ce que Röpke appelait, avec une nostalgie non dissimulée pour le Moyen Âge, des « aristocrates de l'esprit civique » (Röpke 1958 ; en amont, *cf.* également Rougier, 1938). En creux de cette critique de la démocratie, on décèle ainsi une forme singulière de néolibéralisme qui nécessite le secours d'un État alerte dont l'activité consiste notamment à entretenir une tradition morale commune qui le renforce en retour, tout en servant de base au bon fonctionnement de la vie économique.

Une deuxième posture néolibérale, que l'on propose de nommer *technocratique*, dénonce l'inefficacité de la « démocratie illimitée » et envisage de soustraire à la délibération collective un grand nombre de questions que seule une élite savante devrait pouvoir trancher. Cette critique transcende les chapelles du néolibéralisme, et se retrouve notamment chez Walter Lippmann dans sa controverse avec John Dewey, chez certains libéraux français comme Louis Marlio et Jacques Rueff, mais aussi chez les économistes de l'école de Chicago bien représentés sur ce point par Milton Friedman. Ce n'est alors pas tant le caractère avilissant de la démocratie qui se trouve dénoncé que son incapacité à répondre de manière efficace à des défis qu'il s'agit de ravaler au rang de simples problèmes techniques. En réponse à cette inefficience, ces néolibéraux favorables à la technocratie proposent de corriger la démocratie en lui administrant une dose d'élitisme qui n'est pas, comme chez les ordolibéraux, d'ordre moral, mais scientifique. A l'aristocratie envisagée par les ordolibéraux succède ici une « expertocratie » dont les *Chicago Boys* sont la figure la plus connue. Cependant, de même que la vertu des élites avait, chez les ordolibéraux, vocation à entretenir la morale de tous les citoyens, les néoclassiques ne désespèrent pas que la rationalité des décisions éclairées par le savoir des experts finisse par informer le comportement des individus en société. Les études foucaldiennes ont bien montré comment l'économie néoclassique définissait une gouvernementalité visant à orienter le comportement des individus vers davantage de rationalité. Dans le sillage de la pensée de Jeremy Bentham – dont Milton Friedman se réclame parfois – et dans une veine manifestement utilitariste – qu'il ne dissimule pas –, les néoclassiques s'emploient à faire que les individus agissent conformément à une norme et deviennent, selon la formule consacrée, des « entrepreneurs d'eux-mêmes ». L'ambition sous-jacente ici est de faire en sorte que les individus, devenant le plus utiles à eux-mêmes, soient en même temps le plus utiles à la société. Cette critique de la démocratie trahit ainsi une version très singulière du néolibéralisme qui, chevillée à une épistémologie résolument positiviste, entend réduire le politique à une simple technique consistant à optimiser scientifiquement les flux et les comportements économiques.

Un troisième discours néolibéral sur la démocratie, que l'on suggère de qualifier de *pluraliste*, repose sur la dénonciation d'un risque – celui d'une asphyxie des minorités – qui conduit à circonscrire le domaine d'application de la règle majoritaire. Cette critique, notamment adressée par l'école autrichienne, doit être distinguée des deux précédentes. Reposant sur une épistémologie moins optimiste que celle qui anime les économistes néoclassiques, elle ne croit pas tout d'abord en la possibilité de régler scientifiquement les problèmes politiques, et n'envisage nullement de remettre le pouvoir à une poignée de technocrates. Ensuite, cette critique ne suppose pas, à l'instar des ordolibéraux, l'existence d'une morale commune, dont elle confierait à ceux qui la cultivent le mieux la charge de la faire éclore parmi les autres, mais déplore au contraire que la démocratie, en conduisant au conformisme, n'entretienne pas assez le pluralisme des opinions et des valeurs – une crainte partagée par tous les penseurs néo-tocquevilliens. C'est la thèse, notamment défendue par Friedrich Hayek, qui regrette que l'action majoritaire, nécessairement « cantonnée dans ce qui a déjà été tenté et vérifié », ne pouvant se mouvoir qu'à « l'intérieur du cadre établi des opinions », mène finalement à une « société stagnante » ne sachant pas tirer profit des bienfaits que les minorités innovantes sont susceptibles de lui apporter (Hayek, 1960, p. 32, 101 et 33). Conçue comme une « ouverture aux inventeurs inconnus », la liberté est selon lui toujours mieux employée par les minorités dissidentes que par la majorité : pour être acceptable, la démocratie doit ainsi savoir suspendre son pouvoir et laisser se développer, à l'abri de son emprise, les opinions non-conformistes. Elle trouverait alors ses conditions de félicité en dehors d'elle-même : « L'idéal de la démocratie se fonde sur la confiance dans l'émergence de vues directrices, par un processus indépendant et spontané. Cela exige donc l'existence d'une large sphère où les opinions des gens se forment, à l'abri de l'influence de la majorité » (Hayek, 1960, p. 107). Ce qui caractérise ici l'élite qu'il s'agit de faire émerger pour prévenir les méfaits de la démocratie, ce n'est pas qu'elle serait plus vertueuse ou plus savante, mais seulement qu'elle exprimerait des idées divergentes, opposées à ce que pense la majorité d'aujourd'hui, mais susceptibles d'inspirer celle de demain. C'est pourquoi il est nécessaire, explique encore Hayek, que « des hommes porteurs d'idées divergentes ou de goûts différents, aient la faculté de soutenir par leurs moyens et leurs énergies des idéaux que la majorité ne partage pas encore. » (Hayek, 1960, p. 124).

Si aucun des penseurs néolibéraux n'envisage ainsi de laisser simplement la démocratie livrée à elle-même, ceux qui en acceptent une forme plus ou moins limitée lui opposent des freins élitaires de nature bien différente, puisque la charge de contrebalancer le pouvoir de la majorité est tour à tour confiée aux plus vertueux, aux plus savants et aux plus dissidents. Rien n'interdit d'ailleurs que les trois soient mobilisés de conserve, comme le fait par exemple Raymond Aron au sortir de la Seconde Guerre mondiale : « Une élite unifiée signifie la fin de la liberté. Mais quand les groupes de l'élite ne sont pas seulement distincts mais désunis, cela entraine la fin de l'État. La liberté ne survit que dans ces régions intermédiaires, continuellement menacées, où existe l'unité morale de l'élite, où les hommes et les groupes préservent le secret de la sagesse simple et éternelle et ont appris comment concilier l'autonomie et la coopération » (Aron, 1949, p. 500).

PRÉSENTATION DES CONTRIBUTIONS

En ouverture de ce dossier, Sébastien Caré propose une typologie des principales variantes de la pensée néolibérale construite autour de deux critères. Le premier, politique, dispose sur un continuum les partisans d'un interventionnisme étatique et les penseurs qui restent plus fidèles aux principes du laissez-faire. Le second, d'ordre épistémologique et plus rarement considéré, distingue les tendances positivistes des pensées plus réticentes à l'importation dans le domaine économique des méthodes employées par les sciences naturelles. En croisant ces deux variables, on obtient quatre positions possibles, typiquement représentées par quatre écoles de pensée obéissant à des logiques nationales : l'école de Fribourg des ordolibéraux (Wilhelm Röpke, Alexander Rüstow), interventionniste et antipositiviste ; l'école de Chicago des économistes néoclassiques (Milton Friedman, Gary Becker), non interventionniste et positiviste ; l'école de Vienne des « Autrichiens » (Ludwig von Mises, Friedrich Hayek, Murray Rothbard) anti-interventionniste et antipositiviste ; l'école de Paris des libéraux français (Louis Rougier, Jacques Rueff, Maurice Allais) interventionniste et positiviste. A la lueur de cette typologie, l'auteur s'efforce ensuite de repérer les nombreux glissements de sens qui se sont opérés dans l'histoire du néolibéralisme, à travers l'examen de trois grandes périodes. La première (1930-1960) voit le sens du mot d'abord se stabiliser pour désigner le projet des écoles allemande et française, puis s'élargir pour fédérer les quatre chapelles évoquées précédemment. Une deuxième période (1960-2010) est dans un premier temps marquée par la disparition relative du terme et la radicalisation du mouvement, puis dans un second temps par sa réapparition dans un sens inédit et polémique, resserré autour des seules versions américaine et autrichienne. Une troisième période paraît s'ouvrir à la fin des années 2000 avec la crise économique et financière qui divise les néolibéraux et rend encore plus problématique l'emploi du terme « néolibéral ».

Serge Audier opère ensuite un retour salutaire aux années 1930, période durant laquelle le néolibéralisme fait son apparition dans un contexte où la critique de la démocratie constitue la toile de fond des débats politiques : elle est en effet considérée par beaucoup comme un régime inadapté aux temps nouveaux, en somme comme un régime condamné par l'Histoire. Ce retour aux origines du néolibéralisme permet d'examiner en détail trois conceptions différentes de cette notion qui s'accompagnent d'autant de manières d'apprécier la démocratie. Walter Lippmann tout d'abord, célèbre *columnist* américain autour duquel sera organisé le colloque éponyme si important pour la suite de l'histoire du néolibéralisme, propose d'opérer une « révision du libéralisme » qui s'articule avec une reconstruction de la démocratie autour de la *common law*. Louis Rougier ensuite, philosophe logicien atypique et méconnu à l'origine du colloque de 1938, défend de son côté un « libéralisme constructeur » s'appuyant sur une démocratie libérale dont il réévalue, au regard des expériences totalitaires, les vertus protectrices, après l'avoir sévèrement critiquée dans les années 1920. Louis Marlio enfin, figure importante de cette histoire bien qu'aujourd'hui presque oubliée, se fait quant à lui le promoteur d'un « libéralisme social » qui repose sur une compréhension de la démocratie comme régime devant impérativement répondre aux nouvelles exigences égalitaires. Ce détour bienvenu par les années 1930 conduit ainsi à souligner à la fois la diversité des conceptions du néolibéralisme naissant et celle des théories de la démocratie qui lui sont liées.

Gwendal Châton se livre à une relecture croisée des œuvres de deux penseurs majeurs du néolibéralisme, Raymond Aron et Friedrich Hayek, en prenant pour fil conducteur les critiques formulées par le premier tout au long du déploiement de l'œuvre du second. Il montre ainsi que, sur une période qui court des années 1940 au début des années 1980, l'opposition de ces deux pensées se cristallise autour de trois questions. La première divergence est relative à la place devant être laissée aux libertés économiques : elles sont clairement considérées comme fondatrices par Hayek, alors qu'elles n'apparaissent que secondaires pour Aron qui insiste davantage sur les libertés personnelles et politiques. La deuxième divergence tient à la définition même du concept de liberté : alors que Hayek privilégie une définition strictement négative, Aron défend une compréhension plurielle d'un concept qu'il considère comme foncièrement équivoque. La troisième divergence, qui est le point d'aboutissement des deux précédentes, correspond à des conceptions différenciées de la démocratie : si elle doit être rigoureusement limitée pour Hayek, qui préfère à la démocratie politique la « démocratie économique » chère à Ludwig von Mises, elle doit être pleinement acceptée pour Aron en tant qu'elle concilie harmonieusement l'exigence libérale et la revendication égalitaire. Ce parcours, qui montre que le néolibéralisme ne se résume pas uniquement à la reconduction de la vieille méfiance libérale vis-à-vis de la démocratie, peut ainsi permettre de sortir d'une vision parfois caricaturale de cette doctrine.

Jean Solchany s'intéresse ensuite, avec beaucoup de minutie, au rapport ambigu, mais souvent hostile, entretenu par les penseurs néolibéraux à l'endroit de la démocratie. Débutant son enquête à l'orée des années 1930, il repère d'abord, notamment chez les ordolibéraux allemands, et plus particulièrement chez Walter Eucken et Alexander Rüstow, une hantise des masses et une forme de psychose antiparlementaire. Poursuivant son enquête dans la période de l'après-guerre, l'auteur isole ensuite de manière pertinente, dans les œuvres de Wilhelm Röpke et Friedrich Hayek, les vestiges de cette méfiance originelle, en soulignant leur tentative de limiter, jusqu'à les vider de leur substance, les principes démocratiques. A la lumière de ces considérations préalables, l'auteur est alors en mesure d'éclairer l'attitude indulgente de certains néolibéraux (James Buchanan, Milton Friedman, Wolfgang Frickhöffer, Friedrich Hayek, Reed Irvine, Erik von der Kuehnelt-Leddihn, Christian Watrin) à l'égard des régimes autoritaires, et plus particulièrement du Chili de Pinochet. L'article s'achève sur l'évocation de certaines manifestations contemporaines de cette défiance néolibérale vis-à-vis de la démocratie, notamment à travers une présentation des thèses particulièrement radicales de Gerhard Schwarz, Hans-Hermann Hoppe et Murray Rothbard.

Gilles Campagnolo porte un regard d'une indéniable originalité sur le destin des idées de Friedrich Hayek dans un contexte national très spécifique. A travers l'étude de la réception de ses idées au Japon, à ce jour le seul pays où l'on dispose d'une traduction intégrale de ses œuvres complètes, il insiste sur les conditions qui ont pu favoriser une appropriation nippone de la pensée de l'économiste viennois. Mais il montre également que celle-ci était loin d'aller de soi en raison d'obstacles de taille, parmi lesquels l'attachement au dirigisme institutionnaliste des élites du parti qui domine la vie politique japonaise depuis un demi-siècle et la prégnance d'une conception qui soumet l'individu au poids des traditions et au primat de la communauté. En dépit de ces barrières, les idées de Hayek ont néanmoins produit des effets très réels sur les politiques publiques : il a bien existé un « moment hayékien » japonais, d'ailleurs plutôt tardif puisqu'il correspond aux trois gouvernements dirigés par Jun'ichirô Koizumi entre 2001 et 2006. Cette période fut notamment marquée par un vaste mouvement de privatisation et de dérégulation conduit par un ministre des finances venu du monde académique et fin connaisseur de l'œuvre de Hayek : Heizo Takenaka. En insistant sur le paradoxe apparent que constitue l'importation d'une pensée dont certains fondements sont radicalement étrangers à la culture nippone, le moindre n'étant pas l'individualisme méthodologique propre à l'école autrichienne, cet article fournit une contribution stimulante à l'étude des logiques de circulation transnationale, des dynamiques d'appropriation locale et des phénomènes d'hybridation qui apparaissent caractéristiques de la diffusion planétaire des idées néolibérales.

En conclusion de ce dossier, Daniel Mansuy Huerta examine le cas emblématique du Chili. Il éclaire la connaissance de ce cas éminent d'application de politiques néolibérales en contexte autoritaire par l'étude de la pensée de Jaime Guzmán, présenté comme l'« architecte de l'ombre » de la dictature du Général Pinochet. Après avoir restitué l'itinéraire atypique de ce jeune étudiant catholique, anticommuniste et traditionaliste âgé de seulement 27 ans lors du coup d'État de 1973, l'auteur étudie le concept, forgé par Guzmán, de « démocratie protégée » : il s'agit en vérité d'une bien étrange « démocratie » qui, tout en proclamant une adhésion à la logique du suffrage universel, s'attache à en limiter les effets pour prévenir durablement toute accession du marxisme au pouvoir. Daniel Mansuy Huerta analyse ensuite avec beaucoup de clarté l'interprétation libérale que fait Guzmán du principe catholique de subsidiarité en insistant sur son versant négatif – qui défend le pouvoir des groupes intermédiaires contre l'ingérence de l'État – et en occultant délibérément son versant plus positif – qui invite l'État à suppléer aux insuffisances du marché. L'article se clôt sur un examen critique de la cohérence interne d'une telle synthèse libérale-conservatrice : si d'un point de vue strictement politique, elle peut être considérée comme une « réussite » – en faisant converger libéralisme et conservatisme, elle a permis d'associer les *Chicago Boys* et les militaires catholiques –, elle présente d'indéniables faiblesses intellectuelles qui expliquent qu'elle apparaisse aujourd'hui comme une doctrine à la fois illégitime et surannée.

RÉFÉRENCES

ARON, Raymond. 1949. « Structure sociale et structure de l'élite », *in* R. ARON, *Les sociétés modernes*. Paris : PUF. 2006.

AUDIER, Serge. 2007. *Aux origines du néo-libéralisme : le colloque W. Lippmann*. Bordeaux : Le Bord de l'eau.

—. 2012. *Néo-libéralisme(s) : une archéologie intellectuelle*. Paris : Grasset. 2012.

BERLIN, Isaiah. 1969. « Deux conceptions de la liberté », *in* I. BERLIN, *Éloge de la liberté*. Paris : Calmann-Lévy. 1988.

BOURDIEU, Pierre. 1998a. « L'essence du néolibéralisme ». *Le Monde Diplomatique*, mars 1998.

—. 1998b. *Contre-feux. Propos pour servir à la résistance contre l'invasion néo-libérale*. Paris : Raisons d'agir.

BROWN, Wendy. 2007. *Les habits neufs de la politique mondiale : Néo-libéralisme et néo-conservatisme*. Paris : Les Prairies ordinaires.

BURGIN, Angus. 2012. *The Great Persuasion. Reinventing Free Markets since the Depression*. Cambridge (Mass.) : Harvard University Press.

CAHIERS PHILOSOPHIQUES. 2013. « De la théorie néolibérale ». n°133.

CROUCH, Colin. 2016. *L'étrange survie du néolibéralisme*. Paris : Diaphanes Editions.

DARDOT, Pierre et LAVAL, Christian. 2009. *La nouvelle Raison du monde*. Paris : La Découverte.

DELUERMOZ, Quentin et SINGARAVÉLOU, Pierre. 2016. *Pour une histoire des possibles. Analyses contrefactuelles et futurs non advenus*. Paris : Seuil.

DENORD, François. 2007. *Néo-libéralisme, version française : histoire d'une idéologie politique*. Paris : Demopolis.

DIXON, Keith. 2000. *Un digne héritier : Blair et le thatchérisme*. Paris : Raisons d'agir.

—. 2005. *Un abécédaire du blairisme : pour une critique du néo-libéralisme guerrier*. Bordeaux : Éditions du Croquant.

—. 2008. *Les évangélistes du marché*. Paris : Raisons d'agir.

DUMÉNIL, Gérard et LÉVY, Dominique. 2009. « A propos de la crise du néolibéralisme ». *Actuel Marx*, n°46

—. 2010. *The Crisis of Neoliberalism*. Harvard : Harvard University Press.

—. 2014. *La grande bifurcation. En finir avec le néolibéralisme*. Paris : La Découverte.

FLEW, Terry. 2014. "Six theories of neoliberalisme". *Thesis Eleven*, vol. 122, n°1.

FOUCAULT, Michel. 2004. *Naissance de la biopolitique. Cours au Collège de France, 1978-1979*. Paris : Seuil/Gallimard.

GIROUX, Dalie et KARMIS, Dimitrios (dir.). 2013. *Ceci n'est pas une idée politique. Réflexions sur les approches à l'étude des idées politiques*. Laval : Presses de l'Université de Laval.

HABER, Stéphane. 2013. *Penser le néocapitalisme. Vie, capital et aliénation*. Paris : Les Prairies ordinaires.

HARVEY, David. 2014. *Brève histoire du néolibéralisme*. Paris : Les Prairies ordinaires.

HAYEK, Friedrich A. 1979. *Droit, législation et liberté*. Tome III. *L'ordre politique d'un peuple libre*. Paris : PUF. 1983.

—. 1960. *La Constitution de la liberté*. Paris : Litec. 1994.

—. 1949. « Les intellectuels et le socialisme », *in* F. HAYEK, *Essais de philosophie, de science politique et d'économie*. Paris : Les Belles Lettres. 2007.

KEYNES, John M. 1988. *Théorie générale de l'emploi, de l'intérêt et de la monnaie*. Paris : Payot.

LAVAL, Christian. 2014. « Bourdieu et l'État néolibéral ». *Swiss Political Science Review*, vol. 20, n°1.

Marx, Karl et Engels, Friedrich. 1845. *L'idéologie allemande*. Paris : Editions sociales. 2014.
Matonti, Frédérique. 2012. « Plaidoyer pour une histoire sociale des idées politiques ». *Revue d'histoire moderne et contemporaine*, vol. 59, n°4bis.
Nay, Olivier. 2016. « Qu'est-ce que l'histoire des idées politiques? », *in* O. Nay, *Histoire des idées politiques : la pensée occidentale de l'Antiquité à nos jours*. Paris : Armand Colin.
Ortega y Gasset, José. 1917. « Democracia morbosa ». *El Espectador*. Madrid : Biblioteca EDAF. 2007.
—. 1929. *La Révolte des masses*. Paris : Les Belles Lettres. 2010.
Pallotta, Julien. 2015. « Bourdieu face au marxisme althussérien : la question de l'État ». *Actuel Marx*, vol. 2, n°58.
Popper, Karl. 1993. *La leçon de ce siècle*. Paris : Anatolia.
Pudal, Bernard. 2006. « De l'histoire des idées politiques à l'histoire sociale des idées politiques », *in* A. Cohen, B. Lacroix et Ph. Riutort (dir.). *Les fondements de l'activité politique. Eléments d'analyse sociologique, XVII*e*-XX*e *siècle*. Paris : La Découverte.
Raisons politiques. 2007. « Néolibéralisme et responsabilité », n°27.
—. 2013. « Les néolibéralismes de Michel Foucault », n°52.
Röpke, Wilhelm. 1939. *La Crise de notre temps*. Paris : Payot. 1962.
—. 1958. *Au-delà de l'offre et de la demande*. Paris : Payot. 1961.
Rougier, Louis. 1938. « Retour au libéralisme ». *La Revue de Paris*. Paris : Librairie de Médicis, janvier 1938.
Schmidt, Vivien A. et Thatcher, Mark (eds.). 2013. *Resilient Liberalism in Europe's Political Economy*. Cambridge : Cambridge University Press.
Skinner, Quentin. 1969. "Meaning and Understanding in the Histoy of Ideas". *History and Theory*, vol. 8, n°1.
Skornicki, Arnault et Tournadre, Jérôme. 2015. *La nouvelle histoire des idées politiques*. Paris : La Découverte.
Stedman Jones, Daniel. 2012. *Masters of the Universe. Hayek, Friedman, and the Birth of Neoliberal Politics*. Princeton : Princeton University Press.
Tully, James (ed.), 1989. *Meaning and Context : Quentin Skinner and His Critics*. Princeton : Princeton University Press.
Wacquant, Loïc. 1998. « L'ascension de l'État pénal en Amérique ». *Actes de la recherche en sciences sociales*, n°124, septembre 1998
—. 1999. *Les prisons de la misère*. Paris : Raisons d'agir.
—. 2009. *Punishing the Poor : The Neoliberal Government of Social Insecurity*. Duke : Duke University Press.

La dérive des continents néolibéraux : essai de typologie dynamique

Sébastien Caré *

Résumé
Partant du constat d'une certaine confusion régnant dans les études sur le néolibéralisme, cette étude entend apporter des éléments de clarification quant au sens et à l'histoire de la doctrine. Pour ce faire, elle s'efforce tout d'abord de dresser une typologie originale des diverses tendances (ordolibérale, néoclassique, autrichienne et française), puis essaie d'éclairer, à la lueur de cette cartographie, les différentes mutations du mouvement jusqu'à aujourd'hui.
Mots-clés : Ordolibéralisme, école néoclassique, école autrichienne, libertarianisme, néolibéralisme

Abstract
Starting from the observation that there is a great deal of confusion about the notion of « neoliberalism », this study aims at clarifying the meaning and the history of the doctrine. To do so, it first develops an original typology distinguishing four tendencies (ordoliberal, neoclassical, Austrian and French) and then sheds light on the evolution of the movement over the past eight decades.
Keywords: Ordoliberalism, neoclassical economics, Austrian school, libertarianism, neoliberalism

Classification JEL : B20 – B31 – B53 – E50 – H10

INTRODUCTION

Il n'est peut-être pas d'appellations, parmi celles qui circulent dans la littérature en sciences sociales, qui soient à la fois si massivement

* Maître de conférences en science politique à l'Université Rennes 1, chercheur à l'Institut du Droit Public et de la Science Politique. Courriel : sebastien.care@univ-rennes1.fr

employées et si peu définies que celle de « néolibéralisme ». A travers une étude réalisée à partir du dépouillement de 148 articles académiques sur le néolibéralisme parus entre 1990 et 2004, Taylor C. Boas et Jordan Gans-Morse constataient que 69% des contributions utilisaient le terme sans le définir [Boas & Gans-Morse 2011]. La catégorie « néolibéralisme » présenterait ainsi tous les traits de ce que Christopher Pollit et Peter Hupe ont habilement nommé un « concept magique »[1] (notamment son indétermination et sa large diffusion), s'il n'était pas si aisé et fréquent de contester ce qu'elle recouvre. La connotation négative qui lui est si souvent associée[2] la ferait peut-être plus pertinemment figurer parmi ce que l'on pourrait appeler des « concepts maléfiques ».

Il nous semble toutefois regrettable que le terme n'ait pas subi l'épreuve d'une discussion et d'une justification l'autorisant à circuler aussi librement, à la manière dont les notions de « totalitarisme » ou de « fascisme » ont par exemple été interrogées. L'une des conséquences malheureuses de cette incurie définitionnelle est qu'elle autorise des études hétérogènes, sinon contradictoires, dont on a parfois quelque peine à concevoir qu'elles appréhendent la même réalité. A l'image d'une mosaïque, dont la cohérence se révèle à mesure que l'on s'éloigne de l'objet, les représentations du néolibéralisme divergent notamment selon la distance que l'auteur entretient avec la doctrine. Les plus hostiles, dont l'allergie au néolibéralisme les maintient à un écart suffisant pour en apprécier la supposée cohérence, parlent souvent de la doctrine au singulier et en font un concept monolithique[3] dont ils prétendent pouvoir capturer « l'essence » [Bourdieu 1998]. C'est la position notamment de Bourdieu et de ses héritiers, qui voient dans le néolibéralisme une pensée radicale, purement économique et hostile

1. Les « concepts magiques » partagent trois caractéristiques communes : 1) Une certaine plasticité (*broadness*) leur permettant de couvrir des domaines variés et d'accepter des définitions différentes, voire contradictoires ; 2) Une forte présence sur les marchés académique et politique : ils sont « à la mode » et « utilisés par beaucoup de praticiens et d'universitaires ». 3) Une « attractivité normative » leur conférant une connotation positive, « "moderne" et "progressive" » : « il est difficile d'être "contre" eux ». Trois concepts magiques ont été étudiés de manière privilégiée par les auteurs : la gouvernance, la performance (*accountability*) et les réseaux [Pollitt & Hupe 2011].

2. Taylor C. Boas et Jordan Gans-Morse observent ainsi dans leur enquête que, sur les 148 articles examinés, seulement 4 (3%) employaient le terme de manière positive, contre 66 (45%) de manière manifestement péjorative [Boas & Gans-Morse 2011].

3. Ph. Mirowski et D. Plehwe invoquent par exemple sans cesse l'existence d'un « Neoliberal Thought Collective » [Mirowski & Plehwe 2009].

à tout interventionnisme de l'État. C'est aussi, quoique dans un sens presque opposé, l'attitude des foucaldiens[4], qui y discernent plutôt un libéralisme amendé, modéré, gestionnaire et désormais rompu à la sauvegarde du pouvoir en place. La contradiction manifeste entre ces deux conceptualisations fortes indique qu'elles sont l'une et l'autre lacunaires, et ne s'obtiennent qu'au prix d'une mutilation grossière d'une partie de la doctrine néolibérale. Le portrait par exemple que brosse Pierre Bourdieu du néolibéralisme, qu'il présente comme « une pure fiction mathématique », « un programme de destruction méthodique des collectifs », ou encore un ensemble de « techniques d'assujettissement rationnel » [Bourdieu 1998], décrit bien, on le verra, la version néoclassique de la doctrine, mais se révèle à l'examen très infidèle aux paradigmes autrichien et ordo-libéral. A l'inverse, la représentation qu'en donne Michel Foucault, pour qui le néolibéralisme ne se place pas « sous le signe du laissez-faire, mais, au contraire, sous le signe d'une vigilance, d'une activité, d'une intervention permanente »[5] [Foucault 2004, p. 137] néglige imprudemment la pensée utopiste et subversive des penseurs autrichiens qui déroulent parfois, jusqu'à son terme anarchique, la logique de leur antiétatisme. Le néolibéralisme s'offre à ses contempteurs comme un amas de pièces dispersées qu'ils peuvent rassembler à leur convenance selon les thèses qu'ils souhaitent tenir. Un pas de plus vers ces idées néolibérales offre un panorama très différent. Les observateurs qui ont fréquenté plus étroitement les œuvres de l'ensemble des penseurs néolibéraux, et/ou qui manifestent une certaine sympathie avec les plus modérés, préfèrent ainsi parler de la doctrine au pluriel. C'est le cas notamment de Serge Audier [Audier 2012], qui fait sans cesse le constat d'une diversité irréductible des idées néolibérales. La contrepartie d'un tel point de vue est qu'on renonce alors à donner au néolibéralisme un sens fort. Serge Audier ne propose dans son livre aucune définition concurrente du néolibéralisme, et ne lui donne au fond qu'un sens historique, circonstancié : le néolibéralisme ne serait que le nom

4. Si l'hostilité manifestée par la plupart de ses continuateurs à l'endroit du néolibéralisme semble évidente, le rapport que Foucault entretenait avec la doctrine est plus ambigu. Voir notamment Audier 2015.

5. Dans ce sillage, Dardot et Laval voient dans le néolibéralisme « une tentative de refonder le libéralisme *contre l'idéologie naturaliste du laisser-faire* [Dardot & Laval 2009, p. 8], et Fabien Denord soutient que « les rénovateurs du libéralisme ont tourné le dos au maximalisme et à la chimère d'une société sans État » pour imaginer « un art de gouverner plutôt qu'une utopie » [Denord 2007, p. 5].

derrière lequel certains penseurs se sont rassemblés au milieu du XXe siècle. Enfin, les penseurs les plus proches de la doctrine – ceux-là mêmes que le label est censé étiqueter – ne voient qu'une mosaïque d'idées disparates qu'ils refusent de subsumer sous la catégorie englobante de néolibéralisme. Il est ainsi tout à fait frappant que, de tous les penseurs supposés néolibéraux, presqu'aucun n'ait jamais revendiqué le terme[6].

Si l'on écarte cette dernière posture nominaliste, on s'aperçoit que le néolibéralisme pose à ses observateurs un redoutable dilemme, que l'on pourrait schématiquement formuler ainsi : ou bien on pense soi-même le néolibéralisme, mais au risque de trahir les auteurs qui sont supposés l'avoir théorisé et de tronquer l'histoire de sa constitution ; ou bien on se garde de le penser à la place de ses théoriciens, en restant attentif à sa genèse et soucieux de rendre compte du pluralisme qui l'habite, mais il semble alors qu'il faille renoncer à toute définition. L'alternative paraît d'autant plus insurmontable que les deux voies obéissent à des projets théoriques aux ambitions bien distinctes. La première s'apparente à une forme de critique sociale, qui se sert du néolibéralisme comme d'un repoussoir pour dénoncer le présent, et se déleste sans scrupule des subtilités historiques qui rendraient son examen moins efficace. La seconde relève d'une histoire des idées qui scrute les diverses manifestations du néolibéralisme, et s'accommode aisément de l'impossibilité de les ramener à l'unité d'un sens. Les deux projets sont-ils toutefois condamnés à ne pas s'entendre ? Une théorie critique du néolibéralisme doit-elle nécessairement tenir sous le boisseau tout une partie de la doctrine qu'elle prétend condamner, et ainsi amputer si allègrement son histoire ? Une histoire des idées néolibérales ne peut-elle de son côté qu'abandonner l'espoir d'une définition qui rendrait la doctrine saisissable, et partant intenter à toute entreprise critique un procès en généralisation abusive ? Cette contribution aimerait, du point de vue de l'histoire des idées, répondre par la négative, en proposant une conceptualisation du néolibéralisme qui fasse justice à son histoire et au pluralisme dont celle-ci est la source, mais qui ne désespère pas, pour autant, de le rendre identifiable – et donc critiquable. Pour ce faire, nous commencerons par dresser une

6. Pascal Salin pouvait ainsi déclarer dans le *Figaro* du 6 février 2002 que le « néolibéralisme ça n'existe pas ! Comme les moulins à vent de Don Quichotte, il n'est désigné que pour justifier et motiver une épopée. »

typologie des principales variantes du néolibéralisme, avant d'esquisser les mutations notables du mouvement. Si cette contribution n'abordera pas frontalement la question de l'articulation du néolibéralisme et de la démocratie soulevée par le thème de ce dossier, elle aimerait ainsi à la fois poser le cadre conceptuel sans lequel on ne saurait la résoudre, et présenter le contexte historique hors duquel elle ne saurait faire sens.

LES QUATRE CHAPELLES NÉOLIBÉRALES

A l'aube de son internationalisation, le néolibéralisme est encore travaillé par des logiques nationales, qui seront par la suite amenées à s'atténuer, mais dont le repérage liminaire permet d'apprécier et le périmètre de la doctrine et les grandes lignes des tensions qui l'habitent. Nous proposons alors une typologie construite autour de deux critères. Le premier, politique, dispose sur un continuum les libéraux les plus modérés, résolus à recourir à l'État pour mieux plier la réalité à leurs principes, et les penseurs plus radicaux, qui restent davantage fidèles aux dogmes du laissez-faire. Pour reprendre la célèbre expression de Maistre au sujet de ce que devait être pour lui la contre-révolution[7], les premiers défendent un interventionnisme contraire ; les seconds, le contraire de l'interventionnisme. Le second critère, d'ordre épistémologique, est plus rarement considéré, qui distingue les tendances positivistes souhaitant importer, dans les sciences économiques, les méthodes utilisées en sciences naturelles, et les pensées dualistes, hostiles au rationalisme scientiste. En croisant les deux critères, on obtient quatre positions idéales-typiques occupées par les quatre grandes écoles du libéralisme contemporain[8].

7. Joseph de Maistre : « Le rétablissement de la monarchie, qu'on appelle contre-révolution, ne sera point une révolution contraire, mais le contraire de la révolution. » Il est intéressant de noter que Lionel Robbins emploie une formulation semblable pour décrire le projet néolibéral naissant : « Le choix n'est pas entre un plan ou une absence de plan, mais entre différentes sortes de plans. » [Robbins 1939, p. 19]

8. Ce croisement de deux critères présente l'avantage de corriger une manière trop courante de distinguer les tendances néolibérales sur un seul axe qu'il est tentant de faire coïncider avec un axe gauche/droite extensible à l'infini. Pour le dire de manière extrêmement schématique, le classement consiste à dire, qu'entre Keynes et Rothbard, on trouve Hayek ; entre Hayek et Keynes, Knight ; entre Knight et Keynes, Röpke, etc. Cette cartographie intellectuelle ne fait malheureusement pas justice aux divergences épistémologiques qui ont pourtant une importance décisive.

Pour illustrer chacune de ces positions, nous privilégierons un auteur en particulier, à savoir Wilhelm Röpke, Milton Friedman, Friedrich Hayek et Jacques Rueff, représentant respectivement les écoles de Fribourg, de Chicago, de Vienne et de Paris[9].

L'école de Fribourg

La première école, communément appelée « ordo-libéralisme », fut fondée dans les années 1930 à l'Université de Fribourg-en-Brisgau, en Allemagne, par l'économiste Walter Eucken et le juriste Franz Böhm. Développée ensuite autour de la revue *ORDO* créée en 1948, l'ordo-libéralisme comprend des auteurs comme les économistes Wilhelm Röpke, Leonhard Miksch et Alfred Müller-Armack ainsi que, dans son sens le plus large, le philosophe Alexander Rüstow. Ce courant constitue l'un des principaux fondements théoriques de l'économie sociale de marché de l'Allemagne de l'Ouest de l'après-guerre.

D'un point de vue épistémologique, l'ordolibéralisme adopte une approche hostile au rationalisme outré de certains économistes. En dépit de la volonté affichée par Walter Eucken de dépasser la vieille « querelle des méthodes » (la fameuse *Methodenstreit*) entre l'empirisme de l'école historique allemande et l'abstractionnisme rationaliste, les ordo-libéraux penchent très clairement du côté de la tradition dualiste qui s'interdit d'appliquer à l'analyse des phénomènes sociaux les méthodes éprouvées des sciences de la nature. Les ordo-libéraux sont ainsi en général très réticents à la modélisation mathématique de l'économie. W. Röpke dénonce « les aberrations du rationalisme » qu'il décèle dans le projet scientiste : « Il est juste que notre esprit soit indépendant et libre de suivre ses propres lois dans le domaine de la logique pure et de la mathématique. Mais l'erreur commence précisément lorsque nous transposons cette manière de penser à priori et l'appliquons aux réalités de la vie et de la société. » [Röpke 1962, p. 59-60] Röpke condamne ainsi ce qu'il appelle le « rationalisme social » coupable d'avoir nourri un projet constructiviste modélisant des sociétés abstraites universelles et débouchant sur la

9. Nous laisserons ainsi de côté les écoles italienne et britannique, nettement moins singularisées que les écoles américaine, allemande et autrichienne. Le néolibéralisme italien, notamment représenté à ses débuts par Carlo Antoni et Luigi Einaudi, est intellectuellement très comparable à l'ordolibéralisme allemand ; le néolibéralisme britannique, qui compte dans ses rangs des auteurs comme Lionel Robbins, Ronald Coase et Arthur Seldon, est plus proche de la tendance néoclassique.

toute-puissance bureaucratique des États : « Le rationalisme social incite à croire que l'économie de marché n'est précisément qu'une "technique économique", que l'on peut construire dans toutes les sortes de société et rendre efficace dans toutes les sortes de climat social et spirituel. » [Röpke 2009, p. 1 41] Cette condamnation d'un rationalisme excessif conduit Röpke à rejeter l'utilitarisme, non seulement comme modèle descriptif [10], mais aussi comme théorie normative au motif qu'il « fausse déplorablement notre échelle des valeurs, de façon toujours plus néfaste. » [Röpke 2009, p. 158] Cette critique devrait donner quelques scrupules à ceux qui établissent une filiation directe entre Bentham et le néolibéralisme contemporain. La parenté est manifeste avec la pensée néoclassique, mais très contestable avec l'ordolibéralisme [11].

L'ordo-libéralisme se situe aisément sur notre axe politique en penchant nettement du côté d'un interventionnisme qui se comprend en regard d'un contexte d'émergence bien particulier. L'expérience de l'Allemagne nazie, qui a montré comment une démocratie pouvait se retourner contre elle-même, a incité les ordolibéraux à penser un libéralisme immunisé contre ses excès, autrement dit rendu incapable de se renverser en son contraire parce qu'obligé par l'intervention de l'État à se maintenir tel que ces promoteurs souhaitaient qu'il fût. Au fondement de l'ordolibéralisme se trouve ainsi l'idée, popularisée ensuite par Karl Polanyi [Polanyi 1983], que l'ordre de marché n'est pas un phénomène naturel, mais bien un produit culturel articulé autour d'un ordre constitutionnel. Il ne saurait se réduire à ce qui se passe en l'absence de l'État ; sa réussite dépend fortement de la nature du cadre juridique et institutionnel dans lequel il se déploie. En d'autres termes, le marché ne fonctionne correctement qu'à la condition qu'un État vigilant lui prodigue des soins réguliers. Leonhard Miksch résume l'idée en une formule cinglante : « La concurrence : une organisation étatique. » [Cité dans Steiner & Walpen 2006, p. 95] Alexander Rustöw en appelle quant à lui à un « État fort, un État au-

10. Röpke rejette ainsi explicitement le paradigme de l'*homo œconomicus* qui « existe, en tant que type moyen, aussi peu que les héros et les saints ». [Röpke 2009, p. 175]

11. Nous rejoignons sur ce point Serge Audier, qui reproche à Foucault de projeter sur l'ordo-libéralisme l'anthropologie utilitariste des néoclassiques. « Foucault a un peu "plaqué" la théorie américaine du "capital humain" sur le libéralisme allemand – en oubliant ou plutôt en sous-estimant un peu vite le profond ancrage religieux et conservateur, souvent même explicitement anti-utilitariste, d'au moins une partie de celui-ci. » [Audier 2015, p. 311]

dessus de l'économie, au-dessus des intérêts, là où il doit être » [Cité dans Audier 2012, p. 428], et prône à plusieurs reprises ce qu'il appelle un « interventionnisme libéral ». C'est peut-être enfin chez Röpke que cet appel à la vigilance de l'État pour maintenir les conditions d'un ordre économique satisfaisant se trouve le plus résolument énoncé : « Laissez faire, certes, mais seulement à l'intérieur de ce cadre déterminé par une police du marché continue et intelligente. La liberté du marché nécessite une politique économique active et extrêmement vigilante. » [Röpke 1962, p. 161]

Toute politique économique doit ainsi viser à améliorer le cadre de règles, la constitution économique, plutôt que de chercher à obtenir directement, par des interventions particulières, certains résultats désirés. Les ordolibéraux emploient la métaphore du jardinier pour parler de l'État, qui ne doit pas construire les choses comme le fait un ingénieur, mais seulement se contenter de garantir les conditions favorables à la croissance naturelle de ce qui est estimé désirable, tout en empêchant la croissance de ce qui n'est pas souhaité. Et les mauvaises herbes qu'abhorrent par-dessus tout le jardinier ordolibéral, ce sont essentiellement les accords de cartels et la constitution des monopoles qui faussent le jeu de la concurrence. En conséquence, le rôle de l'État, dans une économie sociale de marché, n'est pas d'être minimal, un État veilleur de nuit, ne se souciant que de la protection des droits de ses ressortissants, mais un « État fort », exerçant ce que Röpke appelle une « police intelligente du marché » [Röpke 1962, p. 64] et assez puissant pour lutter contre les atteintes à la saine concurrence portées par les monopoles et les chercheurs de rente. Ce faisant, Röpke entend dépasser « l'alternative stérile entre le laisser-faire et le collectivisme » [Röpke 1962, p. 38]. Pour qualifier cette troisième voie, Röpke envisage plusieurs étiquettes : « "libéralisme constructif", "révisionnisme" ou "humanisme économique" ou, selon ma proposition, le tiers chemin. » [Röpke 1962, p. 37] Röpke franchit en outre un pas de plus vers l'interventionnisme en soulignant qu'il ne suffit pas que l'État garantisse les conditions d'une concurrence saine ; il faut encore que celle-ci se joue dans le cadre d'une communauté morale de valeurs partagées. « Les hommes qui s'affrontent sur le marché, et, poursuivant leur profit, comptent l'emporter, doivent être d'autant plus liés, moralement et socialement à la communauté, sinon la concurrence dégénère elle aussi des plus dangereusement. En d'autres termes, l'économie de marché n'est pas tout : elle doit s'insérer dans un contexte général plus élevé qui ne peut se fonder sur l'offre et la demande, la liberté des prix et la concurrence. » [Röpke 2009, p. 138] Röpke propose alors d'avoir « non seulement une économie de marché, mais en même temps un système social sain et une nation d'hommes heureux » [Röpke 2009, p 139].

L'école de Chicago

Le second bastion d'économistes associés au libéralisme est l'école dite néoclassique, mieux connue sous l'étiquette d'école de Chicago. Remise en cause par la crise de 1929 et l'hégémonie du paradigme keynésien, cette école, représentée dans l'entre-deux-guerres par Jacob Viner, Frank Knight et Henry Simons, connut dans l'après-guerre un certain renouveau sous l'influence d'auteurs comme Milton Friedman, Gary Becker et George Stigler, et rencontra dans les années 1970 un succès manifeste souvent qualifié de « contre-révolution monétariste »[12].

L'école néoclassique se caractérise tout d'abord par son positivisme, à travers notamment sa recherche d'un équilibre général dans l'interaction des différents agents économiques. Pour dégager les conditions de son existence et de sa stabilité, les économistes néoclassiques ont recours au paradigme de l'*homo œconomicus* qui consiste à supposer que les agents économiques cherchent rationnellement à maximiser leur utilité. Si ces agents visent évidemment des fins hétérogènes, on suppose cependant que le processus par lequel chacun est conduit à satisfaire ses fins présente une certaine homogénéité. Bien que cette homogénéité ne soit pas réelle, elle est, conformément à l'épistémologie friedmanienne[13], obtenue par l'annulation statistique

12. L'expression a d'abord été employée par Milton Friedman [Friedman, 1970].

13. Friedman considère en effet que la pertinence d'une théorie ne s'apprécie pas à l'aune de son réalisme, mais à celle de sa capacité de prévision. Une théorie est pour Friedman d'autant plus significative qu'elle est générale et parvient à transcender les cas particuliers observés. Autrement dit, l'importance d'une théorie se mesure aussi à son degré d'abstraction : une hypothèse, pour être significative, doit savoir s'extraire de la réalité concrète investie, et ce pour mieux en capturer l'essentiel : « Une hypothèse est importante si elle "explique" beaucoup avec peu », [Friedman 1995a, p. 14] Friedman est alors conduit à conclure que « la question qu'il est pertinent de poser concernant les "suppositions" d'une théorie n'est pas celle de savoir si celles-ci sont descriptivement réalistes, car elles ne le sont jamais, mais celle de savoir si elles constituent des approximations suffisamment bonnes compte tenu du but que l'on poursuit ». [Friedman 1995a, p. 5].

des écarts de comportement entre agents. L'*homo œconomicus* opère ainsi comme un acteur unique, moyenne de tous les autres, qui consomme, produit, épargne et investit en maximisant rationnellement son utilité. En usant de ce paradigme résolument réductionniste, qui prétend prévoir beaucoup avec peu, l'économiste néoclassique estime à sa portée l'ensemble des connaissances pertinentes pour identifier les préférences des agents économiques et ainsi anticiper leur comportement. Il lui suffit autrement dit de projeter sur les agents dont ils appréhendent la conduite sa propre rationalité, dépouillée de toute impureté subjective, pour s'ériger en position d'expert capable de prédire, et partant d'orienter, le cours de leurs actes. Cette quête d'un état d'équilibre général, associée au postulat que les acteurs agissent rationnellement, vont conduire les économistes néoclassiques à un usage décomplexé de grandeurs statistiques, d'agrégats et de moyennes. Par référence aux sciences physiques, les néoclassiques prétendent en effet pouvoir appliquer la loi des grands nombres aux phénomènes sociaux par la collecte de données statistiques. Les *Chicago boys* ont donc en commun avec les keynésiens de penser en termes d'agrégats macroéconomiques ; là où les seconds raisonnent à partir de concepts comme la demande globale ou le taux de chômage, il est question chez les premiers de taux d'inflation et de quantité de monnaie[14].

L'école néoclassique est sans doute la plus délicate à situer sur notre axe politique, tant ses représentants ont pu adopter des positions distantes allant, par exemple, du libéralisme modéré de ses premiers tenants (ce qu'on appelle parfois la première école de Chicago, composée de Simons, Knight et Viner) à l'anarcho-capitalisme de David Friedman. Si l'on s'en tient toutefois à la deuxième école de Chicago (celle des Friedman, Becker et Stigler), on peut positionner les auteurs néoclassiques à mi-chemin de l'interventionnisme ordolibéral et du spontanéisme autrichien. Comme leurs homologues allemands, ils insistent sur la nécessité d'un État alerte pour entretenir un marché que la nature seule ne saurait faire advenir. Friedman écrit ainsi qu'il « n'y a rien de "naturel" dans la limite où s'achèvent mes droits de propriété et où commencent les vôtres. » [Friedman & Friedman

14. C'est pourquoi les tenants de l'école autrichienne ne manquent jamais l'occasion de rappeler ce mot de M. Friedman : « Nous sommes tous keynésiens maintenant. » [Friedman 1965]

1980, p. 44] Il s'ensuit que « l'existence d'un marché libre n'élimine évidemment pas le besoin d'un gouvernement. Au contraire, ce dernier est essentiel, et comme forum où sont fixées les "règles du jeu" et comme arbitre qui interprète et fait appliquer ces règles. » Mais Milton Friedman s'empresse d'ajouter, dans une perspective qui le rapproche des Autrichiens, que « le marché, cependant, réduit grandement le champ des questions auxquelles doivent être données des réponses politiques, et par là minimise la mesure dans laquelle il est nécessaire que les pouvoirs publics participent directement au jeu. » [Friedman 2010 p. 57-58] En d'autres termes, le marché n'est pas plus naturel chez les néoclassiques que chez les ordo-libéraux ; il nécessite seulement beaucoup moins de soins.

La politique monétaire préconisée par l'école de Chicago nous paraît adéquatement illustrer la manière, à première vue ambiguë, dont les néoclassiques envisagent l'intervention étatique. Abandonnée par Keynes et réhabilitée par Friedman en 1956 [Friedman 1956], le monétarisme part de l'idée que c'est la quantité de monnaie en circulation qui fixe le niveau des prix, et conclut qu'une politique économique doit se cantonner au contrôle de la masse monétaire. Aux politiques keynésiennes de gestion de la conjoncture, en particulier par la fiscalité et les dépenses publiques, Friedman propose alors de substituer les réactions automatiques d'un cadre fiscal et monétaire stable. Il reconnaît ainsi que, dans un monde idéal, le système monétaire pourrait fonctionner sans banque centrale[15]. Dans un monde non idéal, celle-ci devrait toutefois obéir à deux règles apparemment difficiles à concilier. La première est que sa direction ne saurait être confiée à des technocrates irresponsables. Friedman, en paraphrasant le célèbre mot de Clémenceau, écrit ainsi que « la monnaie est une question trop sérieuse pour être confiée à des banquiers centraux » [Friedman 2010, p. 105]. La seconde recommandation est que la Fed devrait assurer la stabilité des prix en conduisant une politique monétaire dont tout le monde pourrait raisonnablement prévoir les

15. Il est intéressant de noter que Friedman évoque lui-même cet exemple pour illustrer la nature de son désaccord avec les libertariens plus radicaux, lequel serait au fond moins théorique que stratégique. « La différence entre moi et des gens comme Murray Rothbard est que, bien que je veuille savoir quel est mon idéal, je pense qu'il me faut aussi envisager des changements qui, s'ils n'atteignent pas cet idéal, me permettent néanmoins de me conduire dans sa direction. C'est pourquoi, même si j'aimerais abolir la Fed, j'ai écrit beaucoup de pages disant comment la Fed, si elle existe, devrait être conduite. » [Friedman 1995b]

effets. A première vue, les deux règles évoquées – mise sous tutelle politique et exigence de stabilité – s'accordent mal. Pour éviter que la politique monétaire soit soumise à l'arbitraire des autorités publiques, Friedman préconise ainsi, en période normale, l'abandon des politiques monétaires discrétionnaires pour mettre en place des règles stables. Il suggère d'inscrire dans la constitution un taux de croissance fixe pour la masse monétaire correspondant au taux de croissance moyen de la production à long terme. En période de crise, Friedman recommande cependant une politique résolument inflationniste pour relancer l'économie. C'est à ce titre qu'il critiqua l'attitude en 1929 de la Fed, coupable « d'avoir converti ce qui n'aurait pu être qu'une banale récession [...] en une catastrophe majeure. Au lieu d'utiliser son pouvoir pour compenser la crise, elle réduisit d'un tiers la masse monétaire entre 1929 et 1933 [...] Loin d'être un échec du système de libre entreprise, la crise a été un échec tragique de l'État. » [Friedman & Friedman 1998, p. 233] Friedman ménage ainsi la possibilité d'un interventionnisme en période de crise. Où l'on comprend que les néoclassiques, loin de plaider pour un abstentionnisme inconditionnel, ne nient pas la possibilité d'une politique monétaire consistant à piloter l'économie en jouant sur les taux d'intérêts pour contrôler le stock de monnaie. Ce que l'on peut retenir ici, c'est que l'économiste néoclassique prétend avoir accès à la seule information pertinente – notamment la quantité de monnaie – pour anticiper et orienter le comportement, supposé rationnel et donc prévisible, des acteurs économiques. Ce faisant le *Chicago boy* se taille un costume d'expert et met sa compétence à la disposition d'une autorité centralisée.

La lecture foucaldienne du néolibéralisme nous paraît sur ce point très contestable. Foucault croit en effet repérer dans la pensée néolibérale une reproduction du geste critique kantien, et va jusqu'à évoquer une « critique de la raison gouvernementale » concluant à « l'impossibilité de l'existence d'un souverain économique » : « Toi non plus, tu ne peux pas connaître, tu ne peux pas connaître la totalité du processus économique. » [Foucault 2004, p. 287] Les économistes de Chicago, parce qu'ils croient encore en la possibilité d'accéder à l'information pertinente pour orienter le processus économique, ne destituent pas complètement le « souverain économique » que Foucault annonce un peu rapidement déchu. Le projet néolibéral prend même ici, dans sa version Chicago, une tournure opposée à toute perspective critique : en réduisant l'homme à n'être qu'un *homo œconomicus*, il appauvrit ici la réalité sociale, la rend intégralement connaissable, et la soumet, ainsi faisant, à l'empire de la raison gouvernementale. L'école de Chicago incarne ainsi bien ce que Pierre Rosanvallon a récemment appelé un « nouvel âge du volontarisme », appliqué à l'économie comprise comme « un système de variable et de flux à optimiser » [Rosanvallon 2015, p. 85]. La perspective critique que Foucault croit ici déceler est en réalité beaucoup plus manifeste dans l'école autrichienne.

L'école de Vienne

Inaugurée à Vienne par les travaux de Carl Menger, développée par Eugen von Böhm-Bawerk et Friedrich von Wieser, l'école autrichienne a connu un important renouveau aux États-Unis dans les années 1970, grâce notamment à l'influence exercée par Hayek et Mises qui a donné lieu à ce qu'on appelle parfois l'école austro-américaine, et qui rassemble des économistes tels que Murray Rothbard, Israel Kirzner et Ludwig Lachmann. Ses désaccords avec l'école néoclassique ne sont pas négligeables. Pour en donner la mesure, on peut ici rappeler que, si Hayek ne s'est jamais livré à une critique structurée de l'œuvre de son collègue de Chicago, il multiplia les signes de sa désapprobation avec la méthode employée par Friedman. Ainsi confessa-t-il à la fin de sa vie : « J'ai souvent dit publiquement que l'une des choses que je regrettais le plus est de n'avoir pas retourné une critique au traité de Keynes [*La théorie générale*] mais cela est aussi vrai des *Essais d'économie positive* de Milton Friedman qui, d'une certaine manière, est un livre aussi dangereux. » [Hayek 1992, p. 145]

Les tenants de l'orthodoxie autrichienne partagent une hostilité à l'égard de la confusion régnante entre les sciences humaines et les sciences de la nature, et condamnent en chœur l'importation importune des méthodes éprouvées des premières dans les disciplines – en particulier l'économie – ressortissant aux secondes [Voir notamment Hayek 1952]. Les économistes autrichiens vont diamétralement s'opposer aux prétentions positivistes des néoclassiques en contestant d'une part leur capacité à déterminer les conditions d'un équilibre optimal, et d'autre part leur tendance à postuler l'existence d'un *homo œconomicus* capable de choix rationnel et disposant d'une information complète. L'école autrichienne suppose tout d'abord que l'information dont disposent les agents économiques sur le marché est à la fois « subjective, pratique, dispersée et difficile à exprimer » [Huerta de Soto 1998, p. 80]. Ces informations sont donc essentiellement fragmentées ; elles ne sont pas de celles qui pourraient être emmagasinées en un seul cerveau[16]. Cette dispersion de la connaissance compromet la réalisation d'un équilibre statique, auquel la pensée autrichienne oppose un processus d'équilibrage dynamique. L'économiste autrichien ne prétend pas disposer des informations qui orientent le comportement des individus sur le marché. Ce qu'il reproche à son homologue néoclassique, c'est de penser pouvoir accéder à cette information et d'ainsi raisonner à partir d'agrégats macroéconomiques. Les libéraux autrichiens accusent ainsi leurs confrères de trahir l'individualisme méthodologique en utilisant des grandeurs globales, comme le niveau des prix, la quantité totale de monnaie ou de biens, qui n'auraient en outre que peu d'influence sur les décisions individuelles. Partant, les économistes autrichiens se disqualifient d'emblée comme experts. L'idée d'un grand maestro de l'économie, comme on a souvent présenté Alan Greenspan, ne serait qu'une escroquerie. Le seul expert qui vaille la peine d'être entendu est le marché, à travers lequel les individus coordonnent spontanément leurs actions.

L'école autrichienne se distingue clairement en regard de notre second critère de distinction. Si le marché n'est pas ici considéré comme étant naturel, il est toutefois perçu comme un « ordre spontané » ne nécessitant nullement les nombreux soins que les ordolibéraux entendent lui prodiguer. Fidèles à l'évolutionnisme de Karl Menger, qui renouait déjà avec les Lumières écossaises de Hume, Smith et Ferguson, les Autrichiens partagent l'idée que le marché, s'il émerge des interactions humaines et n'est pas en ce sens naturel, n'est pas davantage le fruit d'un dessein humain et ne saurait ainsi être décrit comme étant un pur artifice. D'un point de vue diachronique, le marché n'a pas fait l'objet d'une construction rationnelle : « Nous

16. C'est d'ailleurs pourquoi Hayek considère que la société moderne est plus savante que les sociétés archaïques, non pas parce que l'homme moderne serait individuellement plus savant que le sauvage, mais parce que le marché lui permet de profiter du savoir des autres. « Dans la société civilisée, ce n'est en vérité pas tant le savoir plus étendu qu'il est possible à l'individu d'acquérir, que le fait de bénéficier plus largement du savoir des autres, qui le met en mesure de poursuivre une gamme d'objectifs infiniment plus étendue que la simple satisfaction de ses besoins physiques les plus pressants. » [Hayek 1980, p. 16]

n'avons jamais inventé notre système économique ; nous n'étions pas assez intelligents pour le faire. » [Hayek 1983, p. 196] D'un point de vue synchronique, il est un ordre auto-organisé fonctionnant pour ainsi dire tout seul, dès lors que des règles générales et abstraites sont appliquées. Si Hayek prend souvent soin de ménager à l'État un rôle dans le maintien du bon fonctionnement du marché[17], ne serait-ce que par la définition et l'application de règles générales, certains Autrichiens, à l'instar de Murray Rothbard et de ses épigones, développent jusqu'à son terme la logique de ce spontanéisme et adoptent une position anarchiste.

Ici encore, l'exemple de la politique monétaire illustre bien la manière dont les Autrichiens envisagent la nécessaire abstinence étatique. L'existence d'une banque centrale aurait tout d'abord pour effet de rendre impossible l'émergence spontanée d'un taux d'intérêt d'équilibre ajustant les projets d'investissement en bien de capital des producteurs avec les choix d'épargne des consommateurs. En accroissant l'offre de fonds prêtables dans le but de provoquer une relance temporaire, la banque centrale maintient bien souvent les taux d'intérêt à un niveau artificiellement bas, et priverait les acteurs économiques d'une information précieuse. En envoyant de faux signaux, elle encouragerait des investissements pernicieux et exacerberait les cycles économiques débouchant sur la crise. En pratiquant une politique monétaire expansionniste, la banque centrale engendre en outre de l'inflation qui dévalue la monnaie, vide le portefeuille des citoyens, tout en enrichissant ceux qui bénéficient de la monnaie nouvellement créée. Selon ce que les économistes autrichiens nomment, depuis Mises et Hayek « l'effet Cantillon »[18] [Hayek 1975, p. 66 ; Mises 1980, p. 161-162], la création de monnaie encourage en effet une baisse du pouvoir d'achat non instantanée, qui profite dans un premier temps au cercle restreint des heureux bénéficiaires de la monnaie nouvellement créées avant de nuire, dans un second temps, à tous ceux entre les mains desquels elle circule par la suite. L'inflation n'est pour les penseurs autrichiens qu'au mieux un impôt caché [Mises 1980, p. 458], au pire

17. « Rien n'a sans doute tant nui à la cause libérale que l'insistance butée de certains libéraux sur certains principes massifs, comme avant tout la règle du laissez-faire » [Hayek 1985, p. 20]

18. Du nom de l'économiste français du XVIIIe siècle, qui avait montré que la grande inflation du XVIe siècle liée à l'augmentation de la quantité d'or en Europe avait conduit une hausse progressive des prix n'affectant pas de la même manière tous les secteurs économiques.

– mais cela revient au même pour certains – un vol. Les économistes autrichiens vont donc préconiser un système monétaire très différent marqué par la suppression des deux institutions rendant selon eux l'inflation possible : la monnaie scripturale et la banque centrale. Le premier remède contre l'inflation est d'abord un retour à une monnaie marchandise (par exemple l'étalon-or), qui empêcherait quiconque de manipuler arbitrairement la quantité de monnaie dans l'économie. Les Autrichiens recommandent par ailleurs l'abolition des banques centrales qui monopolisent la production d'une monnaie de réserve purement scripturale [Hayek 2015].

L'école autrichienne se révèle donc potentiellement la plus subversive des obédiences néolibérales. En niant la possibilité d'un état d'équilibre, les économistes autrichiens sont conduits à juger l'État incapable d'intervenir de manière efficace dans l'économie. S'estimant à l'inverse à même d'établir les règles conduisant à un équilibre optimal, les néoclassiques et les ordolibéraux ont tendance à vouloir faire de l'État, ou de la banque centrale, le relais de leurs prévisions afin de mettre en place les conditions d'une « concurrence pure et parfaite ». Alors que les Autrichiens pensent que les conditions optimales sur le marché émergent spontanément des interactions individuelles, et donc sans l'intervention positive de l'État, les néoclassiques jugent l'État capable, à la lumière de leur expertise, d'établir lui-même ces conditions.

L'école de Paris

De toutes les mouvances ayant travaillé la constellation néolibérale, la doctrine des penseurs français est certainement la moins cohérente et celle à laquelle sied le plus mal la désignation d'école. François Bilger préfère par exemple évoquer « une juxtaposition d'individualités dont les travaux n'ont d'ailleurs jamais donné lieu à une présentation synthétique, ce qui explique sans doute en partie leur moindre influence sur le débat intellectuel » [Bilger 2004, p. 19]. Ce réseau français peu structuré est peut-être aussi celui ayant le moins contribué au renouveau théorique de la doctrine libérale[19]. Représentée par des auteurs comme Louis Marlio, Louis Rougier, Louis Baudin, Jacques

19. Il n'est ainsi pas anodin que dans *L'histoire du libéralisme en Europe* dirigée par Philippe Némo et Jean Petitot, la France soit le seul pays dans lequel la pensée libérale semble s'interrompre au seuil du XXe siècle, avec la présentation de Renouvier, mort en 1903.

Rueff, Daniel Villey et Maurice Allais, la pensée néolibérale française présente toutefois deux traits qui, associés l'un à l'autre, permettent de la distinguer des autres courants.

D'un point de vue épistémologique, les néolibéraux français peuvent être rapprochés de leurs homologues américains. Fidèles à la tradition française de science économique depuis le XIXe siècle, ces auteurs ont adopté une démarche abstraite et déductive procédant à partir de modèles mathématiques. A l'instar d'Arsène Dupuit, Augustin Cournot et Léon Walras, qui étaient mathématiciens ou ingénieurs de formation, Jacques Rueff et Maurice Allais étaient d'anciens élèves de Polytechnique et se sont inscrits de manière exemplaire dans la tradition de « l'ingénieur économiste » français. Comme le souligne François Bilger, les Français ont ainsi « tout naturellement » poursuivi « cette tradition d'élaboration d'une "physique sociale" » [Bilger 2004, p. 23]. A la manière des économistes néo-classiques, les économistes français s'intéressent dès lors en priorité aux conditions d'un équilibre général à partir de techniques économétriques[20]. Jacques Rueff défendait ainsi, dès 1922, une position ouvertement scientiste : « Il n'y a pas une science, mais des sciences, toutes de même nature, et qui toutes utilisent une méthode rigoureusement unique, la méthode scientifique, dont la géométrie nous fournit le type. Toutes les sciences sont des sciences rationnelles – comme la géométrie – et puisqu'il y a analogie profonde entre les sciences morales et les autres sciences, rien n'empêche qu'on expose la morale et l'économie politique sous une forme rigoureusement scientifique » [Rueff 1922, p. 4-5].

Sur notre axe politique, les néolibéraux français se sont unanimement positionnés, jusqu'aux années 1970, du côté d'un interventionnisme libéral. Louis Rougier proposait par exemple ce qu'il appelait « un libéralisme constructif » très proche, d'un point de vue politique, de l'ordolibéralisme allemand : « Le libéralisme constructif implique un ordre juridique positif tel que la possibilité de la libre concurrence soit toujours sauvegardée, c'est-à-dire un ordre juridique tel que la formation des trusts, des holdings, etc. devienne impossible. » [Rougier 1939, p. 34] Dans une métaphore célèbre, Rougier compare ainsi le libéralisme au Code de la route. « Être libéral, ce n'est pas, comme

20. Notons ici que Louis Rougier, philosophe de formation, adopte une perspective épistémologique différente, comme l'indique le titre de sa thèse sur la philosophie géométrique de Poincaré : *Les Paralogismes du rationalisme*.

le "manchestérien", laisser les voitures circuler dans tous les sens suivant leur bon plaisir, d'où résulteraient des encombrements et des accidents incessants ; ce n'est pas, comme le "planiste", fixer à chaque voiture son heure de sortie et son itinéraire ; c'est imposer un Code de la route tout en admettant qu'il n'est pas forcément le même au temps des transports accélérés qu'au temps des diligences. » [Rougier 1939, p. 16] Louis Marlio proposait un « libéralisme social » en rupture avec l'attentisme du libéralisme manchestérien : « L'attitude libérale n'est pas seulement celle des bras croisés. » [Cité dans Audier 2008, p. 273] Daniel Villey entendait quant à lui promouvoir un « interventionnisme social et économique » [Cité dans Audier 2008, p. 136-137]. Maurice Allais préconisait pour sa part un « planisme concurrentiel », conçu comme une « synthèse possible du libéralisme et du socialisme » [Allais 1960, p. 177].

La pensée de Jacques Rueff nous paraît théoriser de manière exemplaire cette position tempérée des néolibéraux français. Rueff situe tout d'abord la différence entre libéraux et néolibéraux dans leur manière d'atteindre la liberté. « Libéraux et néolibéraux ont une foi égale dans les bienfaits de la liberté. Mais les premiers l'attendent d'une génération spontanée, qu'il faut seulement ne pas compromettre, alors que les seconds veulent la faire éclore, croître et se développer, en la rendant acceptable et en écartant d'elle les entreprises qui tendent constamment à l'annihiler. » [Rueff 1972, p. 29] Ménageant ainsi un large espace d'intervention étatique légitime, Rueff voit dans le gouvernement « l'art de modifier, par voie de contrainte, la destination donnée à certaines richesses, en substituant des fins collectives, sociales ou morales aux fins individuelles que leurs maîtres leur eussent imposées dans leur souveraineté de propriétaire » [Rueff 1948, p. 527]. Pour Jacques Rueff, tout gouvernement consiste dès lors en un transfert des richesses disponibles selon les volontés en présence : la méthode autoritaire déplace les volontés ; la méthode libérale, les richesses. Il n'y a ainsi pas de frontières naturelles au-delà desquelles l'État cesserait d'être libéral. « La conscience publique veut-elle expansion et puissance : l'État remplira des services et capitaux susceptibles de procurer les droits sur lesquels il exerce son action. Préfère-t-elle prospérité et expansion économique : il créera ou fera créer routes, ports, chemins de fer et canaux. Désire-t-elle le soulagement des misères imméritées ou l'atténuation des inégalités sociales : il attribuera, soit en nature, soit en monnaie, le contenu des droits qu'il commande aux personnes dont il veut améliorer le sort. » [Rueff 1948, p. 544] Bref, le libéralisme d'un État ne se mesure ici pas à l'aune de l'étendue de son emprise sur la société, mais seulement dans la manière qu'il a d'intervenir et de considérer les volontés selon les richesses dont il dispose. Rueff insiste ainsi, avec les ordolibéraux, sur la nécessité d'un cadre juridique : « sévérité des sanctions, rigueur dans leur application, efficacité dans la recherche des violations de droits de propriété et d'obligations fiscales, telles sont les conditions hors desquelles un ordre libéral ne saurait exister. Ceci montre combien est absurde la conception qui voit dans une société libérale un régime de relâchement, de désordre et de confusion »[21]. [Rueff 1948, p. 562]

Cette cartographie du mouvement néolibéral à ses débuts a le mérite de donner à voir à la fois la diversité des positions et les contours de la doctrine. Elle a pourtant aussi la faiblesse d'être statique et de ne pas rendre compte des évolutions de la configuration du mouvement et des mutations de la signification du terme, qu'il s'agit à présent d'esquisser.

LES TRANSMUTATIONS DU NÉOLIBÉRALISME

Une enquête sur les glissements de sens et les reconfigurations diverses du néolibéralisme mériterait certainement une longue halte – à la manière dont Quentin Skinner entendait procéder à une « étude pointilliste des glissements conceptuels soudains » [Skinner 2002, p. 180] – que nous ne pouvons malheureusement observer ici. Nous nous contenterons d'évoquer schématiquement quelques glissements significatifs, éclairés à la lueur de la typologie précédemment dressée. L'une des difficultés de cette entreprise est que plusieurs sens du mot néolibéralisme se sont sédimentés dans son histoire, et parfois sans que les nouvelles significations chassent automatiquement les précédentes. Nous proposons ainsi de repérer trois grandes périodes. La première, qui va du début des années 1930 jusqu'à la fin des années 1950, voit le sens du mot d'abord se stabiliser pour désigner le projet

21. Rueff salua ainsi le Traité de Rome qui aménageait selon lui un « marché institutionnel », autrement dit un « marché limité au domaine géographique dans lequel la création des institutions sans lesquelles le marché en pourrait ni exister, ni durer était politiquement possible » [Rueff 1958, p. 3]

des écoles allemande et française, puis s'élargir pour fédérer les quatre chapelles évoquées précédemment. Une deuxième période est dans un premier temps marquée par la disparition relative du terme et la radicalisation du mouvement, puis dans un second temps par sa réapparition dans un sens inédit et polémique, resserré autour des seules versions américaine et autrichienne. Une troisième période nous paraît s'ouvrir à la fin des années 2000 avec la crise économique et financière qui divise les néolibéraux.

1930-1950 : Un mot à double sens

Lors de ses premières apparitions à l'aube du XXe siècle, le mot « néolibéralisme » ne présente pas de sens fixe, et désigne aussi bien la théorie néoclassique [Christoph 2012, p. 45-50] que le « nouveau libéralisme » de Thomas Hill Green ou Leonard Hobhouse [Audier 2012, p. 61]. Il faut attendre les années 1930 pour voir la signification du terme se stabiliser, en France et en Allemagne, autour du projet de rénover, en le modérant, un libéralisme en crise. A l'heure où le préfixe « néo » semble de saison pour affubler des doctrines en quête de renouveau [22], l'emploi du mot « néolibéralisme » se fait plus régulier en France, notamment sous la plume d'un certain Bernard Lavergne [Lavergne 1932], et son sens se resserre pour désigner un libéralisme ayant renoncé au laissez-faire et s'étant résolu à l'interventionnisme [Audier 2012, p. 65-66]. Le même phénomène s'observe en Allemagne, avec l'émergence de l'ordo-libéralisme et la popularisation du terme de « néolibéralisme » sous l'influence de Rüstow [Audier 2012, p. 425].

A la fin des années 1930, le rassemblement des intellectuels libéraux lors du célèbre Colloque Lippman vient ouvrir une étape importante dans l'histoire du mot, sans toutefois refermer la précédente qui avait vu la doctrine s'orienter vers une forme libérale d'interventionnisme. L'histoire de ce colloque, qui réunit une trentaine d'intervenants [23] et qui constitue, pour beaucoup, l'acte de naissance du mouvement néolibéral, est, quoique depuis peu, aujourd'hui bien connue [24]. On rappellera ici seulement que c'est à cette occasion que l'emploi du mot

22. C'est notamment l'époque du néo-socialisme de Marcel Déat.

23. Dont les Autrichiens Friedrich von Hayek et Ludwig von Mises, les Français Raymond Aron, Louis Baudin, Louis Rougier et Jacques Rueff, et les Allemands Wilhelm Röpke et Alexander Rüstow.

24. Voir notamment Audier 2008 et 2012, Cockett 1995, Denord 2007, Dixon 1998, Jones 2012, Harvey 2005, Laurent 2006, Mirowsky & Plehwe 2009.

« néolibéralisme » fut pour la première fois discuté pour rassembler des intellectuels désireux de rénover les principes du libéralisme et d'en préparer le renouveau. En concurrence avec d'autres bannières (néo-capitalisme, libéralisme positif, libéralisme social, libéralisme de gauche, libéralisme constructeur, individualisme) pour se substituer au mot « libéralisme » que l'histoire avait discrédité dans sa forme classique, et dont certains, à gauche, s'étaient habilement emparé[25], le terme de néolibéralisme s'imposa progressivement à l'issue du colloque[26] [Mirowsky & Plehwe 2009, p. 13 ; Audier 2012, p. 165].

La création, à l'initiative de Hayek, de la société du Mont-Pèlerin en 1947 présente pour sa part une certaine ambivalence. Considéré d'un certain point de vue, ce rassemblement est la continuation du colloque Lippman et vient achever le processus d'extension des contours de la doctrine néolibérale au-delà des seules versions française et allemande[27]. Dans un article paru en 1951 restituant l'histoire de la constitution d'une « nouvelle école libérale », Hayek pouvait ainsi faire de ce nouveau foyer le lieu de convergence entre les écoles allemande, américaine et autrichienne, et l'espace où les frontières entre elles se dissoudraient : « La séparation entre les groupes nationaux appartient à l'histoire. » [Hayek, 2007 (1951), p. 302] Mais les apparences de

25. Ce changement de bannière ne peut en effet se comprendre qu'en regard du contexte discursif de l'époque. Le besoin d'un nouveau concept mobilisateur s'avérait d'autant plus pressant que certains commençaient à usurper le titre de libéral. Ainsi, en Angleterre tout d'abord, L. T. Hobhouse avait proposé, après avoir récusé les « dogmes libéraux » du XIXe siècle, d'édifier un *new liberalism* fortement révisé. Keynes ensuite, à la question de son discours *Suis-je libéral ?* prononcé en 1925, n'hésite pas à répondre par l'affirmative, en précisant cependant qu'il prône un « nouveau libéralisme ». Le même détournement sémantique s'opère enfin aux États-Unis sous la houlette de John Dewey.

26. Aussi Louis Rougier peut-il affirmer, dix ans plus tard : « Si vous [parlez] de la doctrine, le mot "néolibéralisme" est déjà consacré. Il est connu partout, il faut le maintenir. » [Cité dans Audier 2012, p. 165]

27. C'est notamment la thèse de Richard Cockett [Cockett 1995] qui voit dans ces deux moments fondateurs du néolibéralisme la formation d'un consensus autour d'une doctrine homogène qui serait amenée à gagner l'opinion et à s'incarner dans un ensemble cohérent de politiques publiques dans les années 1980. Cette thèse, fort justement contestée aujourd'hui [voir notamment Audier 2012, p. 71], fait malheureusement litière des dissonances au sein de la mouvance néolibérale de l'époque, et oublie que ces deux rassemblements consistaient en une coalition négative d'intellectuels qui avaient un dénominateur commun extrêmement étroit. Cette lecture verse ainsi dans ce que Skinner appelle une « mythologie de la cohérence » [Skinner 2002, p. 59] dont se rendent selon lui trop souvent coupables les approches essentialistes inattentives aux contextes d'énonciation. Richard Cockett, comme bien d'autres, projette en effet une forme de systématicité sur une constellation d'œuvres qui se révèlent, à l'examen rapproché, très hétérogènes.

continuité sont trompeuses. Un coup d'œil rapide sur la physionomie des participants révèle une différence significative et suggère un certain infléchissement, avec notamment la présence massive d'Américains, la plupart recrutée par Hayek et Mises. Ils sont 23 à adhérer à la création de la société du Mont-Pèlerin, quand la présence de Lippmann avait – avec Bruce Hopper – fait figure d'exception en 1938. Parmi les 23 présents, il convient de citer Franck Knight, Henry Hazlitt, Leonard Read et Milton Friedman. Autant de renforts susceptibles de radicaliser l'orientation du rassemblement. Minoritaires en 1938, les libéraux indisposés aux compromis sont suffisamment nombreux pour imposer leur intransigeance et incliner le travail de rénovation théorique vers un plus grand respect des dogmes du libéralisme classique. La création de la société du Mont Pèlerin vient ainsi, d'un même geste, clore le processus de fédération autour du néolibéralisme et amorcer une mutation vers une radicalisation de la doctrine. A l'orée des années 1950, deux sens du mot « néolibéralisme » coexistent donc (voir schéma 1). Au sens le plus étroit, l'étiquette continue de désigner la pensée ordolibérale allemande[28] alors en vogue en Allemagne sous l'influence de Ludwig Erhard, ministre de l'Économie de 1949 à 1963

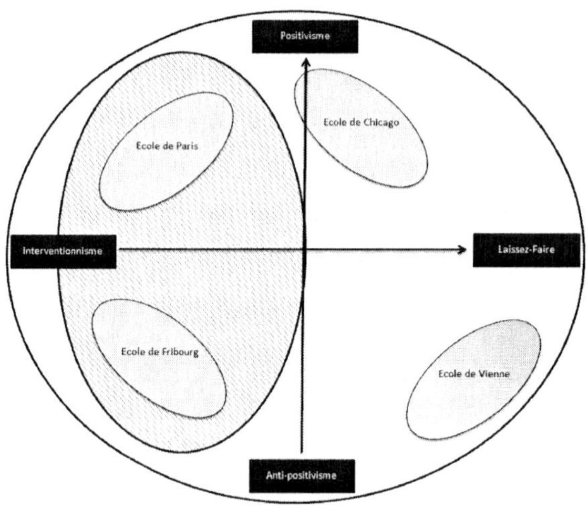

Schéma 1 : *Les contours du néolibéralisme (1930-1950)*
Le sens large correspond à la partie grisée, le sens étroit à la partie rayée.

28. Dans l'un des premiers articles consacrés au renouveau de la pensée libérale, Carl Friedrich identifie ainsi en 1951 le néolibéralisme à l'ordo-libéralisme [Friedrich 1955].

puis Chancelier de 1963 à 1966. Mais la fédération autour du mot d'auteurs disparates, allant des Allemands et Français plus modérés aux Autrichiens n'abdiquant pas aussi facilement leur antiétatisme, rend les contours de la doctrine plus incertains, et l'acception du mot néolibéralisme plus généreuse. Au sens strict s'ajoute ainsi un sens plus large correspondant au projet très général de rénovation d'un libéralisme en crise.

1960-2000 : Une distorsion polémique

La deuxième grande période de l'histoire du néolibéralisme contemporain présente deux étapes : la première, transitoire, se déroule dans les années 1950 et 1960, où le mot disparaît peu à peu de la circulation alors même que le mouvement qu'il était supposé étiqueter entame une mutation décisive dans le sens d'une certaine radicalisation doctrinale. La seconde, qui découle de la précédente, voit le mot resurgir à la fin des années 1970 dans le sens polémique et inédit d'un libéralisme économique radical.

Si l'on prend l'exemple de la principale instance néolibérale, la Société du Mont Pèlerin, on peut noter à partir de la fin des années 1950 un certain exode des libéraux les plus modérés sur notre axe politique. Serge Audier va jusqu'à qualifier de « grand schisme » [Audier 2012, p. 351-352] le divorce, consommé à la mort de Röpke intervenue en 1962 à la suite d'une décennie de conflit larvé, entre les interventionnistes libéraux (notamment les ordolibéraux) et les penseurs plus fidèles à l'idéal classique du laissez-faire (les Autrichiens et les néoclassiques). La victoire de ceux-là sur ceux-ci, confortée par l'obtention de deux prix Nobel (Hayek en 1974 et Friedman en 1976), conduit à une « homogénéisation idéologique relative de la Société du Mont Pèlerin, qui devient le fier porte-drapeau d'un libéralisme pur et dur » [Audier 2012, p. 366]. Ce durcissement progressif de la constellation libérale coïncide par ailleurs avec la quasi disparition du terme de « néolibéralisme ». Cette éclipse s'explique tout d'abord par le refus manifesté par les libéraux les plus radicaux de se reconnaître sous cette bannière. Milton Friedman, quoique favorable au concept au tout début des années 1950 [Friedman 1950], se ravisa rapidement pour lui préférer, dès 1955, une version « old style » du libéralisme [Friedman 1955]. Friedrich Hayek de son côté ne s'est jamais reconnu sous le terme de néolibéral, qu'il employait au demeurant avec une extrême parcimonie. En 1951, il utilise pour la première fois le mot dans son sens le plus étroit, pour désigner la pensée des ordolibéraux allemands[29]. Dans son célèbre texte « Pourquoi je ne suis pas conservateur », qui tient lieu de postface à *La Constitution de la Liberté*, Hayek admet l'« embarras croissant » qu'il y a à employer la bannière libérale, mais ne cite même pas le mot néolibéralisme parmi les substituts possibles. Il est ici significatif qu'il lui préfère le mot « libertarien » qui commence alors à être employé aux États-Unis. « Je ressens de plus en plus qu'à l'employer sans de longues explications, on provoque trop de confusion, et que, comme étiquette, il constitue désormais bien plus un boulet à traîner qu'une source de force. Aux États-Unis, où il est presque impossible d'employer le mot "libéral" dans le sens que je lui ai donné, on lui a substitué le mot "libertarien". Peut-être est-ce la solution ; pour ma part, je trouve ce mot bien peu attrayant. » [Hayek 1994, p. 352] Jusqu'à la fin de sa vie, Hayek n'employa cependant jamais le terme « libertarien » dans son œuvre, bien qu'il en acceptât l'essentiel du projet[30]. Dans les années 1960, le mot « néolibéralisme » tombe quasiment en désuétude. Le mouvement se radicalisant, le sens large que la coalition de pensées disparates lui avait conféré s'est peu à peu révélé incapable d'englober son sens strict. Ce silence aurait en outre eu pour effet de rompre le fil du néolibéralisme, et de rendre possible sa réapparition dans les années 1970 dans un sens inédit.

Lorsqu'il resurgit de manière régulière à la fin des années 1970, le mot néolibéralisme subit en effet deux mutations significatives, respectivement liées à son étendue et à son usage. D'une part, il désigne de plus en plus la doctrine économique des libéraux les plus hostiles à l'interventionnisme étatique. D'autre part, étant donné que ces derniers refusent en général l'étiquette, il change d'usagers pour n'être plus employé que par ses adversaires et partant subir une distorsion polémique. Ce double glissement, enclenché dans les années 1960, se renforce dans les années 1970 avec l'importation du

29. « Si l'existence d'un mouvement néolibéral est connue bien au-delà du cercle étroit des experts, le mérite en revient à Röpke, au moins en ce qui concerne le public germanophone. » [Hayek 1951, p. 301]

30. Certains témoignages rapportent même que l'économiste utilisait couramment le terme dans ses discussions. Walter Block, Edward Feser et Leonard Liggio nous ont tous trois rappelé ce point, que confirme Daniel Klein, professeur d'économie à George Mason University : « Tout en continuant à employer le terme "libéral", Hayek en est venu à employer couramment le terme "libertarien" » [Klein 2004, p. 34].

concept en Amérique latine, où le terme néolibéral fut de plus en plus employé de manière péjorative et dans le sens d'un ultra-libéralisme. Taylor C. Boas et Jordan Gans-Morse notent ainsi que, si dans les articles académiques parus entre 1963 et 1973, en particulier au Chili, le terme néolibéralisme y trouve son sens ordolibéral originel d'un libéralisme modéré et plutôt interventionniste, à partir de la fin des années 1970, et au début des années 1980, le terme change de plume, et de sens, pour n'être plus qu'employé que par ses contempteurs dans le sens d'un ultralibéralisme borné : « Avec les années 1980, non seulement le néolibéralisme en Amérique latine est devenu un terme aux connotations négatives employés principalement par les critiques des réformes libérales, mais il a aussi changé de sens, passant d'une version modérée à une forme fondamentaliste du libéralisme. » [Boas & Gans-More 2009, p. 149] La cause de ce retournement réside bien entendu en partie dans la politique libérale mise en place au Chili par Pinochet à partir de 1975, avec l'aide de plusieurs économistes de Chicago. Le terme « néolibéral » fut employé par les adversaires du régime militaire, pour qualifier les politiques inspirées de la pensée monétariste de l'école de Chicago. L'assemblage inédit, cautionné par Milton Friedman et Friedrich Hayek[31], d'une dictature politique et d'une économie libérale aura en outre pour conséquence d'ajouter au rapetissement de la pensée néolibérale, désormais réduite à n'être plus que cet économisme que Röpke et Hayek craignaient tant. Oblitéré de toute dimension politique, le néolibéralisme n'est plus, à l'orée des années 1980, qu'une technique économique intransigeante. Le mot néolibéralisme gardera les stigmates de sa carrière en Amérique latine. L'essoreuse sud-américaine rendit en effet au monde un habit néolibéral à la fois rétréci (n'affublant plus que les *Chicago Boys*[32]), étriqué (ne désignant désormais que le versant économique de la doctrine) et copieusement abîmé (son emploi étant devenu l'apanage de ses contradicteurs). Dans les années 1980 et 1990, il fédère contre lui tous ses ennemis – de la gauche altermondialiste à

31. Dans un entretien donné à *El Mercurio* le 12 avril 1981, Hayek confiait en effet préférer « un dictateur libéral à un gouvernement démocratique sans libéralisme ». Milton Friedman abondera dans ce sens, en écrivant que « si la liberté économique est la condition nécessaire à la liberté civile et politique, et aussi désirable que puisse être cette dernière, la réciproque n'est pas vraie ». [Friedman 2010, p. 38]

32. Pour ne donner qu'un exemple récent, David Harvey confond parfois explicitement néoclassicisme et néolibéralisme. Voir notamment Harvey 2005, p. 20.

la droite conservatrice – qui, bien souvent amnésiques de la genèse du mouvement et ignorant les premières boutures plus modérées de la doctrine, y voient une pensée homogène et radicale[33]. Il devient au reste fréquent de confondre néolibéralisme et néo-conservatisme, ou à tout le moins de réduire le premier au versant économique du second[34].

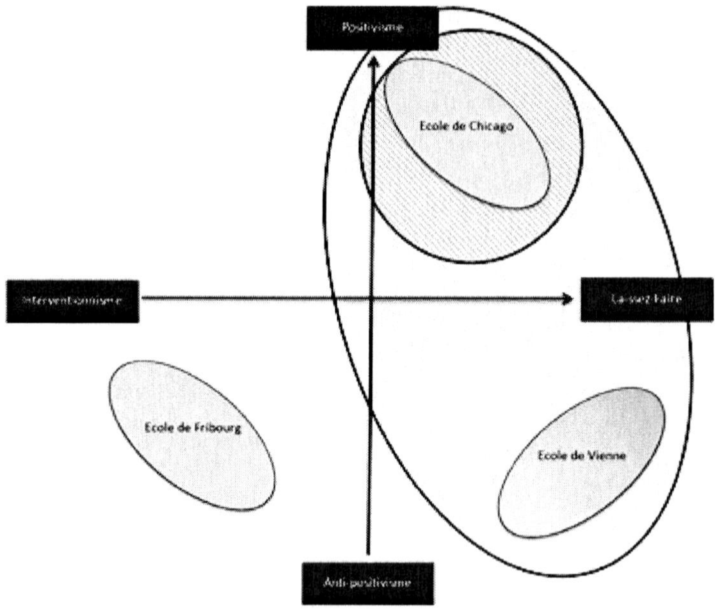

Schéma 2 : *Les contours du néolibéralisme (1960-2000)*

Ce glissement sémantique doit bien entendu être également mis en relation avec l'hégémonie du paradigme néoclassique et le déclin concomitant des perspectives concurrentes. Si l'on prend l'exemple

33. C'est pourquoi Serge Audier invite à « se prémunir contre les filiations rétrospectives qui, piégées par les mots, verraient dans les positions du Colloque Lippmann la matrice de ce néolibéralisme des années 1970 : c'est là, entre autres, que réside la grande faiblesse des analyses néo-bourdieusiennes et foucaldiennes, qui font comme si une même essence néolibérale se déployait sur près de soixante-dix ans, sous prétexte notamment que le mot, entre 1938 et la fin des années 1970, est resté le même. » [Audier 2012, p. 371]

34. Voir Audier 2012, p. 373-374. Audier note par exemple la traduction révélatrice d'un livre d'A. Foxley, publié en 1982 sous le titre *Experimentos neoliberales en América Latina*, qui devient, dans sa version américaine paru en 1983 : *Latin American Experiments in Neoconservative Economics*. Concernant l'association entre les deux doctrines, voir, plus récemment, [Brown 2007].

français, il faut constater la dissolution de l'école de Paris. Le groupe des nouveaux économistes fondé en 1977 par Jacques Garello, rassemblant notamment Florin Aftalion, Henri Lepage, Jean-Jacques Rosa et Pascal Salin, s'éloigne considérablement de la position des Français au colloque Lippman, et se révèle, d'abord beaucoup plus proche de la pensée néoclassique[35], avant de se convertir au paradigme autrichien.

2008- : Les néolibéraux face à la crise

Une troisième étape nous semble se dessiner avec la crise depuis la fin des années 2000, où s'opposent les deux branches radicales, autrichienne et néoclassique, que le mot néolibéral était désormais supposé rassembler.

On peut tout d'abord observer que, face à la crise actuelle, les *Chicago Boys* se trouvent être dans le plus grand embarras, et ce pour deux raisons. La première est qu'ils n'ont pas vu la crise venir. M. Friedman pouvait par exemple déclarer en 2006 que « jamais le système de la réserve fédérale n'a fonctionné aussi bien dans une période de longueur comparable »[36] [Friedman 2006]. La seconde raison est que les économistes néoclassiques ne peuvent critiquer qu'à la marge un système monétaire que leur doctrine a en partie inspiré. Beaucoup ont ainsi dû battre leur coulpe. Le premier convoqué au purgatoire fut l'ancien directeur de la banque centrale américaine Alan Greenspan qui, lors d'une audition devant une commission parlementaire le 23 octobre 2008, confessa s'être trouvé « plongé dans un grand désarroi » après avoir « trouvé une faille dans l'idéologie capitaliste ». Gary Becker, sur son blog, après avoir reconnu qu'il avait « grandement sous-estimé la sévérité de la crise financière », conclut qu'une « intervention substantielle était justifiée pour éviter un effondrement à court terme du système financier » [Becker 2008a]. Enfin, Richard

35. Dans *Demain le capitalisme*, Henri Lepage confond ainsi délibérément néolibéralisme et néoclassicisme [Lepage 1978].

36. Le destinataire de ces louanges, Alan Greenspan, avait deux ans plus tôt, à l'occasion d'une audition devant une commission au Sénat, nié la possibilité d'une crise : « L'idée de l'éclatement d'une bulle et d'une baisse d'un niveau général des prix me semble être [...] hautement improbable. » [Cité dans Shostak 2003]. Harcelé par le représentant du Texas Ronald Paul, Greenspan nia jusqu'aux virtualités inflationnistes d'une monnaie fiduciaire. « Nous n'aurons pas les conséquences inflationnistes de long terme d'une monnaie fiduciaire. Pour vous dire la vérité, Je suis surpris par ce fait. Mais, pour autant que je puisse en juger, c'est un fait. » [Cité dans Paul 2009, p. 88]

Posner est sans doute celui qui s'est livré à la plus spectaculaire palinodie. Dans un livre publié en mai 2009, il imputa la responsabilité de la crise au marché, et non au gouvernement, et appela à son tour l'État à intervenir davantage : « Ce que la crise nous a appris, c'est que nous avons besoin d'un gouvernement plus actif et plus intelligent afin de maintenir sur les rails notre modèle d'économie capitaliste. » [Posner 2009a, p. xii] En septembre, il confessa sa conversion dans un article intitulé « Comment je suis devenu keynésien », où il présenta la *Théorie générale* de son nouveau mentor comme le « meilleur guide que nous ayons face à la crise » [Posner 2009b]. Les néoclassiques ont ainsi préconisé une intervention massive de l'État pour éviter que les marchés financiers ne s'effondrassent. Beaucoup se sont alors autorisés de la fameuse thèse de Milton Friedman et Anna Schwartz selon laquelle la Réserve fédérale aurait dû exceptionnellement baisser ses taux directeurs dans les années 1930. Ainsi Gary Becker rappela dès septembre 2008 que ses deux prédécesseurs avaient « montré de manière convaincante […] que l'augmentation par la Fed des réserves obligatoires pour les banques commerciales au milieu des années 1930 avait contribué à prolonger la crise de 1929 » [Becker 2008b]. Où l'on voit que les néoclassiques se présentent aujourd'hui comme les agents de maintenance du système monétaire en place, qu'ils ne sont pas en position de critiquer dans son ensemble.

Les tenants de l'école autrichienne se trouvent quant à eux dans une situation plus confortable face à la crise actuelle, qu'ils annoncent depuis près de quinze ans. Dès le début des années 2000, lorsque la Fed commença à baisser ses taux directeurs, on peut trouver sur le site du Mises Institute qui héberge les principales publications des penseurs autrichiens, de nombreuses contributions prédisant explicitement la crise à venir [Voir notamment Blumen 2002, Mayer 2003, Thornton 2004]. Le plus visible de ces Cassandre aux accents autrichiens fut le représentant du Texas Ron Paul. Dès 2003, il prévint devant la Chambre des représentants des dangers imminents d'un éclatement de la bulle immobilière : « Comme toutes les bulles artificiellement créées, la hausse des prix de l'immobilier ne peut pas durer éternellement. Quand les prix des maisons vont chuter, les propriétaires vont éprouver des difficultés car leur capital va se trouver anéanti. […] Le Congrès devrait agir pour libérer les contribuables de ce fardeau, et ce avant que la bulle n'éclate et que ces derniers ne se trouvent à nouveau contraints de renflouer des investisseurs induits en erreur par d'imprudentes interférences étatiques sur le marché » [Paul 2003]. Au-delà de l'éclatement imminent d'une crise des *subprimes*, les économistes autrichiens ont dénoncé de manière plus générale l'existence d'une banque centrale pouvant aisément manipuler une monnaie fiduciaire ne s'appuyant sur aucune contrepartie métallique. La politique d'expansion de la masse monétaire menée par la Réserve fédérale américaine et son directeur Alan Greenspan aurait ainsi inondé les marchés financiers de liquidités, envoyé des signaux de marché faussés aux acteurs et encouragé ce que Hayek appelle des mal-investissements, soit des investissements qui n'auraient pas été faits dans les conditions normales du marché. Ces mal-investissements s'accumulant auraient formé une bulle financière se nourrissant d'endettements risqués, créant alors un déséquilibre des structures de production et des structures des prix qui se seraient anormalement déplacées vers des marchés de biens et de capitaux dont le prix augmente plus vite que les marchés des biens de consommation. Une politique monétaire expansionniste aurait ainsi pour effet de détruire l'information véhiculée par les prix, d'encourager des gaspillages de ressources en direction de certains secteurs de production[37].

Les recommandations des deux écoles pour faire face à la crise sont ainsi diamétralement opposées. Les néoclassiques demandent à ce qu'on sauve le système en rétablissant le circuit du crédit et en recapitalisant les banques. Les Autrichiens proposent à l'inverse une véritable politique du laissez-faire visant à liquider les mal-investissements[38]. Dans la perspective autrichienne, la crise n'est pas une maladie qu'il faudrait combattre ; elle est une guérison qui ramène le système économique à la raison. La crise devrait ainsi jouer un rôle d'assainissement, et le gouvernement ne rien faire qui entrave ce processus de réajustement. On peut ainsi, à partir de la distinction de

37. Rothbard emploie une métaphore parlante. Les booms qui précèdent toujours la crise sont des périodes d'ivresse où les agents économiques s'enivrent des liquidités abondantes que lui sert gracieusement la FED, mais vient toujours la phase de dégrisement, la gueule de bois de la crise et une cure pénible, mais nécessaire, de désintoxication.

38. C'est la solution qu'envisageait déjà Hayek en 1933 : « Au lieu d'accepter la liquidation inévitable des mal-investissements encouragés par le boom au cours des trois dernières années, tous les moyens imaginables ont été utilisés pour empêcher que ce réajustement se fasse ; […] Combattre la dépression par une expansion forcée du crédit revient à tenter de soigner le mal en ayant recours aux moyens qui l'ont créé. » [Hayek 1933, p. 18-19]

Paul Ricœur entre utopie et idéologie[39], distinguer entre, d'un côté, un libéralisme idéologique œuvrant à la défense du pouvoir en place et à la préservation de l'ordre établi et, de l'autre côté, un libéralisme utopique, subversif et visionnaire, d'opposition au pouvoir et d'exploration d'un autre possible. La crise a eu pour effet d'exacerber la divergence et d'ainsi révéler cette polarisation. Alors que les néoclassiques, qui endossent le costume d'idéologues, en appellent à une intervention

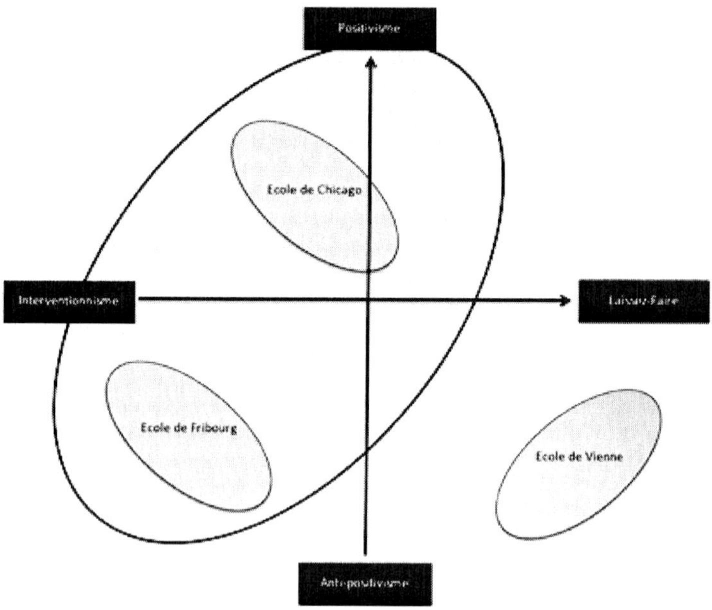

Schéma 3 : *Les contours du néolibéralisme (2008-)*

39. Pour le philosophe français, l'utopie remplit d'abord une double fonction positive de distanciation (par l'exploration du possible) et de subversion (par une sape de l'autorité existante), puis une fonction négative de fuite, de rupture entre le présent et le futur. Ricœur oppose ainsi l'utopie à l'idéologie qu'il définit aussi à travers trois fonctions : la dissimulation ou la distorsion de l'ordre existant, la légitimation du pouvoir en place et l'intégration du groupe par un ensemble de médiations symboliques. Là où, nous dit Ricœur, l'idéologie dissimule, légitime et intègre, l'utopie explore, subvertit et rompt. [Ricœur 2005]. Il est ici frappant de constater que Hayek oppose son projet d'utopie libérale à ce qu'est devenu le libéralisme d'une manière très comparable à celle qu'emploie Ricœur pour distinguer l'utopie et l'idéologie. Hayek écrit par exemple ceci : « Ce dont nous manquons, c'est d'une Utopie libérale, un programme qui ne serait ni une simple défense de l'ordre établi, ni une sorte de socialisme dilué, mais un véritable radicalisme libéral qui n'épargne pas les susceptibilités des puissants (syndicats compris), qui ne soit pas trop sèchement pratique, et qui ne se confine pas à ce qui semble politiquement possible aujourd'hui. » [Hayek 2007 (1949), p. 292]

massive de l'État pour sauver ce qui peut l'être d'un système dont ils sont en partie responsables, les Autrichiens, prenant le point de vue de l'utopie, entendent bouleverser l'ordre existant en mettant à distance une réalité qu'ils accusent de ne pas avoir été suffisamment libérale, en appréhendant autrement dit avec étrangeté un système économique auquel ils proposent de substituer, au-delà du possible immédiat, un système complètement déréglementé et soustrait à la férule des banques centrales et aux ingérences des gouvernements. La crise a contraint les premiers à une expiation modératrice et conforté les seconds dans leur radicalisme[40].

CONCLUSION

Où l'on voit que le sens du mot néolibéralisme n'est pas stable, et dépend fortement de son contexte d'énonciation. L'évolution que nous avons retracée devrait conduire ou bien à l'abandon du terme néolibéral, désormais vidé de toute détermination, ou bien à renouer en partie avec son sens originel d'un libéralisme interventionniste, modéré et travaillant à la sauvegarde de l'ordre établi. De deux choses l'une, en effet. Ou bien l'on donne au mot néolibéralisme toute son épaisseur historique en lui assignant une acception suffisamment large pour qu'il embrasse tous les auteurs qui ont, depuis l'entre-deux-guerres, cherché à rénover le libéralisme, mais on doit alors renoncer au sens fort que certains lui donnent. Dans cette perspective, le néolibéralisme ne désigne qu'une coalition négative contrastée, qui avait encore une certaine cohérence lorsqu'aucune de ses idées n'était appliquée, mais qui se trouve aujourd'hui à ce point dispersée que l'on peut raisonnablement douter de la pertinence du terme. Les néolibéraux étaient en effet relativement solidaires lorsqu'il ne s'agissait

40. Philip Mirowski ne nous semble pas prendre l'exacte mesure de cette polarisation. Au détour de la seule référence à la position autrichienne dans son dernier livre, il réduit en effet l'opposition, incarnée pour lui par Ron Paul et Ben Bernanke, à une forme de duplicité stratégique : « Ron Paul peut contenter ses ouailles en menaçant de terrasser Bernanke, et ainsi maintenir sa base farouchement opposée à tout ce qui provient de l'État, mais les principaux acteurs comprennent qu'ils ont besoin de Bernanke (ou de quelqu'un comme lui) à l'intérieur du système pour qu'il supporte leur activités lucratives et empêche toute nationalisation. Vous pouvez assez confortablement rester un néolibéral de bon standing sans souscrire à la tendance "banque libre", tout simplement parce que vous êtes utile. » [Mirowski 2014, p. 190].

que de penser un monde encore très éloigné de leur doctrine. Ils se sont dispersés au moment même où ils se sont trouvés en position de le transformer. Depuis qu'une partie des idées néolibérales a quitté l'enceinte de ces laboratoires de réflexion confidentiels, le mot a en fait perdu toute détermination. Ou bien on renonce à une partie de son histoire, en lui donnant le sens d'un libéralisme intervenant, en rupture avec le laissez-faire, mais il faut alors en tirer toutes les leçons et n'employer le terme que pour désigner les pensées des libéraux français jusque dans les années 1970, des ordolibéraux et de certains néoclassiques, et ne pas loger à cette enseigne les Autrichiens (y compris Hayek et les quelques libéraux français) et certains néoclassiques. Cette voie nous paraît la plus pertinente, qui consisterait à distinguer un libéralisme idéologique (allant des ordo-libéraux à certains néoclassiques) et un libéralisme utopique (rassemblant les « Autrichiens » et quelques néoclassiques). On pourrait ainsi plus sobrement parler de « néolibéralisme » pour parler de l'idéologie libérale, et de « libertarianisme » pour désigner son pendant utopique. Ce compromis, sur lequel pourraient raisonnablement s'entendre la théorie critique[41] et l'histoire des idées, ouvrirait entre elles un dialogue plus fécond, au sein duquel la seconde pourrait notamment offrir à la première les armes d'une réprimande mieux informée.

RÉFÉRENCES

Allais, Maurice. 1960. *L'Europe Unie, Route de la Prospérité.* Paris : Calmann-Lévy

Audier, Serge. 2008. *Le Colloque Lippmann. Aux origines du néo-libéralisme.* Paris : Le bord de l'eau

—. 2012. *Néo-libéralisme(s). Une archéologie intellectuelle.* Paris : Grasset

—. 2015. *Penser le « néolibéralisme ». Le moment néolibéral, Foucault et la crise du socialisme.* Paris :, Le Bord de l'eau

Baudin, Louis. 1953. *L'Aube d'un nouveau libéralisme.* Paris : Librairie de Médicis

Becker, Gary. 2008a. "The Crisis of Global Capitalism ?". *Becker Posner Blog*, 21 septembre 2008 [http://www.becker-posner-blog.com/2008/09/the-crisis-of-global-capitalismbecker.html]

41. Bien qu'ils n'en tirent pas toutes les conclusions qui s'imposent, Pierre Dardot et Christian Laval admettent d'ailleurs du bout des lèvres la pertinence de cette distinction. « Le libertarianisme est dans cette forme extrême le *négatif* de la rationalité néolibérale. Car ce qu'il reproche au néolibéralisme, c'est précisément la *gouvernementalité* elle-même, c'est-à-dire le recours aux instruments du gouvernement pour orienter de l'intérieur le choix des individus de manière à atteindre certaines fins souhaitables. » [Dardot & Laval 2009, p. 17]

BECKER, Gary. 2008b. "The Financial Crisis II". *Becker Posner Blog*. 28 septembre 2008 [http://www.becker-posner-blog.com/2008/09/the-financial-crisis-ii-becker.html]

BILGER, François. 2004. « La pensée néolibérale française et l'ordolibéralisme allemand », *in* P. COMMUN (dir.), *L'ordolibéralisme allemand, aux sources de l'économie sociale de marché*. Paris : Éditions de la Maison des sciences de l'homme

BLUMEN, Robert. 2002. "Fannie Mae Distorts Markets". *Mises Daily*, 17 juin 2002, [http://mises.org/daily/986]

BOAS, Taylor C. & GANS-MORSE, Jordan. 2009. "Neoliberalism : From New Liberal Philosophy to Anti-Liberal Slogan". *Studies in Comparative International Development*. Volume 44, Numéro 2

BOURDIEU, Pierre. 1998. « L'essence du néolibéralisme ». *Le Monde Diplomatique*, mars 1998

BROWN, Wendy. 2007. *Les habits neufs de la politique mondiale : Néolibéralisme et néoconservatisme*. Paris : Les Prairies ordinaires, 2007

CHRISTOPH, Gilles. 2012. *Du nouveau libéralisme à l'anarcho-capitalisme. La trajectoire intellectuelle du néolibéralisme britannique*. Thèse de doctorat en études anglophones, Université Lumière Lyon 2

COCKETT, Richard. 1995. *Thinking the Unthinkable, Think Tanks and the Economic Counter-Revolution, 1913-1983*. Londres : Fontana Press

DARDOT, Pierre & LAVAL, Christian. *La Nouvelle raison du monde*. Paris : La Découverte, 2009

DENORD, François. 2007. *Néo-libéralisme version française : Histoire d'une idéologie politique*. Paris : Demopolis

DIXON, Keith. 1998. *Les Évangélistes du marché : Les Intellectuels britanniques et le néo-libéralisme*. Paris : Raisons d'agir

FOUCAULT, Michel. 2004. *Naissance de la biopolitique : cours au Collège de France, 1978-1979*. Paris : Gallimard/Éditions du Seuil

FRIEDMAN, Milton. 1950. "Neo-liberalism and its Prospects". *Farmand*. 17 février 1950

—. 1995a (1951). *Essais d'économie positive*. Paris : Litec

—. 1955. "Liberalism, Old Style". *Collier's Year Book*. New York : P.F. Collier and Son

—. 1956. "The Quantity Theory of Money : A Restatement", *in* M. Friedman (ed.), *Studies in the Quantity Theory of Money*. Chicago : University of Chicago Press

—. 2010 (1962). *Capitalisme et Liberté*. Paris : Leduc

—. 1965. "The Economy : We Are All Keynesians Now". *Time*, 31 décembre 1965

—. 1970. "The Counter-Revolution in Monetary Theory". *Institute of Economic Affairs Occasional Paper*. Numéro 33

—. 1995b. "Best of Both Worlds : Milton Friedman reminisces about his career as an economist and his lifetime 'avocation'as a spokesman for freedom". Interview avec Brian Doherty, *Reason*. juin 1995

—. 2006. "He Has Set a Standard". *The Wall Street Journal*. 31 Janvier 2006

FRIEDMAN, Milton & FRIEDMAN, Rose. 1980. *La liberté du choix*. Paris : Belfond

—. 1998. *Two Lucky People*. Chicago : University of Chicago Press

FRIEDRICH, Carl J. 1955. "The Political Thought of Neo-Liberalism". *The American Political Science Review*. Volume 49, Numéro 2

HARVEY, David., 2005. *A Brief History of Neoliberalism*. Oxford : Oxford University Press

HAYEK, Friedrich A. 1975 (1931). *Prix et production*. Paris : Calman-Levy

—. 1933. *Monetary Theory and the Trade Cycle*. New York : Sentry Press

—. 1985 (1944). *La route de la servitude*. Paris : PUF

—. 2007. « Allocution d'ouverture d'un colloque à Mont-Pèlerin » (1947), *in* F. HAYEK, *Essais de philosophie, de science politique et d'économie*. Paris : Les Belles Lettres

—. 2007. « Les intellectuels et le socialisme » (1949), *in* F. HAYEK, *Essais de philosophie, de science politique et d'économie*. Paris, Les Belles Lettres

—. 2007. « La transmission des idéaux de la liberté économique » (1951), *in* F. HAYEK, *Essais de philosophie, de science politique et d'économie*. Paris : Les Belles Lettres

—. 1952. *The Counter-Revolution of Science : Studies on the Abuse of Reason*. Glencoe : The Free Press

—. 1994 (1960). *La Constitution de la liberté*. Paris : Litec, 1994

—. 1980 (1973). *Droit, législation et liberté*, Tome I, *Règles et ordre*. Paris : PUF

—. 2015 (1976). *Pour une vraie concurrence des monnaies*. Paris : PUF

—. 1983 (1979). *Droit, législation et liberté*, Tome III, *L'ordre politique d'un peuple libre*. Paris : PUF, 1983

—. 1992. *Hayek on Hayek : An Autobiographical Dialogue*. Londres : Routledge

HUERTA DE SOTO, Jesús. 1998. "The ongoing *Methodenstreit* of the Austrian School". *Journal des Economistes et des Études humaines*. Volume 8, Numéro 1

JONES, Daniel Stedman. 2012. *Masters of the Universe : Hayek, Friedman, and the Birth of Neoliberal Politics*. Princeton : Princeton University Press

KLEIN, Daniel B. 2004. "Mere Libertarianism : Blending Hayek and Rothbard". *Reason Papers*. Volume 27

LAURENT, Alain. 2006. *La libéralisme américain : Histoire d'un détournement*. Paris : Les Belles Lettres

LAVERGNE, Bernard. 1932. « L'économie moderne et la doctrine libérale ». *L'année politique française et étrangère*. Volume 7, Numéro 27

LEPAGE, Henri. 1978. *Demain le capitalisme*. Paris : Pluriel

LIPPMANN, Walter. 1946 (1938). *La Cité Libre*. Paris : Librairie Médicis

MAYER, Christopher. 2003. "The Housing Bubble". *The Free Market*. Volume 23, Numéro 8

MIROWSKY, Philip & PLEHWE, Dieter (eds). 2009. *The Road from Mount Pèlerin : the Making of the Neoliberal Thought Collective*. Cambridge : Harvard University Press

MIROWSKY, Philip. 2014. *Never Let a Serious Crisis Go to Waste*. New York : Verso

MISES, Ludwig. 1980 (1912). *The Theory of Money and Credit*. Indianapolis, Liberty Classics

PAUL, Ron. 2003. "Fannie Mae and Freddie Mac Subsidies Distort the Housing Market". Discours à la Chambre des représentants le 10 septembre 2003, [http://paul.house.gov/index.php?option=com_content&task=view&id=258&Itemid=60]

PAUL, Ron. 2009. *End the Fed*. New York : Grand Central Publishing

POLANYI, Karl. 1983 (1944). *La Grande Transformation : Aux origines politiques et économiques de notre temps*. Paris : Gallimard

POLLITT, Christopher. & HUPE, Peter. 2011. "Talking about government : The role of magic concepts". *Public Management Review*. Volume 13, Numéro 5

POSNER, Richard. 2009a. *A Failure of Capitalism : The Crisis of '08 and the Descent into Depression*. Cambridge : Harvard University Press

—. 2009b. "How I became a Keynesian : Second Thoughts in the Middle of a crisis". *The New Republic*, 23 septembre 2009

RICŒUR, Paul 2005 (1986). *L'idéologie et l'utopie*. Paris : Seuil

ROBBINS, Lionel. 1939. *L'économie planifiée et l'ordre international*. Paris : Librairie de Médicis, 1939

RÖPKE, Wilhelm. 1962 (1939). *La Crise de notre temps*. Paris : Payot

—. 2009 (1958). *Au-delà de l'offre et de la demande*. Paris : Les Belles Lettres

ROSANVALLON, Pierre. 2015. *Le bon gouvernement*. Paris : Seuil

ROTHBARD, Murray. 2002 (1973). *For a new liberty : The Libertarian manifesto*. Auburn : Mises Institute

ROUGIER, Louis. 1939. *Les Mystiques économiques*. Paris : Librairie Médicis

RUEFF, Jacques. 1922. *Des sciences physiques aux sciences morales : introduction à l'étude de la morale et de l'économie politique rationnelles*. Paris : Librairie Félix Alcan

—. 1948 (1945). *L'ordre social*. Paris : Librairie de Médicis

—. 1958. « Une mutation dans les structures politiques : le marché institutionnel des communautés européennes ». *Le Monde économique et financier*. 9-10 février 1958

—. 1972. *Combats pour l'ordre financier : Mémoires et documents pour servir à l'histoire du dernier demi-siècle*. Paris : Plon

SHOSTAK, Frank. 2003. "Housing Bubble : Myth or Reality ? ". *Mises Daily*, 4 mars 2003

SKINNER, Quentin. 2002. *Visions of Politics. Volume I : Regarding Methods*. Cambridge : Cambridge University Press

STEINER, Yves & WALPEN, Bernhard. 2006. « L'apport de l'ordolibéralisme au renouveau libéral, puis son éclipse ». *Carnets de bord*. Numéro 11

THORNTON, Mark. 2004. "Housing : Too Good to Be True". *Mises Daily*. 4 juin 2004, [http://mises.org/daily/1533]

« néolibéralisme » et démocratie dans les années 1930 : Louis Rougier et Louis Marlio

Serge Audier *

Résumé
Le « néolibéralisme » français est né dans les années 1930, plus précisément lors du Colloque Walter Lippmann de 1938 organisé par le philosophe Louis Rougier, dans le contexte de l'imminence de la guerre. L'objectif de cet article est de comprendre comment, face à la menace totalitaire, la pensée néolibérale française de cette période a conçu la démocratie. On comparera pour ce faire les conceptions de deux fondateurs de ce courant : celle de Rougier, qui préférait parler de « libéralisme constructeur », et celle de Louis Marlio, qui parlait de « libéralisme social ». Ces deux expressions sont-elles équivalentes et sont-elles sous-tendues par une même conception de la démocratie ?
Mots-clés : néolibéralisme, Rougier (Louis), Marlio (Louis), Colloque Lippmann, démocratie

Abstract
The French « neoliberalism » was born in the 1930s, specifically during the Colloquium Walter Lippmann of 1938 organized by the philosopher Louis Rougier, in the context of the imminence of the war. The objective of this article is to understand how, given the totalitarian threat, the French neoliberal thought of this period conceived democracy. We shall compare to this end the conceptions of two founders of this current : that of Rougier, who prefered to speak about « constructive liberalism » (« *libéralisme constructeur* ») and that of Louis Marlio, who spoke about « social liberalism » (« *libéralisme social* »). Are these two expressions equivalent and are they underlain by the same conception of the democracy ?

* Université Paris-Sorbonne, UFR de philosophie. Courriel : serge.audier@paris-sorbonne.fr

Keywords: neo-liberalism, Rougier (Louis), Marlio (Louis), the Walter Lippman Colloquium, democracy

Classification JEL : B20 – B31 – H10 – P16

INTRODUCTION

L'objectif de cette étude est de cerner comment la question de la démocratie a été affrontée dans le « néolibéralisme » des années 1930-1940, singulièrement chez deux de ses principaux protagonistes français, le philosophe Louis Rougier et l'industriel Louis Marlio. Le choix de cet angle en apparence étroit, et la décision même de mentionner le concept de « néolibéralisme » entre guillemets, en conservant le tiret qu'il contenait à ses origines, tient à une forme de précaution méthodologique qui ne doit pas préjuger pour autant des conclusions finales que l'on pourrait tirer sur l'histoire ou le sens du néolibéralisme. Il pourrait s'avérer en tout cas prudent, voire stimulant d'un point de vue heuristique, de ne pas poser *a priori* qu'il existe comme une « essence » du néolibéralisme, qui se déploierait linéairement depuis ses premières occurrences lexicales jusqu'à ce qu'on appelle, depuis les années 1970, le « néolibéralisme », souvent assimilé, à tort ou à raison, aux doctrines de Friedrich Hayek, de Milton Friedman ou de Gary Becker, ainsi qu'aux politiques économiques qui en auraient tiré inspiration depuis l'accès au pouvoir de Margaret Thatcher et Ronald Reagan. On mentionne même souvent l'expérience économique antérieure des disciples de Friedman et membres de l'École Chicago sous la dictature de Pinochet, dès les années 1970. Que cette expérience ait eu lieu dans ce contexte politique consécutif au coup d'État d'Augusto Pinochet est d'ailleurs souvent pris comme preuve – du moins chez les adversaires du néolibéralisme – du caractère antidémocratique de la pensée et du mouvement néolibéraux.

Qu'en était-il dans les années 1930, et comment le « néolibéralisme », avec ses premières occurrences françaises, se rapportait-il aux enjeux concernant la démocratie ? Quelques considérations préalables sur l'émergence du « -néo » de « néolibéralisme » sont ici nécessaires. On peut trouver des occurrences diverses du mot « néolibéralisme » dès le XIXe siècle, mais sa véritable percée correspond à un contexte précis : la crise des années 1930, souvent interprétée comme une crise sans précédent du capitalisme et du libéralisme, alors même que, depuis l'avènement du fascisme, et ensuite du nazisme, certains régimes et dirigeants, tel Mussolini, revendiquent leur hostilité au « libéralisme » – c'est aussi le cas, bien entendu, de l'URSS de Staline, dont les plans quinquennaux attirent les regards alors même que les États-Unis puis l'Europe s'enfoncent dans la crise avant le rebond du *New Deal*. Dès les années 1920, mais plus encore dans les années 1930, le climat idéologique en Occident est à la « révision » généralisée des doctrines, notamment socio-économiques : il y a le « néo-socialisme », mais aussi le « néo-saint-simonisme » et le « néo-capitalisme » (voir Pirou, 1934). Après le krach de *Wall Street* se radicalise nettement le sentiment d'un échec du libéralisme, comme il y a eut une crise du marxisme : on évoque sa « mort » ou sa nécessaire « révision ». C'est alors qu'on se met à parler, dans le champ politique et académique, ici ou là, de « néolibéralisme ». Encore ces occurrences restent-elles discrètes et rares.

C'est le Colloque Walter Lippmann qui fera date à cet égard, dans un contexte particulièrement intéressant pour réfléchir aux rapports originels entre « néolibéralisme » et « démocratie » : le colloque qui réunit en août 1938, peu avant la seconde guerre mondiale, une nébuleuse internationale des derniers partisans du « libéralisme », se tient à Paris dans un moment tragique de fragilité croissante des démocraties libérales face à différents régimes autoritaires et totalitaires. Aussi la nécessité de repenser le libéralisme s'impose-t-elle également comme une nécessité de repenser la démocratie, face à ses périls internes et externes. Cependant, les diverses versions du « néolibéralisme » alors défendues ne sont pas entièrement superposables, ni quant à leur contenu socio-économique, ni quant à leur façon de concevoir la démocratie et son articulation avec les politiques économiques. C'est du moins ce que l'on voudrait montrer à travers l'évocation de deux piliers de la naissance du « néolibéralisme » à la française : le premier, Rougier, a organisé le Colloque Lippmann, tandis que le second, Marlio, a délivré le discours inaugural du Centre International d'Études pour la Rénovation du Libéralisme (CIERL) qui visait peu après à constituer un réseau « néolibéral ». Plus tard, Marlio revendiquera l'organisation même du Colloque Lippmann – ce qui n'est pas attesté historiquement –, assimilé à la promotion de sa propre vision du « néolibéralisme », en revendiquant la présence de William Beveridge, qui en était pourtant absent et *a priori* éloigné des idées « néolibérales » (Marlio, 1949). Cette bien curieuse référence, introuvable en revanche chez Rougier, et manifestement positive, au père du *Welfare State* anglais, sans doute déjà connu pour sa proximité économique avec John Maynard Keynes – dont Marlio considérait alors qu'il était un des libéraux anglais les plus « évolués » –, a de quoi laisser perplexe. Il est en effet notoire que les « néolibéraux » devenus les plus célèbres mondialement, en particulier Friedrich von Hayek, étaient des adversaires aussi bien de Beveridge que de Keynes, et ce dès les années 1930-1940. Or, si nous avons choisi de mettre l'accent sur ces deux protagonistes du Colloque Walter Lippmann, alors que d'autres Français ont joué un rôle important aussi – nous pensons singulièrement à l'économiste libéral et conservateur Louis Baudin –, c'est tout simplement parce qu'ils furent les maîtres d'œuvre de ce mouvement, qu'ils revendiquèrent l'étiquette « néolibérale », et que leurs positions sont révélatrices de sensibilités en partie différentes sur la base d'un certain nombre de points d'accords quant aux orientations générales du « néolibéralisme » à construire. Que ces deux figures fondatrices – singulièrement Marlio, tombé très vite dans un oubli quasi-total, y compris en France – aient fini par largement disparaître des grands récits – qu'ils soient hagiographiques, favorables ou au contraire hostiles – sur la genèse du néolibéralisme, y compris concernant leur vision de la démocratie, méritera une réflexion méthodologique et philosophique sur les destinées du néolibéralisme. Pour le moment, observons que ni Rougier ni Marlio n'aimaient vraiment l'expression néolibéralisme au départ, avant de s'en faire les porte-drapeau. Tandis que l'un préférait parler de « libéralisme constructeur », l'autre ne cessera de mettre en avant la formule du « libéralisme social » : deux modèles assurément voisins, mais différents, soutenus par des conceptions de la démocratie là aussi proches, mais certainement pas équivalentes.

DÉMOCRATIE, ÉLITISME ET LIBÉRALISME SELON WALTER LIPPMANN

Comme son nom l'indique, le Colloque Walter Lippmann eut pour déclencheur la publication de l'essai de Walter Lippmann, *The Good Society*, traduit en français aux éditions Médicis en 1938, sous le titre *La*

Cité libre, avec une préface d'André Maurois. Mais si cette publication et la venue à Paris de Lippmann inspirèrent le Colloque, ce n'est pas l'Américain qui fut son concepteur. Le journaliste résista même brièvement avant de céder aux demandes de Rougier de participer à cette réunion. En un sens, on peut d'ailleurs considérer que, davantage que Marlio, le véritable « père » d'un courant « néolibéral » à la française est bien Rougier. Son profil correspond à celui d'un philosophe intéressé de longue date par les enjeux politiques et économiques. Né en 1899 à Lyon, où son grand-père Paul Rougier avait été détenteur de la première chaire d'économie politique, il a été un pionnier dans bien des domaines. Cet agrégé de philosophie (1914) et docteur (1920) a été professeur de philosophie et d'histoire des religions dans des lycées, puis à la Faculté des Lettres de Besançon entre 1924 et 1929. Il a enseigné aussi à l'Université du Caire (1934-1936) et à l'Institut des Hautes Études universitaires de Genève, où professaient aussi alors plusieurs figures de la renaissance du libéralisme, dont Ludwig von Mises, Wilhelm Röpke, et même ponctuellement – chose moins connue – Friedrich Hayek. Spécialiste de philosophie des sciences et de logique, marqué par la pensée de Henri Poincaré auquel il consacre sa thèse, Rougier participe en 1934 au Cercle de Vienne avant d'organiser à la Sorbonne, en 1935, le premier Congrès international de philosophie scientifique, où figurent notamment Rudolf Carnap, Bertrand Russell, Alfred Tarski, Moritz Schlick. Cet intérêt pour les questions relevant de la philosophie des sciences et de la connaissance ne se dissocie pas, chez lui, de certains enjeux moraux et surtout politiques. Après la vague du « néo-positivisme », Rougier promeut donc une nouvelle doctrine qui s'intitulera le « néolibéralisme », elle-même liée à une certaine vision de la démocratie. Cependant, son apport aura été durablement occulté, notamment en raison de ses rapports troubles avec les milieux vichyssois. En 1940, il se fait le porteur d'une mission de Pétain auprès de Churchill, qui bien sûr ne conduira à rien, mais qu'il défendra ensuite (Rougier, 1945), d'une façon qui le décrédibilisera définitivement, d'autant plus que son hostilité à De Gaulle s'accompagnera d'un rapprochement avec des milieux d'extrême droite. Mais en 1938, nous n'en sommes pas encore là. Et durant cette période, c'est une fois encore un apport étranger à la pensée française, celle de Lippmann, qui jouera donc un rôle déterminant, même si Rougier s'acheminait lui-même par ses propres moyens, dans ce domaine, vers des positions qu'il jugera très vite convergentes avec celles de l'Américain, dans lequel il verra une sorte d'*alter ego*. Avant d'en venir aux thèses économiques et politiques de Rougier, puis de Marlio, il importe donc de rappeler les grandes lignes de celles de Lippmann, qui comportent en vérité certaines spécificités, notamment concernant la démocratie. Si Lippmann partage en effet avec Rougier et Marlio une certaine adhésion à un modèle « élitiste » de la démocratie, sa trajectoire et le contenu de sa pensée présentent assurément des singularités irréductibles dont l'examen permettra de mieux éclairer les visions respectives des deux « néolibéraux » français.

Du progressisme à l'élitisme démocratique

Lorsque paraît aux États-Unis, en 1937, son livre *An Inquiry into the Principles of the Good Society*, Lippmann est déjà un auteur reconnu et influent. Sa trajectoire politique n'a pas grand-chose de commun avec celle de Rougier ou même de Marlio, puisque ses convictions de jeunesse, à l'Université de Harvard, l'orientent d'abord vers le socialisme. Du point de vue sociologique, sa situation est également bien différente de celle de Rougier : tandis que le philosophe français reste un professeur relativement marginal et confidentiel, qui va solitairement à contre-courant des tendances dominantes, Lippmann est un brillant journaliste de grand renom. Revenir sur sa trajectoire, c'est aussi mieux saisir ce qui a pu faire que, parti d'un tout autre horizon que Rougier et terminant son parcours tout à fait ailleurs que lui – il deviendra un soutien des politiques économiques et sociales des administrations démocrates de Kennedy et Johnson dans les années 1960 –, il a pu rencontrer à la fin des années 1930, dans le contexte très précis de l'imminence de la guerre, la trajectoire du Français, du moins très provisoirement. Militant socialiste dans sa jeunesse étudiante – il fut le fondateur du Cercle socialiste de l'Université d'Harvard, où il noua des contacts notamment avec le futur militant communiste John Reed –, lié un temps au Parti socialiste américain, Lippmann est d'abord profondément marqué par Graham Wallas, qui restera parmi ses maîtres, et qui est un des principaux piliers historiques du socialisme « fabien ». L'influence de la Fabian Society sera d'ailleurs durable sur le jeune Lippmann, y compris concernant ses tendances technocratiques dans sa période « progressiste ». Ses références philosophiques sont d'abord Georges Santayana et surtout le théoricien du pragmatisme

William James, dont la vision « pluraliste » devait le marquer. Mais il quitte bientôt les études académiques et la philosophie pour le journalisme. Il travaille d'abord au *Boston Common*, d'orientation socialiste, avant de créer en 1914, avec Herbert Croly et Walter Weyl, le célèbre journal *The New Republic*, dont il sera le directeur. Comme l'ont montré notamment plusieurs historiens importants de la jeunesse de Lippmann (Forcey, 1961 ; Kloppenberg, 1986), il est alors, à leurs côtés, une grande figure du « progressisme » (*progressivism*) américain, avec une forte fibre sociale, dirigiste, mais aussi technocratique. Il sera également un protagoniste majeur du *New York World* et surtout, à partir de 1931, du *New York Herald Tribune*, où il donne de nombreux éditoriaux reproduits et commentés dans tous les États-Unis.

Mais Lippmann n'est pas seulement un homme qui influence l'opinion, il est aussi un conseiller des gouvernements américains. Il se trouve ainsi très étroitement associé à la politique étrangère de Washington à la fin de la guerre 1914-1918, pour mettre en œuvre ce qui deviendra les « Quatorze points » du Président Wilson. Cependant, sa trajectoire évolue peu à peu, en l'éloignant pour toujours du socialisme de sa jeunesse, et même du « progressisme » de *The New Republic*. Et c'est dans ce contexte que sa pensée de la démocratie prend une orientation que l'on retrouvera jusque dans *The Good society* et sa période dite « néolibérale ». Réfléchissant à sa propre activité de journaliste et à son expérience de la communication et de la propagande de guerre en 1914-1918, il se lance dans des investigations pionnières autour du thème de « l'opinion publique », en lisant notamment beaucoup Freud, à la même époque que son ami Keynes. Manifestement, il porte alors un regard désenchanté sur la démocratie de son époque, et sur des phénomènes comme la propagande et l'abstention électorale. C'est le temps où il se met à méditer les théoriciens « réalistes » et « élitistes » de la démocratie, notamment Robert Michels, qui pointent l'importance des thèmes de la « classe politique », de l'organisation hiérarchique des partis bureaucratisés, du poids des oligarchies. Contrairement à d'autres théoriciens élitistes de la démocratie, comme les Italiens Gaetano Mosca et Vilfredo Pareto, Michels partait d'une adhésion sincère aux idéaux socialistes et démocratiques – il finira paradoxalement par soutenir le fascisme – pour constater l'impossibilité de réaliser au sens littéral le projet démocratique.

Selon cette approche, la formule selon laquelle la démocratie serait « le gouvernement du peuple, par le peuple et pour le peuple » ne serait en effet qu'un mythe : déjà pour des raisons matérielles, territoriales et démographiques, une démocratie comme auto-gouvernement direct est impossible. L'originalité de la recherche de Lippmann, cependant, consiste à développer ce genre de théorie réaliste de la démocratie – que l'on retrouvera plus tard chez Joseph Schumpeter, Raymond Aron, Robert Dahl ou Giovanni Sartori – à partir de ce qui constitue à ses yeux le grand impensé : pour que le peuple soit vraiment souverain, il faut qu'il sache lucidement ce qu'il décide, qu'il soit donc informé le plus rigoureusement possible de la réalité et de la situation qui l'entourent dans toute leur complexité. Or, soutient-il, le citoyen ordinaire n'a ni les compétences, ni le temps, ni l'envie de se donner une telle connaissance informée. Et la citoyenneté active ne constitue pas nécessairement son premier souci. Tel est en somme le problème affronté dans *Public Opinion* en 1922 et dans *The Phantom Public* en 1925. Lus de près, ces textes ne sont pas aussi faciles à interpréter qu'on le prétend généralement – c'est-à-dire comme des apologies cyniques de la toute-puissance des élites contre un peuple réduit à sa passivité –, mais il est vrai qu'ils contiennent, notamment le second, une forte dimension élitiste et de ce que l'on pourrait appeler une tendance « expertocratique ». D'ailleurs, en 1925, dans sa correspondance, il confie même ses doutes croissants sur les vertus de la démocratie (Lippmann, 1985, p. 176). Mais ce n'est pas le dernier mot de sa pensée, toujours en mouvement selon le contexte, avec cependant une constante : Lippmann ne croit pas que, au sens littéral, le gouvernement du peuple par le peuple et pour le peuple soit une définition « réaliste » et praticable de la démocratie. Le risque est même que sa prise au sérieux n'engendre une démagogie encore plus éloignée de ce que souhaite le peuple. D'où la forte valorisation, par Lippmann, contre les menaces d'impuissance civique et de démagogie, du rôle que devraient jouer des experts indépendants, indispensables selon lui auprès d'une opinion publique qui serait incapable par elle-même de se constituer un jugement, et même, déjà, une connaissance informée des problèmes. C'est sur ces bases que John Dewey déploiera sa critique, plus sévère encore concernant le second livre de Lippmann consacré au sujet (sur cette controverse, voir Cavallari et Dessi, 2008 ; Zask, 2015 ; Cometti, 2016). Mais c'est aussi sur le plan politique et économique que Dewey se séparera de Lippmann, en particulier à partir du tournant « libéral » de ce dernier, qu'il nous faut évoquer à présent.

Car, par ailleurs, la trajectoire journalistique menant Lippmann de *The New Republic* au *New York Herald Tribune* peut être interprétée comme un tournant à droite, ou, du moins, comme un éloignement d'une certaine gauche « progressiste ». Mais ce tournant est à considérer avec prudence, car Lippmann mettra tout son prestige et tout son talent de plume en faveur de la victoire de Franklin Roosevelt en 1932. Le *columnist* s'en séparera cependant, notamment lors du conflit opposant le Président américain à la Cour Suprême. Sa rupture de plus en plus nette avec ses amis de *The New Republic*, tant au plan politique qu'économique, peut s'élucider diversement. Sans doute le contexte international a-t-il beaucoup pesé, alors que les menaces de guerre se précisent et que Lippmann est de plus en plus inquiet par la montée du fascisme et du nazisme. Or, force est de constater que si certains des piliers intellectuels du mouvement progressiste regardent alors avec la plus grande méfiance les totalitarismes montants, d'autres considèrent non sans sympathie l'expérience fasciste, sans nullement devenir pour autant des suppôts de Mussolini. Il en va ainsi de son ancien ami et cofondateur de *The New Republic*, Herbert Croly – pilier de la planification progressiste et inspirateur notoire de certaines idées du *New Deal* – ou encore de Charles Beard qui déjà en 1929, dans *The New Republic*, déclarait son admiration pour l'Italie fasciste qui avait su organiser de façon volontariste l'économie par l'intervention de l'État. Il s'agissait pourtant là de deux des plus grands théoriciens qui ont fourni au *New Deal* une partie de l'esprit de son programme interventionniste, en rupture avec le vieux modèle libéral. La célèbre formule de Croly « *We planned in war, why not in peace* », que Lippmann mentionne dans *The Good Society*, l'inquiète particulièrement dans un contexte où la guerre est éminente et portée par des États qui adoptent une politique d'autarcie. Là encore, la menace totalitaire pèse de tout son poids dans la naissance du « néolibéralisme » – formule que Lippmann ne défend pas lui-même – des années 1930.

Démocratie et rénovation du libéralisme dans The Good Society

Dans *The Good Society*, Lippmann reformule sa vision de l'économie dans un sens qui entend retourner au libéralisme originaire tout en le révisant et en l'adaptant au contexte actuel. C'est aussi l'occasion pour lui de préciser de manière beaucoup plus constructive sa conception de la démocratie, elle-même expression d'un « libéralisme » révisé et adapté – les deux dimensions constituant à ses yeux une seule et unique problématique. Là encore, l'interprétation de ces textes est d'autant plus délicate qu'ils ont vite suscité l'approbation, comme chez Hayek, ou le rejet, comme chez Dewey. Il est vrai que son propos n'est pas aussi aisément situable qu'il y paraît. Peut-être les interprètes qui font de Lippmann le grand apôtre d'un libéralisme concurrentiel, l'ennemi juré de Keynes, négligent-ils la préface à l'édition américaine de 1937, qui ne se retrouvera pas, il est vrai – et sans doute cette omission est-elle significative –, dans la traduction française des éditions Médicis, foyer des idées des « néolibéraux » français. Là, Lippmann expose ses dettes intellectuelles d'une façon qui révèle son projet d'ensemble et ses priorités. Il salue d'abord son maître et ami Wallas, qui lui aurait appris très tôt à creuser le concept de « *Great Society* », notamment dans un livre consacré à ce sujet. Loin d'être un intégriste du marché, Wallas avait certes évolué par rapport au socialisme fabien de sa jeunesse vers une forme de « radicalisme », mais nullement de néolibéralisme. Ensuite, Lippmann reconnaît l'apport de Mises et de Hayek, non pas concernant l'ensemble de leur vision économique, mais à propos de la « critique de l'économie planifiée » qui l'aurait conduit à « une nouvelle compréhension du problème global du collectivisme ». Enfin – ce que l'on omet curieusement de rappeler en général – il rend un très vif hommage à son cher ami Keynes – plusieurs fois cité positivement dans le livre, et manifestement médité dans d'autres passages – qui « a tant fait pour démontrer aux peuples libres que l'économie moderne peut être régulée sans dictature » (Lippmann, 2005, p. xli-xlii). Trois noms, trois approches dont on peut raisonnablement comprendre que la seconde a surtout une vertu *négative* – la critique du collectivisme planificateur par Mises et Hayek – et la troisième une vertu *positive* – la régulation du capitalisme dans le cadre de la démocratie libérale. Au reste, dans sa correspondance avec Hayek et son collègue Lionel Robbins, Lippmann est on ne peut plus clair : si les Autrichiens ont selon lui justement critiqué la planification communiste, il considère en revanche que leurs vues ne sont pas du tout les siennes sur le versant propositionnel. Comme il le dit dans une lettre du 24 mars 1937 à Robbins, alors fervent partisan de l'école autrichienne à la London School of Economics : Mises et Hayek « ne parviennent pas, me semble-t-il, à une théorie positive du libéralisme qui puisse donner une méthode de contrôle social compatible avec l'économie d'échange. » (cité *in* G. D. Best, *Introduction à Lippmann*, 1985, p. XL).

C'est dans ce contexte qu'apparaît aussi sa nouvelle vision de la démocratie, qui reprend bien des éléments de *Public Opinion* et de *The Phantom Public*, mais cette fois dans la perspective plus large d'une certaine révision du libéralisme. Tout se tient, il faut y insister, dans son propos. Lippmann souligne ainsi que les premiers libéraux parlaient à tort de droits naturels inaliénables voulus par le Créateur, comme s'il existait des droits naturels, notamment de propriété, avant la création de la loi. Cette erreur, à ses yeux lourde de conséquences désastreuses, serait liée à l'histoire même de la démocratie libérale, dont la grandeur – comme celle de l'économie libérale – ne saurait occulter les points aveugles. Lippmann souligne d'abord que l'Angleterre a été le foyer de la « théorie constitutionnelle de l'État libéral » dont les origines remontraient surtout au XVIIe siècle. Cette lutte salutaire contre les prérogatives de la monarchie absolue a posé les bases de la liberté moderne, enseignant « ce grand principe que les fonctionnaires de l'État doivent avoir des pouvoirs définis par la loi à laquelle ils sont soumis ». Cependant, Lippmann ajoute – et il s'agit là pour lui d'une très grave lacune – que la théorie « ne dit pas comment la loi suprême elle-même peut être adaptée aux circonstances et aux changements de valeurs morales » (Lippmann, 1938, p. 295). L'autre expérience capitale fut bien sûr celle de la fondation de la République américaine, dont le problème clé était cependant très différent de celui de l'Angleterre des Stuart, car « il ne s'agissait plus de protéger l'homme du peuple contre ses maîtres ». C'est là que se reposent les problèmes soulevés dès les années 1920 par Lippmann. En effet, souligne-t-il, dès les origines de la République américaine, la question de savoir comment représenter adéquatement la volonté du peuple s'avère une question beaucoup plus épineuse qu'il paraît :

> Il s'agissait d'organiser le pouvoir incontestable et inaliénable des masses pour le faire servir au mieux de leurs propres intérêts. Et comme il était évident qu'aucune masse humaine ne peut, en tant que masse, prendre la moindre décision dont la complexité dépasse celle d'un choix entre un oui et un non, et qu'elle est physiquement

> incapable d'administrer ses affaires, la question pratique est celle de savoir comment on peut s'arranger pour que le gouvernement représente le peuple. (Lippmann, 1938, p. 295)

Lippmann félicite les fondateurs du modèle américain pour avoir évité les impasses des « théoriciens naïfs de la démocratie ». Il souligne qu'ils comprirent que la Constitution d'un État n'est pas, selon les mots d'Edmund Burke, un « problème arithmétique » : on ne saurait assimiler en effet légitimement la volonté du peuple à la simple « pluralité variable des électeurs d'une circonscription », et il serait absurde de considérer que si toute la masse des individus vote une seule fois, et si un parti obtient 34% des suffrages contre 33% pour les deux autres, « le parti gagnant est le véritable représentant du peuple ». Ce qu'on appelle « le peuple » ne se limite pas, en vérité, à l'expression majoritaire des électeurs réunis à un temps T : cette entité en apparence si simple à interpréter comprend en réalité un « grand nombre de dimensions dans le temps, dans l'espace et en qualité » – ainsi doit-on inclure dans le « peuple » y compris les générations futures qui ne votent pas. Il s'agissait donc pour les Pères fondateurs d'assurer une représentation la plus fidèle possible de ce « peuple à mille visages », en équilibrant une multitude d'échelles de décision, d'instances délibératives aux rythmes différenciés et se contrôlant mutuellement.

Pour autant, Lippmann n'ignore bien sûr pas que l'on a pu soupçonner les fondateurs du modèle américain de penchants très élitistes et de méfiance vis-à-vis de la démocratie populaire. Mais c'est pour lui une mauvaise manière d'aborder leur souci légitime de filtrer ou d'« affiner » la volonté du peuple. Et la grandeur de ce système se mesure en comparaison des « plébiscites cyniques » des dictateurs totalitaires du XXe siècle qui, tels Mussolini ou Hitler, prétendent abusivement incarner la volonté réelle d'un peuple, alors que celle-ci est entièrement falsifiée et fabriquée. Or, Lippmann regrette que tant de démocrates de « bonne foi » ne perçoivent pas les pièges d'une expression soi-disant directe et transparente du « peuple ». Aussi devrait-on considérer comme un acquis de la démocratie américaine, quels que soient ses défauts, que « la volonté d'un peuple ne peut être "affinée" et définie que par un système complexe de représentation différencié dans le temps et l'espace » (Lippmann, 1937, p. 304). Néanmoins, il y a aussi, aux yeux de Lippmann, un échec du libéralisme historique américain, tant du point de vue politique qu'économique – l'échec sous le premier angle commandant en partie l'échec sous le second. Car tous les problèmes que la démocratie libérale anglaise n'avait pas bien su résoudre ne furent pas non plus réglés par la démocratie américaine, et ce d'autant moins que Lippmann concède chez les Américains une « méfiance à l'égard du peuple » compréhensible mais bien trop excessive. On aurait en effet assisté assez rapidement à une sorte de raidissement conservateur et dogmatique du modèle juridico-politique américain, d'ailleurs étroitement corrélé avec la montée en puissance de sociétés privées exigeant le moins de régulation possible. Convaincus qu'il serait finalement impossible d'« affiner » suffisamment la volonté populaire, jugée toujours trop dangereuse, les Américains auraient fait davantage confiance à la ferme barrière d'un *Bill of Rights* protégeant contre l'action des masses « l'intérêt vital des hommes en tant qu'individus et en tant que membres de communautés historiques » (Lippmann, 1937, p. 306). Après la guerre de Sécession, on compléta le *Bill of Rights* visant à protéger les intérêts vitaux des Noirs affranchis ainsi que des autres individus. Certes, Lippmann y est manifestement favorable sur le fond, mais il montre que le ver était dans le fruit, ouvrant la voie à des dérives économiques, celles-là mêmes du libéralisme dogmatique de la propriété absolue et du « laisser-faire » qu'il condamne. Car la vraie et inquiétante dérive pour lui réside dans le fait que l'on a bientôt admis une « interprétation judiciaire de ces droits individuels qui permettait de protéger non seulement la propriété des individus, mais encore celle des sociétés » (Lippmann, 1937, p. 306). Or, autant les « freins et contrepoids » étaient indispensables, autant ces « prohibitions » protégeant les intérêts économiques de ces sociétés privées étaient « dogmatiques » et dangereuses : en adoptant l'idée d'une loi suprême plus absolue que la Constitution elle-même, la jurisprudence et la politique américaine ont fini, déplore-t-il, par faire obstacle à la volonté populaire, qui n'était plus cette fois filtrée mais bel et bien bloquée.

Devenu un défenseur « libéral » de la révolution industrielle, du marché concurrentiel et de la division du travail – mais aussi d'un « agenda du libéralisme » comprenant un impôt progressif et des droits sur les successions massifs concernant les gains jugés illégitimes –, Lippmann n'en a pas pour autant oublié sa jeunesse progressiste, en s'indignant contre la captation de ces nouveaux mécanismes juridiques par les forces économiques privées. Et peut-être ne voyait-il aucune contradiction entre les deux options. Il souligne en tout cas que lorsque l'on considère le Quatorzième amendement et qu'on se souvient que son but était de protéger les droits personnels des Noirs affranchis, « il est impossible d'en conclure que la mention du *due process* signifie qu'une société est une personne et que les États n'ont pas le droit de fixer librement les conditions auxquelles cette personne légale peut faire des opérations commerciales » (Lippmann, 1937, p. 309). Et Lippmann d'évoquer en note de manière grinçante les *Commentaires sur les lois d'Angleterre* de William Blackstone « dans lesquels l'individu joue le rôle du héros et l'État celui du traître ». Ainsi les libéraux du XIXe siècle, devenus de plus en plus dogmatiques – Lippmann pense également, en Angleterre, à Herbert Spencer, sa cible constante –, ont-ils voulu, pour protéger les intérêts des possédants, « considérer des droits de propriété existants, historiques, comme le reflet d'une loi suprême basée sur une raison absolue valable partout et toujours ». En matière politique comme en matière économique, une conception libérale rigidifiée aura ainsi enterré les plus belles intuitions de la Constitution américaine et entravé la volonté du peuple. Et ce, au risque que celui-ci ne se révolte et ne se convertisse à une vision totalitaire opposée : autoritaire et plébiscitaire dans le domaine politique, dirigiste et collectiviste dans le domaine économique. Or, tout le propos de Lippmann, dans les deux domaines, est de sauver le libéralisme en le révisant.

Pour lever la contradiction entre la « souveraineté populaire » et « l'absolutisme dogmatique de cette fausse loi naturelle », il ne s'agit certainement pas selon Lippmann d'ouvrir à nouveau les vannes pour laisser s'exprimer une volonté populaire sans médiation – puisqu'on a vu qu'il s'agit là pour lui d'un mythe vain et dangereux. La foi américaine dans la démocratie, souligne-t-il, s'est toujours accompagnée d'efforts pour en limiter l'action, et c'est heureux. Encore faut-il savoir comment mieux affiner la volonté populaire sans lui faire obstacle. Comme en économie, et inséparablement de ses positions en la matière, Lippmann propose une sorte de troisième voie entre les « réformateurs » qui « exaltaient les droits de l'État » et les conservateurs libéraux qui défendaient ceux de l'individu – et, bien sûr, ceux de l'individu propriétaire. Entre le dirigisme des premiers et le « laisser-faire » des seconds, ou encore entre le « contrôle social administré par l'État » et un « individualisme égoïste échappant à tout contrôle social », il y aurait une bonne méthode de « contrôle social », éprouvée de longue date, celle qui consiste à réactiver la tradition de la « *common law* » :

> C'est le contrôle social exercé non par une autorité supérieure qui donne des ordres, mais par une loi commune qui définit les droits et les devoirs réciproques des personnes et les invite à faire appliquer la loi en soumettant leur cas à un tribunal. (Lippmann, 1937, p. 316)

Se réclamant du juriste durkheimien Léon Duguit, Lippmann estime qu'il faut impérativement échapper au schéma consistant à transposer le modèle de la souveraineté absolue du monarque vers celui de la souveraineté de la nation. En démocratie bien comprise, le peuple doit régner en effet tout « autrement qu'un roi », c'est-à-dire différemment des « anciens seigneurs et maîtres » du peuple. Selon Lippmann, la démocratie est bien plutôt « le gouvernement du peuple par la loi commune qui définit les droits et les obligations réciproques des personnes », et une telle « loi commune », loin d'être immuable, « est définie, appliquée et amandée par les représentants du peuple » (Lippmann, 1937, p. 317). Autrement dit encore, la démocratie ne peut réellement se gouverner elle-même qu'en renonçant à donner directement des ordres, et en « nommant des représentants pour juger, appliquer et réviser des lois déterminant les droits, les devoirs, les privilèges et les garanties des personnes, des associations, des collectivités, et des fonctionnaires eux-mêmes à l'égard de tous ». D'où la conclusion de Lippmann – que citera plus tard Hayek, jusque dans *La Constitution de la liberté*, sans toutefois en retenir l'ensemble de l'argumentation – que, dans une société libre, « l'État n'administre pas les affaires des hommes », mais « il administre la justice entre les hommes qui mènent eux-mêmes leurs affaires ». Pour Lippmann, cette reconstruction de la démocratie autour de la « *common law* », loin de brider la liberté de tous, constitue le seul aboutissement cohérent de la lutte millénaire pour l'abolition de la « domination de l'homme sur l'homme » : quand les hommes, libérés de toutes les anciennes tutelles, ne veulent plus considérer le gouvernement à la façon dont « le sujet considère son roi, l'esclave son maître, le serviteur son patron », ils doivent nécessairement en venir à le considérer comme « un ordre légal à l'intérieur duquel les individus ont des droits et des devoirs réciproques. » (Lippmann, 1937, p. 318).

Or, ces considérations importent dans la redéfinition même du libéralisme économique que Lippmann ambitionne de formuler. On a vu en effet que tout son propos prend ici pour cible la conception dogmatiquement libérale des droits absolus et soi-disant naturels de propriété. De fait, pour Lippmann, il s'agit d'un dogme intenable et d'autant plus dangereux qu'il risque de réveiller la colère des masses et d'engendrer un dirigisme économique dont il ne veut absolument pas, tant il le juge inséparable du totalitarisme, de la pénurie et de la guerre. Aussi tranche-t-il :

> Les droits de propriété n'ont en effet aucune existence en dehors de la loi : ce sont simplement des droits reconnus par les tribunaux. Aucun homme ne peut posséder des biens ni en jouir ouvertement et en sécurité si ce n'est en vertu du fait que l'État est disposé à faire respecter son droit légal. (Lippmann, 1937, p. 326)

Au reste, le « bolchevisme moderne », avec les résultats désastreux que dénonce Lippmann, constitue la résultante de la « tentative faite pour transformer la propriété en un droit absolu » – preuve supplémentaire qu'une juste conception de la « *common law* » suppose l'abandon de la vieille conception libérale, associée au nom de Blackstone. Pour Lippmann, la véritable sécurité de la propriété, dans le cadre de la conception adéquate de la démocratie, doit reposer non plus sur une « vaine aspiration à une domination unique et despotique sur les choses nécessaires à l'existence des hommes », mais désormais sur une « conciliation de toutes les revendications humaines dans un système de droits égaux ». Concrètement, cela signifie que la propriété privée est à repenser : elle ne doit être ni intouchable et absolue, ni supprimée. Défendant l'idée d'un « faisceau de droits » (*bundle of rights*), Lippmann considère en outre qu'il est parfaitement possible et souhaitable que l'État impose de nombreuses contraintes aux propriétaires – par exemple par une loi sur les brevets – afin que leur propriété serve non seulement la prospérité collective en s'adaptant aux évolutions économiques, mais encore la justice entre tous les membres de la société.

DÉMOCRATIE ET NÉOLIBERALISME SELON ROUGIER

La stratégie intellectuelle et politique de Lippmann peut et a pu être interprétée comme une volonté de brider la volonté populaire au nom du marché concurrentiel – cette interprétation ayant d'ailleurs trouvé un regain de faveur récent parmi des interprètes de Foucault –, ou, au contraire, comme une tentative de mieux l'exprimer dans une perspective se voulant « réaliste », à l'âge de la menace totalitaire. Plus largement, il y a, si l'on veut, la possibilité d'une lecture plus « conservatrice » ou bien d'une lecture plus « progressiste » de ces analyses qui mobilisent aussi bien Mises que Keynes, et qui cherchent à sauvegarder le libéralisme en le délivrant de ses errements passés pour que soit évitée une débâcle et une révolte mortifère des masses se convertissant à la fausse solution du dirigisme, du protectionnisme et du totalitarisme. Pour nous, l'important est de rappeler à présent que Rougier aussi bien que Marlio ont médité et salué *The Good Society*, le premier y voyant un écho à son propre « libéralisme constructeur », le second une sorte d'équivalent américain de son « libéralisme social ». Le fait qu'ils aient l'un et l'autre admiré le livre de Lippmann ne signifie assurément pas qu'ils aient repris l'intégralité de son propos – fortement centré sur l'histoire anglaise et américaine –, ni qu'ils y aient trouvé exactement la même chose. De fait, concernant la démocratie comme pour l'économie, on pourrait dire que le premier adopte sans doute une approche plus conservatrice et plus classiquement libérale que le second.

Le « néolibéralisme » comme « libéralisme constructeur »

Revenons donc d'abord à Rougier. Dans un texte en forme d'autobiographie intellectuelle publié en 1961, le philosophe devait rappeler les enjeux du colloque dont il fut l'architecte. Il évoque le travail d'économistes en quête d'une doctrine désignée sous les noms divers de « libéralisme constructeur », de « néo-capitalisme », de « néolibéralisme », de « libéralisme social ». Une publication joua un rôle déclencheur :

> Le grand *columnist* américain Walter Lippmann publia en 1937 un maître livre, *The Good Society*, qui fut traduit en français sous le titre : *La Cité libre*. Cet ouvrage rejetait l'identification posée entre le libéralisme et la doctrine physiocratique et manchestérienne du *laisser-faire, laisser-passer*. Il établissait que l'économie de marché n'était pas le résultat spontané d'un ordre naturel, comme le croyaient les économistes classiques, mais qu'elle était le résultat d'un ordre légal postulant une intervention juridique de l'État. (Rougier, 1961, p. 47)

Or, Rougier lui-même, dans ses livres sur les « mystiques » politiques et économiques (Rougier, 1935 ; 1938a), rejoignait ce nouveau libéralisme. Pour lui aussi, il fallait non pas abandonner le libéralisme – en lui préférant le dirigisme ou le « planisme » –, mais le refonder. D'où l'organisation du Colloque à l'Institut international de la coopération intellectuelle, du 26 au 30 août 1938. Pour réunir une trentaine de « libéraux » soucieux de défendre le libéralisme en le rénovant, il envoie une lettre qui énonce la liste des principaux invités pressentis et surtout l'esprit qui devrait présider à cette rencontre :

> Les amis de Walter Lippmann, à l'occasion de son séjour à Paris et de la traduction de son livre *The Good Society* paru sous le titre de la *Cité libre* aux éditions de la librairie Médicis, ont décidé de tenir un colloque restreint et fermé, pour discuter les thèses maîtresses de cet ouvrage, relatives au déclin du libéralisme et aux conditions de retour à un ordre libéral rénové, distinct du laissez faire manchestérien [1].

Réunissant une pléiade d'économistes, de haut-fonctionnaires, d'intellectuels – Louis Marlio, Louis Baudin, Auguste Detœuf, Robert Marjolin, Raymond Aron, Friedrich Hayek, Ludwig von Mises, Wilhelm Röpke, Alexander Rüstow, Michael Polanyi, etc. –, le Colloque fut animé par certaines controverses mais aboutit à un « agenda du libéralisme ». Cet « agenda » posait certes que seul le mécanisme des prix fonctionnant sur les marchés libres permet de faire le meilleur usage des moyens de production et de conduire à la satisfaction maximale les désirs de chacun. Mais il ajoutait que les positions d'équilibre qui s'établissent sur les marchés sont affectées par le cadre juridique dans lequel se déroule la vie économique. Loin d'être naturel ou spontané, ce cadre est une « création toujours réversible » du législateur, selon les mots de Rougier en 1961, qui précisera alors que cet « interventionnisme juridique » sera rebaptisé, après la guerre, « planisme des structures » ou « marché institutionnel ». Enfin, l'agenda reconnaissait aussi la nécessité et la légitimité d'affecter à des fins d'ordre collectif et social – défense nationale, assurances sociales, services sociaux, enseignement, recherche scientifique – une partie du revenu national, si besoin conséquente, grâce à des prélèvements fiscaux, mais dans un budget en équilibre.

1. Lettre-circulaire de L. Rougier envoyée, entre autres destinataires, à L. Einaudi, 12 juillet 1938, conservée notamment dans l'Archivio Storico Fonfazione Luigi Einaudi, dossier Rougier.

Ce résumé paraît fidèle à ce qui eut lieu, mais il tend à gommer l'ampleur des divergences qui surgirent. En tout cas, il exprime la vision de Rougier lui-même. Ses idées sur le libéralisme sont donc d'abord précisées dans *Les Mystiques économiques*, paru en 1938 à partir des cours donnés en juin 1937 à l'Institut des Hautes Études Internationales[2]. Reprenant son concept de « mystique », il y explique qu'il existe une « mystique libérale », tout comme il y a une « mystique corporative » ou une « mystique marxiste ». Le propos d'ensemble est guidé par l'ambition de réhabiliter le libéralisme, mais avec prudence et sous une forme renouvelée :

> C'est une question de savoir si le retour à une économie libérale est parmi les éventualités possibles. Ce qui est sûr, c'est que les nations soucieuses de sauvegarder l'indépendance spirituelle de l'individu et le goût de l'initiative, sans lesquels il n'est pas de culture proprement humaine, n'y parviendront que pour autant qu'elles feront retour au libéralisme mieux compris. Ce libéralisme là, appelé *libéralisme constructeur*, ne se confond pas avec la théorie du *laisser faire, laisser passer*, qui aboutit à la suppression de la liberté par l'excès même de la liberté. Il ne se confond pas, non plus, avec n'importe quelle forme de capitalisme. (Rougier, 1938a, p. 9)

En même temps, comme en avertit la conclusion, le « libéralisme constructeur » que Rougier appelle de ses vœux n'aura rien à voir avec l'idée de « socialisme libéral », sorte de synthèse ou de compromis entre socialisme et libéralisme. De ce point de vue, Rougier veut prendre ses distances avec cette formule intermédiaire qu'on trouve chez quelques socialistes et républicains. S'il faut réhabiliter un certain interventionnisme, il ne s'agit pas de promouvoir le dirigisme, qui est pour lui une mauvaise réponse à la crise du libéralisme. Selon le « libéralisme constructeur », l'économie libérale, loin d'être « abstentionniste », suppose un ordre juridique actif et progressiste, dont l'objectif est de

> réaliser l'adaptation toujours plus parfaite de l'homme aux modes toujours variables de production issus de la révolution industrielle, de la division du travail, du machinisme, de la mobilisation du capital et du crédit, des découvertes scientifiques, de façon à servir toujours mieux les besoins et les goûts de la république des consommateurs

2. La seconde édition de 1949, toujours aux éditions de Médicis, sera considérablement augmentée.

> exprimés par le plébiscite des prix sur les marchés libres. (Rougier, 1938a, p. 80)

Rougier souligne ainsi qu'une économie libérale requiert une intervention de l'État qui diffère cependant totalement de celle propre aux États « ploutocratiques » ou « démagogiques » qui n'agissent que sous la pression des intérêts particuliers ou sous la poussée des revendications des masses. Cette intervention libérale pourra répondre à une demande sociale, mais elle devra s'effectuer selon une vision globale du fonctionnement de l'économie de marché, selon des choix politiques ou stratégiques bien pesés et des objectifs sociaux ouvertement affichés – par exemple, la protection de certains secteurs socio-économiques jugés essentiels pour la nation ou son équilibre sociologique, comme la paysannerie, etc. Ainsi, dans la définition du « libéralisme constructeur » de Rougier, les enjeux proprement politiques et démocratiques prennent une place très importante. Mais quelle politique et surtout quelle démocratie ?

Une relation originellement critique vis-à-vis de la démocratie

Tout au long de sa vie, Rougier semble avoir été un défenseur de la démocratie libérale dans le sillage des grands « classiques » que sont Montesquieu, Benjamin Constant et Alexis de Tocqueville, qu'il citait régulièrement. Une lecture superficielle, ou du moins partielle, de sa pensée peut conduire à cette conclusion : reconnaissant la légitimité du principe de la souveraineté du peuple, Rougier en aurait défendu cependant une version libérale, attachée au strict respect des garanties constitutionnelles et au mécanisme de la séparation des pouvoirs. Cette vision de sa propre pensée politique, Rougier l'entretiendra dans les années 1950-1960, en particulier dans ses batailles contre le régime gaulliste.

Et certains de ses amis l'entretiendront durablement aussi : c'est le cas, en particulier, dans le monde de la théorie économique, de son ami Maurice Allais, qui suggèrera que l'apologie renouvelée du libéralisme économique par Rougier n'était que l'autre face d'une adhésion profonde au libéralisme politique et juridique dans sa formulation classique. Dans un livre d'hommage publié en 1990, qui contient aussi une allocution prononcée par Rougier en 1979, Allais souligne ainsi la place éminente de Rougier dans l'histoire du libéralisme européen. Pour lui, au même titre que Rueff, Mises, Lippmann, Röpke et Hayek, son ami Rougier a été l'un des fondateurs du libéralisme moderne, « de ce libéralisme humaniste dont les sources remontent à Alexis de Tocqueville et Stuart Mill » (Allais, 1990, p. 17). Plus qu'un libéralisme économique, la doctrine de Rougier serait à comprendre comme un libéralisme politique dont tout le reste découle :

> Libéral de toujours, Louis Rougier a été un grand libéral, probablement « le plus libéral de nos philosophes » suivant l'expression même de Jacques Rueff. Il a toujours été pénétré de ce principe que l'essence de la démocratie ne saurait reposer sur la souveraineté absolue des majorités, mais sur la protection des minorités, de toutes les minorités, si réduites qu'elles puissent être, le fussent-elles à un seul individu, contre les décisions arbitraires des majorités. (Allais, 1990, p. 17)

Allais rappelle que son ami Rougier a vu sa réputation totalement ruinée après qu'il ait effectué en 1940 sa mission auprès de Churchill au nom de Pétain, qu'il devait défendre ensuite. C'est d'ailleurs ce discrédit qui devait fermer à Rougier les portes de la Société du Mont Pèlerin en 1947 pour une longue décennie, Lionel Robbins s'y opposant fermement, tandis que René Courtin, directeur du *Monde* et membre de la Société, n'admettait pas son anti-gaullisme. Revenant sur ce passé, Allais s'indigne devant un tel discrédit et ostracisme, suggérant que la mauvaise réputation de Rougier serait injuste. Ne se préparait-il pas alors à se marier avec Lucie Friedman, qui était juive ? Et ne fustigeait-il pas aussi bien le fascisme que le nazisme ? Sans doute Allais n'ignore-t-il rien des convictions politiques très conservatrices de Rougier, mais il veut le célébrer comme un « libéral » exemplaire. Pourtant, même ce volume d'hommage témoigne du fait que la pensée politique de Rougier n'a pas toujours été aussi classiquement « libérale » qu'il y paraît. À l'époque, le vieux philosophe est soutenu par toute l'affection de théoriciens de la « Nouvelle droite », notoirement anti-libéraux, comme Alain de Benoist, qui le fréquente depuis les années 1960 et contribue dans les années 1970 à la visibilité de ses écrits. Comment donc expliquer que le père du « néolibéralisme » français qu'était Rougier ait pu en même temps être célébré par le courant le plus profondément antilibéral de la droite qu'était le GRECE de de Benoist ?

La clé de cette énigme apparente tient sans doute à un rapport depuis toujours très critique entretenu par Rougier vis-à-vis de la modernité égalitaire et démocratique, même si ce rapport a pu connaître, selon les contextes, des évolutions. Plus spécifiquement, si Rougier a connu une relative notoriété dans certains cercles de droite et d'extrême-droite, cela tient d'abord à ses positions violemment antichrétiennes et souvent anti-égalitaires. Dès le milieu des années 1920, son hostilité à la gauche républicaine est patente (Rougier, 1927). Et c'est très précocement qu'il défend des thèses dont on peut penser qu'elles ne sont pas sans liens avec celles de la future « Nouvelle droite ». Il publie ainsi, en 1926, une étude qui inaugure, aux éditions du Siècle, une collection sur « Les maîtres de la pensée antichrétienne », dont il est le directeur. Son livre s'intitule *Celse ou Le conflit de la civilisation antique et du christianisme primitif* (Rougier, 1926) que de Benoist rééditera. Rougier oppose ainsi au monde antique, qui le fascine par sa beauté, son exubérance et sa tolérance, le christianisme primitif, accusé de prolonger le judaïsme dans son mépris du monde, de la nature et du pluralisme antique.

Cette approche se combine avec une vision très critique de la démocratie. En témoigne son ouvrage majeur publié en 1920, qui est sa thèse complémentaire, *Les Paralogismes du rationalisme. Essai sur la théorie de la connaissance*. On y trouve une critique des idéaux démocratiques, même si Rougier ne se veut pas contre-révolutionnaire ou réactionnaire. L'essai se présente comme une « étude critique du Rationalisme », mais il est en vérité beaucoup plus : son propos tend à remettre en cause toute l'histoire de la démocratie moderne, avec une dénonciation des Lumières, de la Révolution française, du socialisme, etc. Sa conviction est que la Révolution constitue « une tentative, plus ou moins lucide, justifiée, cohérente et heureuse, en vue de réaliser les conséquences morales, politiques, sociales que comporte le Rationalisme » (Rougier, 1920, p. XIII). La science positive dont se réclame Rougier, et qu'il ne faut pas confondre avec le « Rationalisme », aurait définitivement condamné « l'ontologie » sur laquelle se fondent les dogmes, typiques du « Rationalisme », de « l'égalité naturelle », des « droits innés », de « la souveraineté nationale » s'exprimant par le suffrage universel.

Encore en germe, ces idées politiques sont développées dans deux ouvrages, *La Mystique démocratique. Ses origines, ses illusions*, en 1929, et *Les Mystiques politiques contemporaines et leurs incidences internationales*, en 1935. Publié dans la « Bibliothèque de philosophie scientifique » de Gustave Le Bon, dédié à la mémoire de Vilfredo Pareto auquel un vibrant hommage est rendu, *La Mystique démocratique* se situe dans le sillage d'une tradition « élitiste » et conservatrice critique à l'égard de la démocratie moderne. L'expression de « Mystique », déjà présente dans *Les Paralogismes du rationalisme*, y devient systématique pour dénoncer les impasses et les erreurs de la démocratie. Rougier définit ainsi son concept de « Mystique » :

> Une doctrine devient une mystique, lorsqu'on la soustrait au contrôle de l'expérience et à l'épreuve de la discussion, pour la traiter comme un dogme intangible, ou lorsqu'on la fonde sur une base qui n'a aucun sens empirique ou rationnel et qui exprime seulement une conviction passionnée. (Rougier, 1929, p. 13)

Sur ces bases, Rougier avertit qu'il ne faut pas confondre la doctrine politique de la démocratie et la « Mystique démocratique ». La seconde consisterait en une transformation ou une « déformation en religion irrationnelle » de la première, passant des exigences du libre examen au dogmatisme intolérant :

> La Mystique démocratique repose sur l'idée de « l'égalité naturelle » de tous les hommes, en vertu de laquelle ils auraient les mêmes droits et les mêmes compétences, ce qui conduit au collectivisme et, comme le collectivisme est irréalisable, à ses succédanés pratiques, le socialisme d'État et la dictature du prolétariat. (Rougier, 1929, p. 13)

Plus que dans *Les Paralogismes du rationalisme*, la cible de Rougier est avant tout Jean-Jacques Rousseau, mais il critique aussi, déjà, la tradition libérale, avec l'école des Physiocrates, en particulier Quesnay et Mercier de la Rivière, dont la pensée serait entièrement tributaire du « Rationalisme » de Descartes.

De la critique de la démocratie à l'apologie de la démocratie libérale

À la fin des années 1930, au moment où il défend son « libéralisme constructeur » et rassemble la nébuleuse « néolibérale », Rougier continue d'accorder un rôle central à la démocratie, mais avec une inflexion non négligeable. Certes, rien ne permet de dire qu'il a abandonné ses préventions antérieures les plus anti-égalitaires, mais le ton change dans un contexte nouveau. Alors que la menace des régimes totalitaires grandit, la priorité pour Rougier est de défendre la démocratie libérale.

C'est dans un article de la *Revue de Paris* publié le 1er janvier 1938, « Retour au libéralisme », qu'il expose à la fois sa vision renouvelée du libéralisme et sa conception de la démocratie libérale, en articulant les deux enjeux. Au point de départ de son plaidoyer pour une renaissance libérale, il y a, explique-t-il, la déploration de « l'anarchie des esprits » liée au constat que l'anti-libéralisme se diffuse. Pour beaucoup, le libéralisme ne serait rien d'autre qu'une « catégorie historique » dépassée. Aussi les derniers partisans du libéralisme apparaissent-ils sous les traits de « donquicholiesques paladins attardés à défendre une cause perdue » (Rougier, 1938b, p. 179). S'il y a encore, dans la vie publique, de forts conflits doctrinaux en matière économique, sociale et politique, ceux-ci ne tournent plus, regrette Rougier, autour du libéralisme et de son avenir, comme si cette doctrine était morte. Le vrai choix auquel seraient confrontées les sociétés occidentales ne se présente plus, à en croire l'opinion et les intellectuels, selon l'alternative entre « démocratie libérale » et « État autoritaire », qui est pourtant la seule valide. Désormais, l'opinion semble se diviser entre « deux formes de l'étatisme », d'autant plus opposées qu'elles se ressemblent en vérité. Tout se passe, en effet, comme s'il fallait opter entre ces deux modalités jumelles de « socialisme autoritaire » que sont le fascisme et le communisme, reléguant ainsi tout le legs doctrinal des libéraux parmi les anachronismes dépourvus de pertinence pour affronter et résoudre les questions du présent.

La conviction de Rougier est que cet enterrement du libéralisme constitue une catastrophe à la fois intellectuelle, économique, sociale et politique, qui ne peut qu'entraîner la destruction de la liberté en Occident :

> Alors que le libéralisme pose des limites à l'intervention de l'État par la reconnaissance des droits du citoyen, tempère le pouvoir exécutif par le contrôle législatif et le pouvoir judiciaire, protège l'individu contre les abus de la puissance publique, admet la représentation des minorités et les droits de l'opposition, tient grande ouverte la lice où s'affrontent, sous la tutelle de la loi, les compétitions individuelles et se nouent les solidarités sociales, les régimes totalitaires, de droite ou de gauche, s'accordent pour proclamer l'entière subordination de l'individu à l'État, incarné en la personne d'un chef de parti qui concentre en lui tous les pouvoirs, ne tolère aucune discussion, réclame l'adhésion enthousiaste des âmes autant que l'obéissance passive des corps, substitue à l'anarchique Déclaration des droits de l'Homme et du Citoyen la féconde Charte des devoirs des Travailleurs, régente et synchronise toute la vie d'une nation par l'appareil d'une énorme

> bureaucratie, d'une police politique et d'une obsédante propagande. (Rougier, 1938b, p. 180-181)

Le désastre du totalitarisme, de droite comme de gauche, serait donc inséparablement politique, social et économique. Car les États totalitaires, pour imposer une planification rationnelle et généralisée de la production, mettent en place une économie de guerre génératrice d'appauvrissement généralisé. La réorientation volontariste, autoritaire et centralisée de l'appareil productif conduit, avertit Rougier, à une réduction drastique du niveau de vie des masses. Il ne peut en aller autrement, tant les politiques économiques totalitaires sont contraires aux exigences d'une économie prospère. Ainsi, sur le plan extérieur, l'abolition de la « division naturelle du travail » entre nations génère une moindre richesse internationale et nationale ; et, sur le plan intérieur, la destruction des initiatives privées, qui étaient orientées vers l'adaptation de l'offre à la demande selon le mécanisme des prix, ne peut que générer la misère. À la place du marché, qui reste pourtant le seul moyen permettant de développer une économie prospère, le totalitarisme a construit une « administration irresponsable et onéreuse » dont les décrets inefficaces sont réglés sur des statistiques falsifiées. Cette absurdité économique, poussée au bout, a pour conséquence funeste, comme en atteste le système bureaucratique soviétique, que les producteurs n'ont plus, à la limite, pour « seul client » que l'État. De même, les consommateurs tendent à n'avoir plus pour fournisseur que l'État. Et c'est encore l'État qui devient le « seul patron » des travailleurs. Étatisation généralisée, donc, de l'économie, de la société et de la politique, qui provoque des effets catastrophiques : l'État achète aux producteurs les matières premières et produits agricoles à un prix de misère, qu'il revend sous forme de produits manufacturés aux consommateurs à un prix de monopole, « en exigeant des travailleurs, qui transforment les matières premières en produits ouvrés, un rendement toujours plus élevé pour un salaire toujours plus bas » (Rougier, 1938b, p. 181).

Pour Rougier, défendre la démocratie libérale, c'est à l'inverse défendre le libéralisme économique, du moins dans la version « néolibérale » ou constructive. Et réciproquement, la perspective néolibérale implique une réhabilitation de la démocratie libérale contre le totalitarisme et son complément indissociable que serait le dirigisme économique. Une conviction confirmée dans un autre article qui fait la recension de plusieurs ouvrages ayant contribué au renouveau du libéralisme – *Le Socialisme* de Mises, *La Cité libre* de Lippmann et son propre ouvrage, *Les Mystiques économiques.* Là, Rougier s'appuie sur l'économiste de l'école autrichienne pour souligner que la défense du libéralisme doit s'effectuer du point de vue même de l'exigence des masses, à savoir la diffusion de la prospérité, elle-même inséparable de l'avènement d'une démocratie libérale. Rougier soutient ainsi que « l'ordre libéral » n'a rien à voir avec un ordre économique destiné à enrichir les capitalistes : son objectif est de satisfaire les consommateurs. Il y aurait même un lien entre le système démocratique électif et le système économique libéral fonctionnant grâce à la liberté des prix et à l'expression des désirs individuels. Rougier parle d'une « démocratie où règne le droit du vote plural », en arguant que « la faculté de disposer d'un grand nombre de suffrages ne peut être acquise et maintenue qu'en satisfaisant les consommateurs de la façon la plus appropriée à leurs besoins » (Rougier, 1938c, p. 711).

Le modèle du suffrage appliqué à l'acte de la consommation était déjà un thème favori de Mises, que Rougier aime citer en affirmant que « tout enfant qui préfère un jouet à un autre met son bulletin dans une urne d'où sortira finalement, comme élu, le *Captain of industry* » (Rougier, 1938c, p. 711). La phrase est directement issue de la traduction de la préface du *Socialisme* de Mises (1938), qui allait jusqu'à affirmer que l'ordre social capitaliste est la réalisation de ce qu'on devrait appeler « démocratie économique ». Une formule reprise à Sidney et Beatrice Webb, piliers de cette forme de socialisme anglais incarné par la Fabian Society – mais bien évidemment l'économiste libéral autrichien lui donnait un tout autre sens. Chez les Webb, résume Mises, il s'agissait de désigner une organisation socio-économique dans laquelle les ouvriers en tant que producteurs, et non pas les consommateurs, auraient à décider de ce qu'il faut produire et de quelle manière, ce qui reviendrait à mettre en place une situation aussi peu démocratique qu'une constitution sociale où les fonctionnaires et les soldats, et non l'ensemble du peuple, auraient à décider de la politique du gouvernement. Bref, la « démocratie économique » des Webb reviendrait à instituer le contraire de ce que les individus modernes, à juste titre, entendent par « démocratie ». Mises se croyait d'autant plus autorisé à réfuter ainsi les Webb qu'il n'ignorait pas – notamment parce que son ami Hayek pouvait les observer à la London School of Economics – que ceux-ci défendaient ardemment le modèle de l'URSS, qu'ils célèbrent dès 1935 dans *Soviet Communism*. Et Rougier le suit dans cette vision de la démocratie politique et économique, en suggérant toutefois que c'est Lippmann qui a le mieux saisi les exigences d'un modèle libéral satisfaisant les exigences politiques et sociales des masses qui se sont « révoltées » – selon la formule d'Ortega Y Gasset que Rougier aime citer – contre le capitalisme libéral.

Sur ces fondements, les interventions de Rougier lors du Colloque Lippmann peuvent distinguer une « bonne » démocratie, la démocratie libérale, et une « mauvaise » démocratie, qu'il appelle « démocratie socialisante », qui est pour lui une démocratie de la souveraineté populaire absolue, du jacobinisme et du dirigisme économique qui en résulteraient :

> Le mot de *démocratie* renferme une terrible équivoque. Il y a deux conceptions de la démocratie. La première est l'idée de la *démocratie libérale* fondée sur la limitation des pouvoirs de l'État, le respect des droits de l'individu et du citoyen, la subordination du pouvoir législatif et exécutif à une instance juridique supérieure. La seconde est l'idée de la *démocratie socialisante* fondée sur la notion de la souveraineté populaire. La première procède des théoriciens du droit des gens, des publicistes protestants, des déclarations américaines et françaises et affirme le principe de la souveraineté de l'individu ; la seconde procède de Rousseau et affirme le principe de la souveraineté de la masse. La seconde est la négation de la première. Elle aboutit fatalement à la démagogie, et, par la démagogie, à l'État totalitaire. Lorsque les masses, grâce à l'instruction obligatoire, ont compris que, par le mécanisme du suffrage universel, fondé sur la loi du nombre, elles peuvent, étant le nombre, s'emparer du pouvoir de l'État, elles se donnent au parti qui les mène à l'assaut des pouvoirs publics et elles substituent, au problème de la production des richesses, l'exigence de leur distribution immédiate entre les classes les moins pourvues. L'État sombre dans l'appauvrissement et l'anarchie, et on ne peut l'en tirer en apparence qu'en recourant à un gouvernement dictatorial. Les meilleurs pourvoyeurs des États totalitaires, ce sont les démagogues socialistes. (Rougier, cité dans Audier, 2012a, p. 268)

Citer entièrement Rougier est ici utile, car cette distinction sera centrale dans toute sa pensée politique durant les années suivantes (voir Rougier, 1952 ; 1963), accompagnant sa conception du « libéralisme constructeur » ou – selon le mot qu'il préfèrera finalement employer – du « néolibéralisme ».

Dans la mesure où notre analyse privilégie ici le « néolibéralisme » des années 1930, nous nous abstiendrons d'analyser comment Rougier précisera sa vision dans les décennies suivantes. Soulignons cependant qu'il réinvestira ses apologies de la démocratie libérale dans sa critique dévastatrice et obsessionnelle du Général de Gaulle, du gaullisme et de la Constitution de 1946 qui fonde la IVe République – sans parler de sa détestation de la Constitution de 1958 et de la Ve République. Par exemple, son opuscule publié près de huit ans après le Colloque Walter Lippmann, *Le bilan du gaullisme*, dépeint De Gaulle en militaire aventurier et cynique qui prétend s'identifier avec la France « tout comme Louis XIV disait : "l'État c'est moi" » (Rougier, 1946, p. 5) et qui devait mener une politique économique désastreuse, parce qu'éloignée des principes du libéralisme. Se réclamant de Constant, de Tocqueville et du libéral antifasciste Guglielmo Ferrero, il déplore que le Général, cet « Ubu-Roi » mégalomane et dangereux, ait conduit au « viol de la légalité constitutionnelle » et à la ruine budgétaire de la France, les deux pour lui allant de pair. Aussi la France devra-t-elle revenir « à la légitimité du pouvoir, au respect des lois civiles et économiques, à la justice indépendante et égale pour tous, à la liberté de la presse et à l'initiative privée, au culte de l'effort individuel et au respect de la personnalité humaine » (Rougier, 1946, p. 31). C'est encore la Constitution de 1946 qu'il fustigera quelques années plus tard, présentant comme un modèle la démocratie américaine et son système de poids et contrepoids, à ses yeux en vérité plus « démocratique ». La démocratie française, soutiendra-t-il, doit se transformer en un véritable État de droit comprenant une « disposition constitutionnelle » qui oblige à une « saine comptabilité publique », en faisant de l'équilibre budgétaire la condition *sine qua non* de la loi de finance (Rougier, 1952).

LOUIS MARLIO : UNE VERSION PLUS SOCIALE ET DÉMOCRATIQUE DU NÉOLIBÉRALISME ?

Le « libéralisme social » de Marlio et sa conception de la démocratie comportent bien des convergences avec Rougier, mais aussi des spécificités qui ne permettent pas d'assimiler entièrement les deux approches. Au reste, la trajectoire biographique et sociologique de Marlio diffère nettement de celle de Rougier[3]. Ingénieur de formation, cet ancien élève de l'École polytechnique et de l'École des Ponts et Chaussées a été chef de cabinet au ministère des travaux publics de 1909 à 1913, professeur d'économie politique à l'École libre des sciences politiques et à l'École des Ponts et Chaussées, et membre de l'Académie des sciences morales et politiques à partir de 1934. C'est surtout un administrateur important dans le monde économique français, qui accède notamment à la présidence de la Compagnie des produits chimiques et électrométallurgiques d'Alais et de Camargue. Il fut aussi en 1927 et en 1931 membre de la délégation de l'Assemblée de la Société des Nations. Et, entre 1931 et 1933, il assume la charge de président de la section du Conseil économique franco-allemand. Plus tard, après avoir été envoyé par Pétain en mission extraordinaire auprès de l'Ambassade de France aux États-Unis, il rompra en 1941 ses liens avec l'État français et s'engagera contre le régime de Vichy aux côtés des alliés. Admirateur d'Aristide Briand avec lequel il a travaillé, Marlio est aussi un militant ardent d'un ordre juridique international et de l'Europe. De culture catholique, ami dans les années 1940 du philosophe néo-thomiste Jacques Maritain qui admirait la fibre sociale de ce patron atypique, Marlio défend ainsi un « libéralisme social » marqué par la doctrine sociale de l'Église et par certains éléments de corporatisme. Son plaidoyer pour une rénovation du libéralisme et de la démocratie rejoint pour une large part celui de Rougier, mais pas entièrement, pour des raisons qui vont apparaître ici.

Le « néolibéralisme » comme « libéralisme social »

Près de deux ans après l'essai de 1937, *Le Sort du capitalisme*, Marlio explicite dans *Dictature et liberté* ce qu'il entend par « libéralisme social », c'est-à-dire pour lui le seul véritable « néolibéralisme ». Comme chez Rougier, son programme néolibéral ou libéral-social suppose d'abord un bilan des réussites et des échecs du libéralisme historique. Il met l'accent sur l'idée que la grande différence entre le « libéralisme *orthodoxe* » et le « libéralisme *social* » réside en ceci que le premier n'est qu'un système de production, tandis que le second est une philosophie générale définissant un ordre nouveau de vie sociale. Le « libéralisme

3. On trouvera la plupart des éléments biographiques sur Marlio dans la présentation par l'éditeur de son livre, *La révolution d'hier, d'aujourd'hui et de demain* (Marlio, 1943).

social » correspond ainsi à une conception beaucoup plus large, qui prend certes en compte le jeu des lois économiques dont le respect est impératif dans certaines limites, mais aussi une multitude d'autres « considérations mouvantes », d'ordre politique, social, militaire, moral ou psychologique. Le « libéralisme orthodoxe », en particulier celui des disciples dogmatiques de Smith ou de Mill qui avaient « déformé l'enseignement de leurs maîtres » – alors que Marlio dit voir en Keynes le plus avancé des libéraux contemporains fidèles au meilleur du legs de Smith –, avait diffusé dans l'opinion l'idée fausse, mais présentée comme une « vérité révélée », qu'il suffisait que le processus de production libéral fût sauvegardé pour que soient simultanément satisfaites « toutes les aspirations des individus, toutes les conditions de bon fonctionnement des sociétés et des nations » (Marlio, 1940, p. 217). À suivre ce discours dogmatique, la répartition des biens devait s'effectuer automatiquement, suivant un mode équitable, et les relations politiques s'adapter au « concert économique » – tout cela en harmonie avec la morale censée y « trouver son compte ».

Bien différent est le « libéralisme social », c'est-à-dire le « néolibéralisme » tel que l'entend Marlio : pour lui, quand des gouvernements sont obligés d'arbitrer entre les lois économiques et d'autres considérations, ils peuvent légitimement, dans certains cas, prendre des mesures économiques qui ne correspondent pourtant pas pleinement aux « conditions optima qui permettraient d'obtenir, par le libre jeu des prix et de la concurrence, le maximum de production pour le minimum de prix » (Marlio, 1940, p. 218). En outre, si l'État a pour responsabilité d'assurer l'honnêteté des transactions commerciales, il doit aussi faire en sorte que l'organisation du travail s'accomplisse sur des bases équitables. On ne peut plus s'en tenir en effet au « système d'individualisme absolu » cher au dogmatisme libéral, dans lequel l'ouvrier, n'ayant que sa force de travail, se trouvait dans un état d'infériorité manifeste vis-à-vis d'un patron riche et tout-puissant. D'où une évolution remarquable au point de vue socio-économique : dans tous les États démocratiques, la législation sociale confère au prolétariat, par l'association, une « égalité de fait » avec le patronat. Marlio rappelle que cette législation, pour lui juste et bénéfique, a connu des stades successifs : « reconnaissance du droit syndical, du droit de coalition, c'est-à-dire de la grève et, plus récemment, mise en vigueur du système des conventions collectives » (Marlio, 1940, p. 224).

En outre, pour donner aux ouvriers le moyen de supporter les risques qui les menacent, l'État a créé une législation des assurances sociales : maladie, vieillesse, chômage, allocations familiales, etc. Toutes ces avancées, il faut le souligner, constituent selon le « libéralisme social » ou « néolibéralisme » de Marlio un immense et légitime progrès. Sans doute insiste-t-il sur la nécessité d'éviter que les garanties données à la classe ouvrière ne deviennent « exorbitantes », au point de fausser le marché du travail. Mais cette mise en garde sur les effets éventuellement pervers d'une trop ample protection sociale apparaissent comme des correctifs éventuels à une évolution jugée dans l'ensemble nécessaire, souhaitable et devant être poursuivie. Au reste, à la question de savoir si toutes ces réformes sociales qui ont déjà été réalisées ou qui sont en voie de réalisation marquent l'aboutissement ultime d'une évolution favorable au grand nombre, Marlio répond que « le libéralisme social », loin de le croire, juge que « l'avenir reste encore ouvert à de nouveaux progrès sociaux » (Marlio, 1940, p. 225). Surtout, Marlio poursuit son programme du « libéralisme social » en insistant sur la nécessité d'une forte redistribution – impôt progressif et droits sur les successions de plus en plus massifs concernant la partie de l'héritage remontant à plusieurs générations. Bien sûr, là aussi, Marlio se refuse à une version maximaliste de ce type de projet redistributif qui risquerait, poussé trop loin, de décourager l'effort et de devenir spoliateur. Il n'en reste pas moins évident que, au moins dans son discours, il s'agit là d'avancées socio-économique positives, conformes à l'efficacité et à la justice, pourvu qu'elles ne conduisent pas au dirigisme et au collectivisme.

Entre le « libéralisme constructeur » de Rougier et le « libéralisme social » de Marlio on peut mesurer ainsi un grand nombre d'affinités, mais aussi des différences d'accentuation. Les deux formules visent à créer un nouveau libéralisme, ou « néolibéralisme », qui rejette le « laisser-faire » et accorde un rôle capital à l'État, tout en continuant de conférer un primat à l'économie de marché, mais conçue cette fois comme le corrélat d'une action des pouvoirs publics. Malgré tout, quelques différences, au moins dans l'approche, sont donc notables : Rougier insiste beaucoup sur le rôle de l'État dans la construction d'un marché concurrentiel luttant contre les monopoles, tandis que Marlio, nettement moins hostile aux cartels et aux ententes, conçoit davantage l'État comme un agent de modernisation du tissu économique et social, une modernisation qui ne passe pas nécessairement par la promotion de la concurrence partout. L'horizon de Rougier, dans l'ensemble, est bien la construction d'un *ordre concurrentiel*, complété certes par d'autres considérations politiques, stratégiques, culturelles ou sociales à ses yeux non moins cruciales, qui impliquent également un rôle très fortement accru des pouvoirs publics ; l'horizon de Marlio paraît davantage la définition d'une synthèse programmatique, précisément celle d'un « libéralisme social », qui confère à l'ordre concurrentiel cher à Rougier – ou aux Allemands partisans de l'ordo-libéralisme – une place subordonnée par rapport à des objectifs en termes d'efficacité économique et de justice sociale.

Or, on peut montrer que ces deux versions du néolibéralisme français sont indissociables de deux conceptions de la démocratie assez différentes. Certes, aussi bien Rougier que Marlio se méfient d'un emballement des régimes démocratiques qui, au nom de la souveraineté du peuple, pourrait générer un collectivisme et un dirigisme proches du totalitarisme. Mais tandis que le « libéralisme constructeur » assume une vision assez restrictive de la démocratie libérale en s'efforçant de conjurer au maximum le danger d'une souveraineté ou d'intérêts organisés jugés excessivement puissants et oublieux de l'intérêt national, le « libéralisme social » de Marlio, tout en partageant ces préoccupations, se montre plus confiant dans les vertus de la démocratie moderne et dans ses implications en termes d'efficacité socio-économique.

Quelle démocratie pour le néolibéralisme ?

La théorie de la démocratie défendue par Marlio transparaît dans un chapitre de son ouvrage de 1940, *Dictature ou liberté ?*, intitulé « l'État libéral ». Il y définit à la fois la juste conception de l'État libéral « qui n'est pas le maître des citoyens, mais leur délégué » (Marlio, 1940, p. 99), et la juste conception de la « nouvelle école libérale », que l'on peut baptiser « néolibéralisme, libéralisme social, ou néo-capitalisme », et qui, par rapport à un passé récent, « élargit encore le rôle de l'État, tout en restant fidèle aux principes de la liberté » (Marlio, 1940, p. 104). Face à de nouvelles exigences socio-économiques, diplomatiques et militaires, l'État libéral ou « néolibéral » voit s'accroître ses tâches et ses responsabilités, et il n'y a là pour Marlio rien que de très normal et justifié.

Selon lui, le rôle de l'État libéral moderne consiste à remplir deux fonctions essentielles, à savoir « la garantie des libertés » et « l'arbitrage des intérêts ». Dans la première résiderait la grande supériorité de l'État libéral sur l'État totalitaire : elle serait la cause principale de sa « stabilité » ainsi que de « l'agrément de la vie individuelle pour ceux qui vivent sous ses lois » (Marlio, 1940, p. 104). Plus précisément, la garantie des libertés doit être entendue comme un devoir de « justice » de l'État vis-à-vis de ses citoyens, quand leurs droits sont menacés par d'autres citoyens ou par lui-même. Surtout, Marlio insiste sur l'autre fonction cruciale de l'État, celle de s'imposer comme un « arbitre permanent », tant par l'exercice du pouvoir réglementaire que par celui proprement exécutif. Il s'agit là d'un modèle universel d'intervention de l'État, aussi bien pour les relations entre les classes sociales que pour celles entre les territoires :

> Son arbitrage intervient entre les ouvriers et les patrons, entre les producteurs et les consommateurs, entre deux producteurs de la même industrie, entre deux industries différentes, entre les importateurs et les producteurs, entre les industriels et les agriculteurs, entre deux classes de contribuables, entre les riches et les pauvres, entre le chemin de fer et l'automobile, entre la capitale et la province, entre les fonctionnaires et les contribuables, entre la métropole et les colonies. (Marlio, 1940, p. 105)

Le modèle de l'arbitrage est également crucial, aux yeux de Marlio, pour construire un ordre juridique international. Cet admirateur d'Aristide Briand a été marqué par l'avènement de la Société des Nations, même si l'imminence de la guerre rend ce modèle provisoirement caduque. En tout cas, dans sa vision de la démocratie libérale opposée au totalitarisme, cette dimension de l'arbitrage est essentielle tant au plan socio-économique que politique.

Marlio reconnaît que souvent l'État libéral a été identifié à la « démocratie », entendue classiquement comme le « gouvernement du peuple par lui-même ». Ce qui caractérise l'État démocratique, insiste-t-il, c'est que celui-ci, contrairement à l'État totalitaire, ne soumet pas les citoyens à une discipline ou à une contrainte imposée d'en haut par une personne ou par un parti, car « il tire son pouvoir, ou plutôt son autorité, du consentement et de la volonté de la collectivité » (Marlio, 1940, p. 107-108). Plus précisément, Marlio ajoute qu'en réalité ce n'est pas, à rigoureusement parler, la « forme de l'État » qui caractérise la démocratie. Il veut dire par là que l'Angleterre, la Belgique, la Suède et la Norvège sont en vérité des « royautés parfaitement démocratiques », tandis que l'URSS et l'Allemagne sont des « républiques parfaitement antidémocratiques » (Marlio, 1940, p. 108). Le critère de la démocratie réside en réalité dans le respect de quelques principes simples : égalité de tous les citoyens devant la loi, accessibilité de chacun à tous les emplois en fonction de ses seuls mérites, liberté individuelle et collective. En effet, il est clair que la liberté est la fin vers laquelle aspire toute démocratie, affirme Marlio en se référant à l'autorité d'Aristote, une référence assez banale pour un auteur proche comme lui des milieux néo-thomistes – il fréquente alors, on l'a vu, Maritain. Aussi comprend-on pourquoi, explique-t-il, la confusion entre « démocratie » et « État libéral » s'est imposée. Elle est même dans la nature des choses, et parfaitement légitime dans la mesure où la démocratie, qui proclame l'égalité des droits des citoyens et le respect de leur liberté, « doit réprouver la contrainte et la dictature » (Marlio, 1940, p. 109) ; et elle est conforme à l'histoire, puisque les grandes démocraties ont conquis sur les autocraties les libertés dont les citoyens de l'État libéral profitent désormais.

Si l'État libéral est considéré comme démocratique, poursuit Marlio, c'est aussi parce qu'il s'est lesté d'un contenu social, conformément aux nouvelles exigences égalitaires et démocratiques. Dans le « néolibéralisme » ou « libéralisme social » de Marlio, il ne fait pas de doute, en effet, qu'une démocratie aboutie implique non seulement le respect des garanties juridico-politiques correspondant aux droits de l'homme codifiés dans les grandes Déclarations, mais aussi l'effectuation d'un certain nombre de demandes sociales impliquant de nouvelles politiques socio-économiques interventionnistes. Et si tel est le cas, c'est aussi parce que la démocratie doit être comprise également comme un mouvement social égalitaire, et pas seulement comme une structure institutionnelle. La démocratie, souligne Marlio, n'est pas une théorie abstraite, mais un phénomène historique et une forme qui évolue. Et cette évolution a été considérable depuis la Révolution française.

Marlio reconnaît même que la démocratie a été « conservatrice » à l'origine, ce qui ne sonne pas comme un éloge sous sa plume : elle a été guidée par une bourgeoisie qui s'appuyait sur des masses inorganisées et peu instruites pour conquérir ses libertés contre les privilèges et les corporations. Or, progressivement, ces masses se sont éduquées et ont voulu exercer à leur tour le pouvoir. Mieux – ou pire –, dans de nombreux pays, les « classes dirigeantes » ont été obligées de céder la place aux « masses dirigeantes ». Marlio ne nie certes pas directement et de manière absolue la légitimité de l'aspiration populaire à exercer le pouvoir, ni non plus le caractère justifié du combat pour une plus grande égalité sociale. Tout indique que, pour lui, la poussée égalitaire ou démocratique est un fait à la fois inéluctable et juste, même s'il comporte aussi à ses yeux – comme, on l'a vu, à ceux de Rougier – des périls attestés précisément par l'avènement du totalitarisme. Si son discours n'est donc pas réactionnaire, ni entièrement conservateur, il n'en insiste pas moins aussitôt sur les effets négatifs de cette pression populaire, dans la mesure où celle-ci devait progressivement exercer une action croissante en faveur du dirigisme économique, lui-même foyer de potentialités politiques liberticides se retournant contre la démocratie elle-même. Les masses populaires ont en effet cherché, observe-t-il, non seulement à réaliser un « idéal politique », mais à acquérir un « bénéfice matériel ». En soi normale et juste, cette demande socio-économique est devenue dangereuse dans la mesure où elle s'est greffée sur l'extension du pouvoir économique de l'État, qu'elle a favorisée à son tour. De ce phénomène exponentiel de croissance étatique, les masses en ont conclu trop vite, comme prises par leur élan égalitaire, que l'État était capable de « créer des privilèges », et, par conséquent, de « créer le bonheur ». D'où la tentation avérée de tenir les leviers du pouvoir politique pour « se faire attribuer des avantages économiques analogues aux privilèges de l'ancien régime » (Marlio, 1940, p. 108-109).

Le péril totalitaire apparaît ainsi, au terme de la poussée égalitaire, comme menaçant dialectiquement de se retourner contre les idéaux de liberté indissociables pourtant de la démocratie bien comprise. Et, là encore, c'est le dirigisme économique intégral qui constitue pour Marlio une mauvaise réponse, à la fois inefficace du point de vue économique et liberticide du point de vue politique, mais si attractive et trompeuse pour les masses. L'erreur funeste aurait été de croire qu'il suffisait de « faire gérer l'économie par l'État, au bénéfice du prolétariat », ce qui supposait immanquablement un « plan », et donc la conscription et le rationnement des citoyens, le tout sous la férule d'un État imposant l'obéissance absolue. Au terme de ce processus, on aurait assisté à un « curieux chassé-croisé » : alors que « les masses ont mis la main sur l'État », celui-ci « s'est vengé en prenant leur place » et en faisant de l'individu son esclave. Cependant, ajoute Marlio, une démocratie, devenue autoritaire et affranchie du respect de la liberté, n'est plus une démocratie du tout, ni bien sûr un État libéral, mais une « simple tyrannie ». C'est pourquoi le théoricien du « libéralisme social » ironise sur les proclamations de Hitler du 8 novembre 1938, affirmant que la démocratie est un régime fondé sur la volonté du peuple, qu'il est lui-même devenu Chancelier par la volonté de cette démocratie, et que, en tant que « premier démocrate », il n'a pas supprimé deux démocraties mais deux dictatures, celle dirigé par le Chancelier autrichien Schuschnigg en Autriche, et celle du Président Bénès en Tchécoslovaquie. La « démocratie » est devenue tragiquement le paravent de la dictature et du totalitarisme.

Précisément, face à cette menace, les démocraties libérales doivent se transformer, à l'image du « libéralisme social », pour s'adapter aux nouvelles réalités stratégiques. Ainsi, Marlio reconnaît qu'en général les démocraties ont fait preuve de faiblesse systématique face aux chantages des États totalitaires, et que celles qui pratiquent le régime parlementaire ont le plus souffert de cette « anémie pernicieuse ». Force est de constater en effet que la procédure est lente, que la durée du mandat de quatre ans est beaucoup trop courte, et surtout qu'en France demeure une très grande méfiance vis-à-vis d'un pouvoir qui prendrait des décisions politiques ou stratégiques fermes, surtout s'il s'agit de l'exécutif. Pour autant, Marlio ne fait pas ici l'éloge d'un pouvoir fort qui abolirait le régime parlementaire. De même qu'il n'y a pas de « système économique sans défaut », de même, comme disait Cavour, « la pire des chambres est préférable à la meilleure des antichambres » (Marlio, 1940, p. 120). Face à la menace militaire des régimes totalitaires, il faut simplement rendre les démocraties parlementaires capables d'une efficacité croissante, notamment grâce à la généralisation de décrets-lois.

Le « libéralisme social » et les valeurs de la Révolution française

Afin de mesurer la différence entre le « libéralisme social » de Marlio et le « libéralisme constructeur » de Rougier sur la question de la démocratie, il importe de revenir enfin sur un livre un peu plus tardif du premier. En pleine seconde guerre mondiale, Marlio publie de son exil américain, chez l'éditeur Brentano's, *La Révolution d'hier, d'aujourd'hui et de demain*. Les idées socio-économiques du « libéralisme social » restent les mêmes, mais sont davantage centrées sur la nécessité de promouvoir la « justice sociale », la « sécurité sociale » et même – avec une insistance curieuse pour un « libéral » – le « droit au travail », le tout dans une fidélité revendiquée à la trilogie révolutionnaire, « Liberté, égalité, fraternité ». Il y a là une différence importante avec Rougier, non seulement au plan politique – l'organisateur du Colloque Walter Lippmann, on l'a vu, s'était depuis discrédité dans les milieux de la Résistance en prétendant servir d'émissaire de Pétain auprès de Churchill – mais aussi au plan théorique. Tandis que Rougier ne cesse depuis les années 1930 de distinguer dans la Révolution d'un côté une face d'ombre – celle du jacobinisme, de la Terreur et d'un rousseauisme censés générer un dangereux dirigisme et totalitarisme économiques – et, d'un autre côté, une face libérale acceptable mais vite recouverte – celle des droits de l'homme et du libéralisme économique –, Marlio assume beaucoup plus largement cet héritage comme un bloc. La défense de son « libéralisme social » l'implique manifestement à ses yeux.

Pour lui, la cause immédiate de la Révolution française est la même que celle de presque toutes les révolutions, à savoir un « état de misère profonde dans la masse du peuple » combiné à une grave désorganisation dans l'administration et les finances, ainsi qu'un « mécontentement général contre les privilèges, les injustices et les abus » (Marlio, 1943, p. 34). Cependant, pour cerner la spécificité française, il faut selon lui procéder à une généalogie doctrinale qui éclaire à la fois la direction et le dynamisme particuliers de la Révolution depuis 1789. Son analyse isole trois courants de pensée. Tout d'abord, les principes de la « vieille révolution anglaise » et de la « jeune révolution américaine ». Marlio n'en dit pas plus, mais on devine qu'il entend par là les principes lockéens du droit naturel moderne et les grandes Déclarations des droits de l'homme. La seconde source serait spécifiquement française, puisqu'elle serait incarnée par les « philosophes » du XVIIIe siècle qui, sous des formes diverses, « menaient campagne pour la libération de l'homme et du citoyen ». Observons que Marlio cite pêle-mêle Montesquieu, Voltaire, Mably, Diderot et Rousseau. Enfin, il mentionne « la doctrine des économistes de Manchester qui, à la suite d'Adam Smith – et dans une large mesure de Turgot – réclamaient la liberté économique » (Marlio, 1943, p. 34). Cette généalogie, dans ses trois versants, vise à mettre en avant les racines libérales de la Révolution française, à la fois d'un point de vue juridico-politique – les droits de l'homme – et économique – le libre marché –, le tout sur fond d'une aspiration à l'abolition des privilèges et à un certain soulagement des souffrances sociales.

On ne trouve donc pas chez Marlio la séparation chère à Rougier entre un visage libéral et un visage jacobin, jugé pré-totalitaire, de la Révolution. Même Rousseau, la « bête noire » de Rougier, se trouve célébré ici parmi les pères intellectuels du modèle français, mais aussi parmi les grands penseurs de l'égalité démocratique. Au demeurant, la distinction entre dimension libérale et dimension démocratique de la Révolution se trouve brouillée dans son analyse. Marlio explique que la revendication centrale de la Révolution française, c'est la liberté, la destruction de toutes les survivances du régime féodal, de toutes les allégeances et obédiences de la monarchie absolue. La première des libertés, entendue comme « *liberté civique* », pose qu'il n'y a « plus de Monarque, plus de tyran », que la souveraineté repose dans le peuple, composé non plus de « sujets » mais de « citoyens libres » élisant leurs représentants chargés de faire la loi. On assiste à « l'avènement de la démocratie » dont Marlio suggère qu'elle combine indissociablement garanties fondamentales et souveraineté populaire. La deuxième grande « liberté » conquise selon Marlio par la Révolution, la « liberté de pensée » et la « liberté de religion », s'articule d'ailleurs aussi à un idéal égalitaire qu'il n'hésite pas à défendre à travers la figure de Rousseau, pourtant souvent honnie des libéraux jusqu'à Rougier :

> L'idée d'égalité vient se placer immédiatement après l'idée de liberté ou plutôt à côté d'elle. Selon le concept de Rousseau, la personne humaine constitue à elle seule un monde complet et ne doit s'incliner que devant le Créateur. (Marlio, 1943, p. 36)

L'idée centrale que « les hommes naissent égaux » s'affirme et se concrétise dans tous les domaines : suppression des titres de noblesse, de tous les « privilèges », de la dîme due à l'Église catholique, accès égal de tous Français aux emplois civils et militaires, égalité des citoyens devant les tribunaux et suppression des tribunaux d'exception, égalité des religions. En revanche, Marlio est silencieux ici sur les réformes sociales de la Révolution, mais il va s'empresser bientôt de souligner que ce principe égalitaire était appelé à trouver dans les deux siècles suivants une traduction socio-économique qu'il juge positive dans l'ensemble. Pour le moment, son ambition est de célébrer le troisième concept de la trilogie républicaine, celui de « fraternité », qui selon lui a été trop oublié.

Pour Marlio, la « fraternité » apparait dans la Révolution à la fois comme l'expression d'une doctrine sur le plan international et d'une nécessité pratique sur le plan national. La proclamation révolutionnaire que les hommes sont nés égaux et qu'ils sont souverains s'adresse à l'humanité tout entière et suppose une solidarité entre les peuples. Surtout, la « beauté » de l'idéal de la Révolution et son rayonnement mondial tiennent à l'indissociabilité entre liberté, égalité, fraternité. Tandis que la Révolution accorde à la fois la liberté et l'égalité comme autant de « droits », elle impose la fraternité comme un devoir et comme la « contrepartie » des deux autres principes. Or, Marlio suggère que c'est pour avoir négligé ce précieux principe que les nations démocratiques se sont fourvoyées dans un égoïsme oublieux du bien commun et de la solidarité internationale. Et il soutient que c'est seulement en renouant avec celui-ci que les démocraties libérales vaincront le national-socialisme.

Dans cette bataille avec les totalitarismes, il lui faut aussi souligner que la démocratie, depuis l'âge des grandes révolutions libérales du XVIIIe siècle, a pris au sérieux le principe d'égalité, faisant de celui-ci le moteur de transformations socio-économiques radicales impliquant des responsabilités croissantes pour la puissance publique incarnée par l'État :

> Peu à peu, sous la poussée des faits, la collectivité nationale élargit son rôle en empiétant sur le domaine de l'individu. L'État se charge non seulement de la *défense des droits individuels*, mais de la *gestion des intérêts communs*, c'est-à-dire des services publics (travaux publics, poste, télégraphes, téléphones, chemins de fer), puis, grâce au développement de la législation sociale et de l'instruction gratuite, il se fait le tuteur des classes peu fortunées. (Marlio, 1943, p. 47-48)

Dans cette transformation égalitaire, Marlio insiste, comme il l'avait fait dès la fin des années 1930, sur les vertus salutaires de « l'impôt progressif » dont la finalité est d'intervenir indirectement dans la distribution de la fortune pour « atténuer les écarts entre les classes riches et les classes prolétaires » (Marlio, 1943, p. 47-48). Il s'agit là pour lui d'un « chemin immense accompli par la démocratie » tout au long du XIXe siècle – un chemin qu'il présente comme un très grand progrès pour l'humanité. Sans doute note-t-il que l'on pourrait repérer dans cet essor égalitaire des germes de « troubles » et des causes de « difficultés » futures, mais ces mutations se sont effectuées, juge-t-il, « selon un rythme harmonieux » et bénéfique.

La référence révolutionnaire confère donc au « libéralisme social » que Marlio défend toujours ouvertement une signification programmatique, mais aussi idéologique, face aux adversaires totalitaires en guerre. Non seulement, insiste-t-il encore, les démocraties doivent faire preuve de pragmatisme et admettre le nécessaire renforcement de l'exécutif, mais encore elles doivent montrer leur cohésion interne et leur solidarité diplomatique et stratégique en se montrant fidèles au grand principe de Fraternité qui leur a tant manqué. Sur le plan intérieur, cette apologie de la Fraternité suppose une conception de la démocratie libérale capable d'arbitrer, on l'a vu, entre les intérêts sociaux en fonction de l'intérêt général. Pour Marlio, la démocratie moderne est en effet caractérisée par une « organisation complexe » dont le bon fonctionnement implique que « toutes les pièces de la machine » soient « exactement ajustées les unes aux autres », l'ensemble devant être orienté par l'idéal du « bien commun » (Marlio, 1943, p. 80). Bien sûr, Marlio sait que l'on ne cesse d'invoquer l'intérêt général dans la vie des démocraties, mais il ajoute que cette notion a trop souvent servi de paravent derrière lequel s'affirmaient les intérêts particuliers. Et par là, il entend d'abord des intérêts organisés puissants, en particulier socio-économiques, mais pas uniquement. Ce qu'il désigne comme la « déformation essentielle » du gouvernement démocratique peut être le fait de tout groupe « puissant », quel qu'il soit, sous le critère de la richesse, du nombre ou de l'influence, dès lors que celui-ci s'aperçoit que la prise du pouvoir peut servir à la satisfaction de ses intérêts privés au détriment des autres. Concrètement, le risque vient d'abord, suggère Marlio, aussi bien du patronat que du syndicalisme ou de la presse. Mais il vient aussi, plus largement, de l'abus de pouvoir de toute « majorité », dès lors que la conquête du pouvoir entraîne une pratique du gouvernement qui privilégie là encore ses intérêts, ceux de ses « amis » et de ses « clients ». Enfin, un risque corrélatif est que le gouvernement démocratique ne respecte plus les engagements pris vis-à-vis des citoyens et vis-à-vis des nations. Alors que les

« démocraties » sont fondées sur une « mystique de générosité », elles se sont abaissées dans l'échelle des valeurs morales en foulant leurs engagements. Marlio pense-t-il ici à l'abandon par les démocraties des autres nations en proie aux agressions nazies ? Probablement. Pour nous, il est aussi intéressant de noter que ce mot de « mystique » prend un tout autre sens chez Marlio et Rougier : tandis que l'auteur des *Mystiques démocratiques* l'utilisait sur un mode résolument péjoratif, l'auteur de *La Révolution* le mobilise en un sens positif, pour désigner les valeurs les plus généreuses des démocraties. Combinant la critique libérale des intérêts organisés avec une rhétorique à la fois républicaine et néo-thomiste du « bien commun » et de « l'intérêt général », Marlio pense manifestement avoir dégagé la meilleure philosophie possible de la démocratie et du « libéralisme social » en temps de guerre.

CONCLUSION

Les deux versions du « néolibéralisme » formulées par Rougier et Marlio témoignent que ce courant intellectuel naissant des années 1930 comprend, comme beaucoup d'autres, des différenciations internes non négligeables, y compris au sein de la nébuleuse française. La différence entre « libéralisme constructeur » et « libéralisme social » n'est pas que sémantique. Bien sûr, les convergences globales entre Rougier et Marlio, du point de vue du modèle socio-économique, expliquent que les deux hommes aient pu se retrouver, avec d'autres, autour d'un agenda et d'une doctrine apparemment communs, à l'issue du Colloque Lippmann. Tous deux se veulent les adversaires du dirigisme et défendent le libre marché, mais dans une perspective qui revendique une rupture avec le laisser-faire et l'école de Manchester. Ce « néolibéralisme » – au sens français des années 1930 – reconnaît aux pouvoirs publics et à l'État un rôle considérable dans l'organisation de l'activité économique, les arbitrages entre groupes, la réparation des dégâts sociaux, la production de services publics, la protection sociale, la recherche scientifique, l'entretien des armées, etc. Les nuances de sensibilité, liées aussi à des trajectoires biographiques spécifiques, n'en sont pas moins remarquables : l'insistance de Marlio sur le rôle potentiellement positif des cartels, son attachement à une forme rénovée de corporatisme et sa défense d'un programme de protection sociale et de redistribution assez considérables pour un « libéral » marquent sa relative spécificité face à Rougier et sa distance vis-à-vis de libéraux beaucoup plus orthodoxes sous l'angle programmatique, comme Mises.

Et c'est logiquement que les visions de la démocratie qu'ils défendent, sans être incompatibles, diffèrent assez sensiblement. Sans doute serait-il excessif de forcer là aussi les divergences : aussi bien Rougier que Marlio défendent la démocratie libérale face aux totalitarismes et au dirigisme, mais leur façon de comprendre le sens de la « démocratie » et son articulation à l'économique et au social diffèrent. Tandis que Rougier vient d'une sensibilité conservatrice et élitiste très critique vis-à-vis de la démocratie, et qu'il ne cessera ensuite d'entretenir une certaine méfiance vis-à-vis du principe de la souveraineté du peuple et de sa traduction socio-économique en termes dirigistes, Marlio manifeste davantage de sympathie pour l'héritage révolutionnaire dans son ensemble et pour sa traduction socio-économique en termes de progrès de la puissance publique et de la protection sociale. Cela ne fait nullement de Marlio, qui se montra plus ouvertement sévère que Rougier à l'égard du *New Deal*, un « social-démocrate », un « progressiste » à l'américaine, ou un « keynésien ». Mais il est clair que son « libéralisme social » allait de pair avec une ouverture plus grande concernant le caractère bénéfique de la dynamique égalitaire, sans pour autant dissimuler ses craintes et ses réticences.

Encore faut-il préciser que les positions respectives de Rougier et de Marlio n'épuisent pas l'ensemble du spectre exprimé dans la petite nébuleuse néolibérale française dès les années 1930-1940. Un cas extrême mais significatif est celui de l'économiste Louis Baudin qui lui aussi revendiquera le concept de « néolibéralisme », même si lors du Colloque Lippmann il invitait à abandonner le mot « libéralisme » pour lui préférer celui d'« individualisme ». Là aussi, les particularités sémantiques de Baudin exprimaient certainement des convictions spécifiques. Plus proche des positions corporatives et catholiques sociales, plus conservateur et élitiste, Baudin ne cessera toute sa vie de défendre le Portugal de Salazar, dont il dira au milieu des années 1950 qu'il constituait une expérience typiquement « néolibérale » réussie (Baudin, 1954). Avec Marlio, Baudin partageait certaines sympathies corporatives, mais il allait beaucoup plus loin dans ce sens, et inscrivait ces sympathies dans une perspective autoritaire et non démocratique ; et avec Rougier, il partageait un fort élitisme, mais là aussi plus radical et combiné à un corporatisme dont l'auteur des *Mystiques économiques* était davantage éloigné. Surtout, Baudin ne défendait pas vraiment la démocratie libérale chère à Rougier, même s'il mobilisait Tocqueville de temps à autre. Difficile même de parler de la vision de la démocratie chez Baudin : le mot apparaît rarement chez lui, et ne désigne manifestement pas nécessairement un régime souhaitable à ses yeux. Ainsi exprime-t-il un néolibéralisme sinon anti-démocratique, du moins éloigné des idéaux démocratiques, et compatible avec un régime dictatorial.

Il nous paraîtrait en revanche abusif d'affirmer, comme on le fait de plus en plus souvent, que le Colloque Lippmann fut de part en part antidémocratique. Parmi les Français du Colloque, il y avait certes un patron conservateur comme Marcel Bourgeois, mais qui oserait soutenir sérieusement que Marjolin ou Aron étaient des ennemis de la démocratie, qu'ils voulaient au contraire sauver face au péril nazi ? Le Colloque Lippmann exprima sans doute une vision libérale, assez souvent élitiste, parfois très conservatrice, singulièrement chez les Allemand Alexander Rüstow et Wilhelm Röpke, et chez Rougier lui-même, dans le contexte angoissé de la menace de régimes plébiscitaires et totalitaires. Mais ce n'est pas parce que Rüstow, pour citer une des figures souvent mobilisées afin d'alimenter ce procès, avait souhaité auparavant un « État fort » et critiquait une certaine forme de « pluralisme » – le thème circulait alors en Allemagne en référence aussi à l'importation du socialisme associationniste anglais (Bolaffi, 2002) –, qui selon lui avait mortellement affaibli la République de Weimar, qu'il était un ennemi radical de la démocratie comme telle, ou un disciple de Carl Schmitt. Et cette prudence vaudrait *a fortiori* pour de nombreux membres du Colloque Lippmann – le cas de Hayek, alors hanté comme Mises par le nazisme, mériterait une étude à part.

Restituer cette relative diversité de positions des premiers « néolibéraux » français pourrait contribuer à comprendre en outre de façon renouvelée l'histoire de la nébuleuse dite néolibérale. L'histoire, soutient-on parfois, est écrite du point de vue des vainqueurs, et il est clair que les protagonistes dont nous parlons sont tombés dans un oubli assez profond. Ce qui ne signifie pas que cette première phase n'ait pas pesé sur la suite, notamment sur les tendances conservatrices et autoritaires du « néolibéralisme » ultérieur. Cette occultation, en tout cas, est peut-être due au fait que la fondation de la Société du Mont Pèlerin en 1947 aura largement pris le dessus sur le Colloque Lippmann dans le récit des origines. Sans doute Hayek n'y fut-il pas pour rien et il serait trop simple d'imputer cette occultation aux sympathies vichyssoises de Rougier. Pendant longtemps, Hayek passa sous silence le Colloque Lippmann, pour des raisons difficiles à élucider. On ne peut exclure que son ambition de refonder le libéralisme sur sa propre réinterprétation du legs de Menger et de l'école autrichienne ait pesé, alors même qu'il ne cessera toute sa vie de confier sa méfiance envers ces Français qui avaient fondé l'École Polytechnique – dont Marlio était issu – et cédaient à de coupables penchants « constructivistes ». Par ailleurs, l'hégémonie de l'École de Chicago, sur de tout autres bases que l'école autrichienne, n'encourageait pas non plus à chercher dans la France des années 1930 des ancêtres doctrinaux, y compris au plan politique. Enfin, certains néolibéraux français étaient sans doute trop réactionnaires politiquement pour être mis en avant – Baudin, voire Rougier lui-même –, tandis que d'autres, comme Marlio, présentaient un profil politique et économique beaucoup trop éloigné de ce qu'allait devenir la Société du Mont Pèlerin et ses soutiens ou composantes. Difficile en effet – c'est le moins qu'on puisse dire – d'établir une continuité directe entre le « libéralisme social » de Marlio et les positions de la Foundation for Economic Education (FEE) ou celles de l'Institute of Economics Affairs (IEA), qui jouèrent un rôle majeur dans les révolutions thatchérienne et reaganienne. Dans tous les cas, à l'exception notoire de Maurice Allais, d'ailleurs lui aussi fort atypique dans cette nébuleuse, ces premiers « néolibéraux » français avaient disparu des mémoires d'un mouvement devenu largement dominé par les Américains et les Anglais.

RÉFÉRENCES

Allais, M. 1990, *Louis Rougier, prince de la pensée*, Paris, Les Terrasses de Lourmarin.

Audier, S. 2012a, *Le Colloque Lippmann. Aux origines du "néo-libéralisme"*, Lormont, Le Bord de l'eau.

—. 2012b, *Néo-libéralisme(s). Une archéologie intellectuelle*, Paris, Grasset.

Baudin, L. 1953, *L'aube d'un nouveau libéralisme*, Paris, M.-T. Génin, Librairie de Médicis.

Bolaffi, A. 2002, *Il crepusculo della sovranità. Filosofia e politica nelle Germania del Novencento*, Rome, Donzelli.

Cavallari, G. Dessi, G. *L'altro potere. Opinione pubblica e democrazia in America*, Rome, Donzelli, 2008.

Cometti, J.P. 2016, *La démocratie radicale. Lire John Dewey*, Paris, Gallimard.

Denord, F. 2007, *Néo-libéralisme, version française. Histoire d'une idéologie politique*, Paris, Démopolis.

Forcey, Ch. *The Crossroads of Liberalism. Croly, Weyl, Lippmann and the Progressive era. 1900-1925*, Oxford, Oxford University Press, 1961

Lippmann, W. 1922, *Public Opinion*, New York, harcourt, Brace & co.

—. 1938. *La cité libre*, trad. G. Blumberg, Paris, Librairie de Médicis.

—. 1985. *Public Philosopher. Selected Letters of Walter Lippmann*, J. M. Blum (ed.), New York, Ticknor and Fields.

—. 2005. [1937], *An Inquiry into the Principles of the Good Society*, New Brunswick, Transaction Publisher.

—. 2008. *Le Public fantôme*, trad. L. decréau, présentation B. Latour, Paris, Démopolis.

Kloppenberg, J.T. *Uncertain Victory. Social-Democracy and Progressivism in European and American Thought, 1870-1920*, Oxford-New York, Oxford University Press, 1986.

Marlio, L. 1938, *Le Sort du capitalisme*, Paris, Flammarion.

—. 1940. *Dictature ou liberté*, Paris, Flammarion.

—. 1943. *La révolution d'hier, d'aujourd'hui et de demain*, New York, Brentano's.

—. 1949, *Lionel*, Paris, Flammarion.

Marion, M. 2004, « Investigating Rougier », *Cahiers d'épistémologie*, Montréal, Département de philosophie, Université du Québec à Montréal.

Mises, L. 1938, *Le socialisme : étude économique et sociologique*, trad. P. Bastier, A. Terrasse et F. Terrasse, préface F. Perroux, Librairie de Médicis.

Pirou, G., 1934, *Les Doctrines économiques en France*, Paris, Armand Colin.

Pont, J.-C. et Padovani, F. 2006, *Louis Rougier : vie et œuvre d'un philosophe engagé*, *Philosophia scientiae*, n°10-2.

Rougier, L. 1920, *Les Paralogismes du rationalisme. Essai sur la théorie de la connaissance*, Paris, Alcan.

—. 1926. *Celse ou Le conflit de la civilisation antique et du christianisme primitif*, Paris, Éditions du siècle.

—. 1927. « La démocratie et la mystique démocratique », *Revue de Paris*, n°34 :. 320-347.

—. 1929. *La Mystique démocratique. Ses origines, ses illusions*, Paris, Flammarion.

—. 1935. *Les Mystiques politiques contemporaines et leurs incidences internationales*, Paris, Sirey.

—. 1938a. *Les Mystiques économiques. Comment l'on passe des démocraties libérales aux États totalitaires*, Paris, Médicis, 1938.

—. 1938b. « Retour au libéralisme », *La Revue de Paris*, 1er janvier 1938 : 179-197.

—. 1938c. « parmi les livres », *La Revue de Paris*, 1er août 1938 : 711-712.

—. 1945. *Les accords Pétain-Churchill. Histoire d'une mission secrète*, Montréal, Beauchemin.

—. 1952. *La France à la recherche d'une constitution*, Paris, recueil Sirey.

—. 1961. « Le libéralisme économique et politique », *Tendances modernes du libéralisme économiques. 1. Les essais 1961*, p. 45-50.

—. 1963. *L'erreur de la démocratie française*, Paris, Editions l'Esprit Nouveau.

Zask, J. 2015, *Introduction à John Dewey*, Paris, La Découverte.

Libéralisme ou démocratie ? Raymond Aron lecteur de Friedrich Hayek

Gwendal Châton *

Résumé
Cet article revient en détail sur la critique du libéralisme de Friedrich Hayek délivrée par Raymond Aron, sur une période qui court des années 1940 au début des années 1980. A partir d'une relecture croisée des principaux textes de ces deux philosophes du second XXe siècle, il cherche à montrer que leurs oppositions – sur la place laissée aux libertés économiques, sur la définition même du concept de liberté et sur la manière d'envisager la démocratie – révèlent l'existence de deux voies profondément divergentes au sein du néolibéralisme contemporain : l'une qui se fonde sur un attachement primordial au marché et qui s'accompagne d'une méfiance prononcée à l'égard du régime démocratique ; l'autre qui se construit à l'inverse sur la base d'une confiance en la démocratie, conçue comme point d'aboutissement du libéralisme, et qui conduit à ne pas absolutiser le marché. Un réexamen de cette opposition peut ainsi permettre de sortir d'une vision étriquée et caricaturale du néolibéralisme, qui le réduit abusivement à une fermeture de l'espace des possibles politiques.
Mots-clés : Aron (Raymond), démocratie, guerre froide, Hayek (Friedrich), (néo)libéralisme

Abstract
This paper studies the critique of Friedrich Hayek's liberalism delivered by Raymond Aron, on a period that runs from the 1940s to the early 1980s. By a cross rereading of the main texts of these two twentieth century philosophers, it tries to show that their oppositions —on the economic freedom's place, on the definition of freedom and on the conception of democracy—reveal the existence of two deeply divergent paths within the contemporary neo-liberalism : one

* Maître de conférences en science politique à l'Université d'Angers et membre du Centre Jean Bodin. Courriel : gwendal.chaton@univ-angers.fr

that is based on a market's obsession and which is accompanied by a pronounced distrust towards democracy ; the other that is on the contrary built on a trust in democracy, considered as the liberalism's endpoint, which leads to not absolutize the market. Reconsider this opposition may allow to move away from a narrow and caricatural perception of neo-liberalism, which reduces it to a locking of political possibilities.
Keywords: Aron (Raymond), democracy, cold war, Hayek (Friedrich), (neo)liberalism

JEL Codes : B10 - B31 - N14 - P16

> L'authentique morale des démocraties est une morale de l'héroïsme, non de la jouissance. (Aron, 1941b, p. 518)

> L'argent est un des plus magnifiques instruments de liberté que l'homme ait jamais inventé. (Hayek, 1944, p. 69)

INTRODUCTION

Après quatre décennies durant lesquelles les discussions en philosophie politique et en philosophie économique ont porté pour l'essentiel sur la question de la justice, on assiste actuellement à un regain d'intérêt pour les penseurs libéraux des générations précédentes, ceux dont la pensée s'est formée durant les années 1930, est arrivée à maturité après la Seconde Guerre mondiale et s'est déployée dans le cadre de la Guerre froide. Assez longtemps, on a cru qu'ils n'avaient plus grand-chose à nous dire, que leurs œuvres avaient été rendues obsolètes par la chute du Mur de Berlin et l'implosion de l'URSS d'une part, et par la reformulation des débats théoriques après le « tournant rawlsien » d'autre part. Plusieurs signes attestent néanmoins d'une évolution dans le regard porté sur ces contemporains de « la fin du laissez-faire » (Keynes, 1925), de la crise des démocraties, de l'avènement des régimes totalitaires et enfin de l'affrontement de deux « Supergrands » promouvant des modèles socio-économiques antagoniques.

Plusieurs travaux récents ont insisté sur la complexité de l'histoire du libéralisme au XXe siècle (Audier, 2008 et 2012) ainsi que sur la singularité du cas français (Denord, 2007 ; Brookes, 2014 ; Audier, 2015). D'autres ont réinvesti, dans le sillage des recherches de Judith Shklar sur le « libéralisme de la peur » (Shklar, 1989), l'étude des œuvres de ceux qu'on nomme parfois les « libéraux de Guerre froide ». Cette expression, introduite par Jan-Werner Müller, permet de rapprocher trois classiques de la pensée politique aujourd'hui quelque peu négligés : Raymond Aron, Isaiah Berlin et Karl Popper. Ces trois auteurs partageraient en effet une même sensibilité conduisant à la défense d'un libéralisme politique essentiellement négatif, son but premier étant d'éviter la violence (Müller, 2008). En outre, Catherine Audard s'accorde avec Jan-Werner Müller pour placer Friedrich Hayek en dehors de ce groupe, au motif que son combat a été prioritairement orienté contre le planisme en économie, mais aussi parce qu'il a toujours été, à la différence des trois premiers, très hostile à la social-démocratie et au *Welfare State* (Audard, 2009).

Dans cet article, on voudrait prolonger ces réflexions en examinant une question spécifique : celle du rapport de ces « libéraux de Guerre froide » à la démocratie. Cela implique tout d'abord de transformer ce trio en quatuor en y réintégrant Friedrich Hayek, et cela même si d'autres noms pourraient aussi y être ajoutés – on songe notamment à Norberto Bobbio (Bobbio, 1996a, 1996b et 2007). Cette réintégration de l'économiste-philosophe viennois permet ensuite d'introduire une distinction entre deux variantes du libéralisme de Guerre froide. En dépit de divergences non négligeables, il existe en effet des proximités évidentes entre Popper et Aron quant à la manière qu'ils ont de considérer la démocratie comme un prolongement naturel du libéralisme et de lui conférer une dimension quasi éthique. Le cas d'Isaiah Berlin apparaît sensiblement différent en ce qu'il entretient une méfiance beaucoup plus nette à son égard : sa défense de la liberté négative implique clairement une priorité donnée au libéralisme sur la démocratie. Ainsi pouvait-il par exemple écrire qu'« il n'existe pas de lien nécessaire entre liberté individuelle et régime démocratique », en s'empressant d'ajouter que ce lien « est beaucoup moins étroit que ne le croyaient bien des défenseurs de l'une et de l'autre » (Berlin, 1958, p. 178 et 179). Si d'un côté, Berlin estimait que la démocratie reste « sans doute le plus sûr garant des libertés civiles », il insistait également sur le fait qu'elle peut « écraser les individus avec autant de cruauté qu'un dictateur » (Berlin, 1958, p. 178 et 210). Cette prise de distance est déjà suffisamment claire, mais c'est sans doute Friedrich Hayek qui poussera le plus loin la défiance à l'égard de la démocratie, reconduisant de la sorte une critique qui plonge ses racines dans l'Antiquité grecque et qui a parcouru tout le XIXe siècle.

Étudier le rapport des « libéraux de Guerre froide » à la démocratie conduit ainsi à alimenter la thèse de la pluralité *des* néolibéralismes et à mettre en évidence l'existence de tendances difficilement compatibles. Au sein de la galaxie néolibérale, il existe en effet deux branches bien distinctes, dont Raymond Aron d'un côté et Friedrich Hayek de l'autre, sont les représentants les plus éloquents. Derrière une lutte commune contre le totalitarisme et en faveur du libéralisme, se cachent en effet des divergences de fond entre ces deux auteurs quant à l'appréciation de la démocratie et quant à la compréhension du libéralisme lui-même [1]. Elles reposent sur d'authentiques désaccords philosophiques et elles conduisent à des positions politiques et économiques inconciliables. Aron et Hayek n'ayant pas entretenu une discussion directe, on peut partir, pour reconstituer les enjeux de cette opposition, des objections que le premier a adressées au second tout au long du déploiement de son œuvre. Trois questions peuvent venir guider cette relecture croisée de leurs principaux écrits : faut-il privilégier la liberté *économique* ou la liberté *politique* ? Faut-il s'attacher à la défense de *la* liberté ou *des* libertés ? Faut-il se suffire de la *démocratie* ou s'attacher à l'édification d'une *démarchie* qui neutraliserait ses défauts ?

LIBERTÉ ÉCONOMIQUE OU LIBERTÉ POLITIQUE ?

Raymond Aron et Friedrich Hayek se sont rencontrés en août 1938 lors de la tenue à Paris d'un colloque en l'honneur de Walter Lippmann. C'est le philosophe Louis Rougier qui est à l'origine de cet événement dont le but est, en prenant prétexte de la parution d'un livre du journaliste américain (Lippmann, 1937), de permettre un regroupement des penseurs libéraux presque dix ans après le Krach de 1929. Le jeune Aron, qui est chargé de prendre en notes les débats, ne s'y exprime pas, mais il assiste aux discussions des plus

1. Sur l'ancrage fondamentalement antitotalitaire du libéralisme aronien, on se permet de renvoyer à Châton, 2016.

grands esprits libéraux européens et américains de l'époque. Elles se concentrent principalement sur deux questions : que faire face à la vogue du planisme, du corporatisme et du marxisme dans le domaine économique ? Comment redonner de la vigueur à un libéralisme qui, pour beaucoup, apparaît alors totalement discrédité et passablement archaïque ?

Lors des discussions auxquelles donne lieu le « colloque Lippmann », Aron assiste à l'affrontement de deux tendances : l'une, emmenée par Ludwig von Mises et Friedrich Hayek, s'en tient pour l'essentiel à un programme de réactivation du libéralisme classique extrêmement hostile à l'égard de l'intervention de l'État dans l'économie ; l'autre, qui fédère beaucoup de participants allemands et français, vise à donner naissance à un « néolibéralisme » prenant acte de l'échec du libéralisme manchestérien et se souciant du sort de classes laborieuses durement atteintes par la crise économique (Audier, 2008). C'est durant ce colloque qu'Aron fait la connaissance de Hayek. C'est sans doute aussi à cette occasion qu'il commence à entretenir un rapport ambigu avec son œuvre, rapport qui mêle admiration sincère et distance critique.

Cette ambigüité s'explique par les positions qui sont alors celles d'Aron. À cette époque, il se montre en effet très nuancé à l'égard du libéralisme économique : compagnon de route de la SFIO et électeur du Front populaire (Sirinelli, 1984), lecteur passionné de Keynes, il a cependant critiqué avec vigueur la politique économique suivie par Léon Blum (Aron, 1937). Au fil des années 1930, il s'affirme ainsi comme un philosophe socialisant, mais conscient de la nécessité d'un minimum de problématique libérale afin d'assurer un bon fonctionnement de l'économie, sa préoccupation étant notamment de fournir une assise économique solide aux libertés politiques contestées par les régimes totalitaires (Aron, 1939). Aron et Hayek se sont ensuite côtoyés à Londres pendant la Seconde Guerre mondiale, notamment au sein du *Reform Club* où le philosophe français est introduit par le directeur du département d'économie de la *London School of Economics* : Lionel Robbins. Mais il est désormais établi que les relations entre Aron et Hayek, bien que « marquées par une grande estime intellectuelle, ne devinrent jamais amicales » (Baverez, 1993, p. 164).

En 1944, Hayek publie un ouvrage retentissant intitulé *La route de la servitude*. Il s'agit d'un livre politique, assumé comme tel, déroulant un violent réquisitoire contre le collectivisme qui est aussi un vibrant plaidoyer en faveur du libéralisme économique[2]. Hayek en fait la clé d'une résistance au totalitarisme, un phénomène politique décrit comme le « résultat inévitable » des « tendances socialistes de la période antérieure » (Hayek, 1944, p. 11). Prenant appui sur Tocqueville, Hayek explique en effet que le socialisme conduit tout droit à l'esclavage et que, par conséquent, les Européens doivent rapidement retrouver « la route abandonnée » par eux lorsqu'ils se sont éloignés du libéralisme économique :

> Depuis vingt-cinq ans au moins le moment où le spectre du totalitarisme est devenu une menace immédiate, nous nous sommes progressivement écartés des idéaux essentiels sur lesquels la civilisation européenne est fondée. Ce mouvement, dans lequel nous nous sommes engagés avec tant d'espoirs et d'ambitions, nous a menés devant l'horreur totalitaire : notre génération en a été profondément ébranlée, et elle persiste à refuser d'établir une relation entre les deux faits. Pourtant cette évolution ne fait que confirmer les avertissements des pères de la philosophie libérale que nous professons encore. Nous avons peu à peu abandonné cette liberté économique sans laquelle la liberté personnelle et politique n'a jamais existé. (Hayek, 1944, p. 17)

Au-delà de cette défense de la liberté économique, qui est véritablement le cœur de son ouvrage, Hayek déplore plus généralement l'abandon de l'individualisme qui caractérise selon lui la civilisation européenne depuis Périclès et Thucydide – une thèse pour le moins audacieuse. Le socialisme – un terme qu'il ne définit jamais vraiment, mais qu'il associe pour l'essentiel au collectivisme économique – est ainsi tenu pour responsable d'une déviation mortifère du chemin suivi par l'Occident depuis Athènes. À cet égard, il faut noter qu'Hayek ne s'embarrasse pas de subtilités : il ne fait par exemple aucune différence entre le marxisme et la social-démocratie (Baudouin, 2008). À ses yeux, ils ne sont que des déclinaisons d'un même socialisme matriciel qui se donne à voir avant tout par son mode d'action : la planification de l'économie (Hayek, 1944, p. 30).

2. Dans ce combat idéologique, qui doit être replacé dans le contexte de la publication en 1942 du rapport Beveridge, Hayek est isolé, mais il n'est pas seul. Il peut compter sur les efforts de son maître, Ludwig von Mises, qui publie la même année son livre *Le gouvernement omnipotent. De l'État totalitaire à la guerre mondiale*, dont l'avant-dernier chapitre s'intitule « les illusions du planisme mondial » (Mises, 1944). Trois ans plus tard, Mises publiera également une brochure au titre éloquent – *Le chaos du planisme* (Mises, 1947) – qui sera par la suite incluse dans les rééditions de son livre de 1922 sur le socialisme (Mises, 1922).

À cette époque, exilé à Londres lui aussi, Aron perçoit la situation d'une manière très différente. En juillet 1941, dans la revue *La France libre*, il prophétise que « dans la phase de reconstruction, c'est-à-dire pour une assez longue période, l'État aura à diriger partiellement, et au-delà de cette période, il aura au moins à contrôler la vie économique » (Aron, 1941a, p. 465). Le mois suivant, abordant le problème de la disponibilité des masses paupérisées pour le totalitarisme, il explique que « les démocraties devront remédier à l'abandon, à la tendance grégaire de ces isolés accessibles à tous les appels. En d'autres termes, quelle que soit la part qui sera faite à la liberté des échanges et à l'organisation du marché dans le futur système de l'économie, une chose est sûre : aucun régime politique et social ne sera viable, ne sera toléré, s'il n'assure un minimum de sécurité à l'homme ordinaire. Or, la sécurité première, à notre époque, s'appelle : sécurité du travail » (Aron, 1941b, p. 517). Ce quasi-éloge d'un droit au travail, qui aurait horrifié Tocqueville en dépit de sa distance à l'égard du libéralisme économique [3], apparaît pour le moins difficilement conciliable avec les positions soutenues par Hayek dans son *best-seller*.

De surcroît, dans la continuité des thèses qu'il a défendues avant-guerre devant la *Société française de philosophie* (Aron, 1939), Aron considère qu'il faudra, une fois la paix revenue, recourir à certaines techniques économiques et administratives des États totalitaires (Aron, 1941b, p. 517). À la différence de Hayek, il soutient que les techniques d'organisation de l'économie « sont neutres » et qu'« elles ne déterminent pas à l'avance le destin des hommes » (Aron, 1943, p. 629). D'où un horizon qui met en avant la liberté politique et qui s'éloigne des vitupérations hayékiennes contre un socialisme aux contours flous :

> Sauvegarder les valeurs essentielles de la démocratie politique, à savoir le droit d'opposition, l'élection et le contrôle des gouvernants par les gouvernés, les libertés intellectuelles, tout en adoptant certaines méthodes de direction économique : telle est la tâche primaire de notre époque. L'expérience des démocraties en guerre prouve que cette tâche, si ardue soit-elle, n'est pas irréalisable. (Aron, 1943, p. 633)

3. Pour apprécier cette distance, on peut notamment se reporter à une anthologie critique de ses textes économiques (Benoît et Keslassy, 2009).

De fait, la distance est grande entre cet horizon et la condamnation par Hayek de la « grande utopie » du « socialisme démocratique » (Hayek, 1944, p. 29).

Après la guerre, Aron se montrera encore plus explicite dans sa critique d'un libéralisme économique dont Hayek reste, en dépit de sa marginalisation à l'ère du keynésianisme triomphant, l'un des défenseurs les plus brillants (Caldwell, 2005). Dans *Le Grand schisme*, qui est publié en 1948, ses propositions en faveur d'une réforme économique de la France conduisent le philosophe, alors engagé au sein du Rassemblement du Peuple Français (RPF) du Général de Gaulle, à préciser sa position :

> Qu'on ne dise pas que nous cherchons vainement à rétablir un libéralisme mort. Nous vivons et nous continuerons de vivre sous un régime intermédiaire. Les deux systèmes extrêmes, celui où les mécanismes du marché jouent sans entraves et celui où l'État va jusqu'au bout de la planification, sont, en théorie, plus logiques et plus aisés que le système mixte. Mais, en Europe occidentale, la planification intégrale est inconcevable, sinon comme un sous-produit de l'invasion soviétique, et un libéralisme intégral exclu, aussi bien par les circonstances économiques que par la psychologie des hommes. La tâche est de rendre viable le régime mixte qui, jusqu'à présent, ne l'est pas. (Aron, 1948, p. 290)

Quinze ans plus tard, dans un essai consacré à la « fin des idéologies », il fera à nouveau du marché et de la planification « deux systèmes globaux en déclin » (Aron, 1964, p. 399).

Si l'on compare cette condamnation sans appel d'un « libéralisme intégral » qui est un « libéralisme mort » avec ce qu'écrit alors Hayek, l'opposition saute aux yeux. L'économiste autrichien explique en effet que « la concurrence et la direction centralisée deviennent de très mauvais instruments si elles ne sont pas complètes », à quoi il ajoute que « le mélange signifie qu'aucune des deux méthodes ne sera efficace, et que le résultat sera pire que si l'on s'était contenté de l'une ou de l'autre » (Hayek, 1944, p. 37). En un mot, l'économie mixte est encore plus délétère que la planification : c'est donc le mal absolu. Que Hayek concède parfois du bout des lèvres le caractère vertueux de « plans pour la concurrence » (Hayek, 1944, p. 37) ne doit pas masquer que leurs perspectives demeurent très éloignées : la critique ultérieure du constructivisme – un terme absent de *La route de la servitude* – en apportera la confirmation, tout comme les harangues régulières de l'économiste à l'encontre du socialisme démocratique et du socialisme libéral.

Pour mieux situer l'opposition de ces deux auteurs, il faut maintenant examiner une question décisive : celle des rapports entre liberté économique et liberté politique. On a vu précédemment que Hayek affirme d'emblée, en ouverture de son livre, que sans la liberté économique, « la liberté personnelle et politique n'a jamais existé » (Hayek, 1944, p. 17). Cette thèse est-elle vraiment soutenue tout au long de l'ouvrage ? Il semble bien que ce soit le cas. Dans le chapitre VII, Hayek explique très clairement « qu'il n'y a point de liberté politique sans liberté économique » et que cette dernière peut « figurer comme condition préalable de toutes les autres libertés » (Hayek, 1944, p. 76). Le libéralisme d'Aron s'oppose quant à lui à ce primat conféré à la liberté économique. Ce point de divergence l'amène d'ailleurs très tôt à établir un rapprochement provocant entre Hayek et Marx : Hayek serait en quelque sorte un « marxiste de droite ».

Dans une conférence faite au Congrès pour la liberté de la culture en 1951, Aron se montre ainsi soucieux de se distinguer de Hayek, qui est intervenu la veille devant la même assemblée. La raison de cette prise de distance publique est qu'il voit sa doctrine comme étant une sorte de « marxisme inversé ». Il n'hésite pas à le déclarer à la tribune de cette « Internationale anticommuniste » dont l'histoire est aujourd'hui bien connue (Grémion, 1995) :

> Je crains que certains de mes amis libéraux – qu'ils me pardonnent cette hérésie – n'aient infligé au socialisme le sort que celui-ci avait infligé au libéralisme classique. Au lieu de reconnaître dans l'économie planifiée la fin des contradictions capitalistes, ils y voient le début de la servitude, sinon de la misère. La planification devient le mal en soi, comme l'était, pour d'autres, l'anarchie capitaliste. Ainsi s'est constituée une sorte d'orthodoxie économique libérale, qui n'est pas sans inquiéter mon propre libéralisme, immodérément modéré. (Cité dans Audier 2012, p. 318)

Deux arguments développés dans les *Dix-huit leçons sur la société industrielle* quelques années plus tard permettent de comprendre le sens de cette mise au point (Aron, 1962). Après avoir minutieusement disséqué les critiques socialistes du capitalisme, Aron se penche sur les critiques libérales du socialisme, en l'occurrence celles de Ludwig von Mises et de Friedrich Hayek – une attention qui, précisons-le, ne va pas de soi tant les chefs de file de l'École autrichienne sont marginalisés à cette époque. Aron conteste alors leurs deux principales objections. La première, initiée par Mises dès les années 1920, est que le socialisme est économiquement inefficace, car il se prive des informations fournies par le système des prix et rend donc tout calcul économique rationnel impossible. Par là même, il s'agirait d'un mode de fonctionnement qui ne mérite même pas le nom d'économie et qui demeure de toute façon condamné à l'autodestruction (Mises, 1922 et 1949). La seconde, développée par Hayek dans son pamphlet, est qu'il s'agit d'un système économique politiquement dangereux, puisqu'il conduit inéluctablement à la suppression des libertés individuelles et politiques.

La contradiction portée par Aron repose modestement sur deux faits. Tout d'abord, il remarque que l'économie socialiste existe depuis plusieurs décennies et qu'elle fonctionne sur le moyen terme. Peut-être n'est-elle pas une organisation optimale de l'économie, sans doute les planificateurs doivent-ils s'inspirer des prix occidentaux pour fixer les leurs, mais l'expérience prouve que ce système économique est viable. Ensuite, Aron rappelle que c'est l'idéologie marxiste-léniniste, et non le collectivisme économique, qui est responsable de la disparition de la liberté politique en URSS et dans les pays du glacis soviétique. Aron voit ainsi dans les critiques de l'École autrichienne une simplification du réel qui est l'effet d'une perspective idéologique, semblable dans sa structure, bien qu'inversée dans ses jugements, à celle du marxisme. Au plan méthodologique, ce libéralisme dogmatique lui semble en effet reposer sur une logique similaire, c'est-à-dire sur un déterminisme économique en dernière instance : pour Hayek comme pour Marx, l'infrastructure économique conditionnerait la superstructure politique, la planification entraînant fatalement, pour le viennois, le totalitarisme.

Il est frappant de constater que cette critique sera prolongée trois décennies plus tard, dans le contexte de la « révolution libérale » des années 1980, par deux jeunes philosophes français. Luc Ferry et Alain Renaut mobilisent de fait une argumentation très proche de celle d'Aron pour s'opposer au retour en force du libéralisme économique, plus précisément à « la dissolution historiciste des droits-libertés » à laquelle aboutit selon eux la pensée de Hayek (Ferry et Renaut, 1984,

p. 139). Se plaçant sans le savoir dans le sillage d'Aron, dont ils ne connaissent pas la critique en terme de « marxisme inversé » mais seulement la riposte éthique développée dans l'*Essai sur les libertés*[4], ils isolent dans le système hayékien une « structure intellectuelle » identique à celle du marxisme (Ferry et Renaut, 1984, p. 149).

Deux points de contact sont alors mis en avant : l'historicisme, dont l'évolutionnisme hayékien n'est pour eux qu'une variante ; l'économisme pointé en son temps par Aron, Hayek se contentant d'inverser la valeur attribuée par Marx au capitalisme et au socialisme. Cette parenté permet à Ferry et Renaut de décrire la pensée de Hayek comme « une théorie de la ruse de la raison économique »[5] qui apparaît « moins comme l'antithèse du marxisme que comme son frère ennemi » (Ferry et Renaut, 1984, p. 152). Vingt ans plus tard, Alain Renaut reformulera cette critique en insistant sur le caractère antipolitique de la pensée hayékienne. Car l'ordre politique n'y exerce pas de fonction instituante et son horizon reste le même que celui de Marx : « la mort de l'État dans sa distinction d'avec la société » (Renaut, 2004, p. 148). Cette thèse du « marxisme inversé », qui révèle en creux le caractère fondamentalement politique du libéralisme d'Aron[6], ne résume cependant pas une critique aronienne qui porte aussi sur la définition hayékienne de la liberté.

LA LIBERTÉ OU LES LIBERTÉS ?

Destinataire d'un exemplaire adressé par son auteur lors de sa parution en 1960, Aron a lu de très près *La constitution de la liberté*. La recension substantielle qu'il publie dans les *Archives européennes de sociologie* l'année suivante témoigne de cette attention (Aron, 1961). Il y explique avoir beaucoup d'estime pour la tentative hayékienne de reformulation du libéralisme, mais il ne cherche aucunement à masquer des désaccords désormais de nature philosophique, l'œuvre de Hayek s'inscrivant avec ce livre dans le champ de la philosophie politique. Ce sont notamment deux piliers du système hayékien qui sont passés au crible de la critique aronienne.

4. Riposte qu'ils prolongeront l'année suivante en délivrant une interprétation néo-kantienne de sa critique de Hayek : *cf.* Ferry et Renaut, 1985.

5. Ce que faisait déjà Aron dans les années 1950 : *cf.* Aron, 1955.

6. Sur ce point, on peut se reporter à Aron, 1965 b ; Audier, 2004a et Châton, 2017.

Aron s'en prend tout d'abord à la définition de la liberté retenue par Hayek. Dans le premier chapitre de son livre, ce dernier explique que la liberté est « l'état de choses dans lequel un homme n'est pas soumis à la volonté arbitraire d'un autre, ou d'autres hommes » (Hayek, 1960, p. 11). La liberté doit donc être comprise uniquement comme absence de contrainte : elle correspond au fait d'être indépendant, de ne pas être réduit au rang d'instrument d'un autre homme. Pour Aron, il s'agit d'une conception très restrictive de la liberté, qui la réduit arbitrairement à une seule de ses composantes. Elle exclut en effet quatre autres dimensions de la liberté, dont le point commun est qu'elles sont toutes liées à l'existence d'une contrainte :

1) la *liberté intérieure*, c'est-à-dire le fait de pouvoir penser librement. Elle ne s'acquiert qu'après une éducation à l'autonomie passant par une contrainte qui dure toutes les premières années de la vie ;

2) la *liberté politique*, c'est-à-dire le fait de pouvoir choisir ses représentants et de participer à certaines décisions. Elle est étroitement liée à l'obéissance aux lois, mais aussi aux dirigeants désignés collectivement ;

3) la *liberté capacité*, c'est-à-dire le fait de pouvoir exercer sa puissance d'agir. Elle nécessite généralement l'intervention de l'État, souvent la seule entité à même de garantir l'effectivité d'un ensemble de libertés qui demeurent sinon strictement formelles – on reconnaît ici la critique marxiste des « libertés bourgeoises » ;

4) la *liberté nationale*, c'est-à-dire le fait qu'une nation ne soit pas soumise à une souveraineté externe. Elle nécessite d'accepter

a) que la politique étrangère soit souvent décidée sans concertation par un petit groupe de dirigeants et

b) que la guerre, qui s'accompagne de restrictions apportées aux libertés individuelles, soit parfois nécessaire pour sauvegarder cette forme collective de liberté.

Plutôt que de retenir une définition abstraite et finalement arbitraire de *la* liberté, Aron préfère mettre en évidence l'irréductible pluralité *des* libertés et insister sur la relation complexe qu'elles entretiennent avec la contrainte. Ce chemin le conduit à privilégier, en bon disciple de Max Weber, le sentiment de liberté, une démarche qui lui semble plus opératoire qu'une approche « objectiviste » comme celle de Hayek. Aron constate en effet qu'on peut être fortement contraint et en même temps se sentir libre : les exemples du soldat et du jésuite illustrent cette possibilité. L'idée est ici que la liberté n'est pas un fait que l'on pourrait objectiver, mais qu'elle est avant tout le produit d'une relation subjective d'un individu avec la réalité[7]. De surcroît, le sociologue wébérien, attaché à la compréhension du sens subjectivement vécu par les acteurs, sait qu'ils évoluent le plus souvent dans une zone grise qui s'étend entre les cas extrêmes de la liberté pure et de la contrainte pure : elle correspond au domaine de la contrainte consentie qui trouve sa place au sein d'une domination jugée légitime (Weber, 1922a et 1922b).

Ce choix méthodologique conduit Aron à une deuxième critique qui porte sur la distinction, soigneusement opérée par Hayek, entre les lois et les commandements. Pour l'économiste-philosophe comme pour les juristes, une loi se caractérise par son abstraction et sa généralité : elle s'applique à tous, y compris aux gouvernants, partout et de la même manière. À l'inverse, un commandement se caractérise par sa spécificité et sa particularité : il s'applique à des individus particuliers, auxquels les gouvernants prescrivent une action spécifique. Hayek en conclut que l'extension du domaine de la loi est l'horizon que doit se fixer une société libre. Ce faisant, il rejoint la tradition du libéralisme classique qui, après Locke, fait de la *rule of law* le moyen le plus efficace permettant de limiter le gouvernement (Locke, 1690) : « lorsque nous obéissons à des lois, entendues comme des règles abstraites, générales, indépendantes des cas particuliers, nous ne sommes pas assujettis à la volonté d'un autre, et donc nous sommes libres » (Hayek, 1960, p. 152).

Là encore, Aron conteste l'opposition des lois et des commandements avec des arguments de sociologue. Il remarque tout d'abord que les lois ne sont pas toujours générales, car elles masquent parfois la défense d'intérêts particuliers : elles sont dans ce cas oppressives, en dépit de leur généralité apparente. Il soulève ensuite une autre difficulté : les commandements ne sont pas toujours vécus comme des contraintes, et ceci malgré leur spécificité. Il pointe également un autre élément du raisonnement de Hayek selon lui éminemment problématique : l'idée selon laquelle une loi, si elle ne vise qu'une catégorie de la population, doit pouvoir être acceptée par l'ensemble

7. Cette thèse « subjectiviste » engendre évidemment des difficultés de taille, bien mises en évidence par Alain Boyer (Boyer, 2008), notamment celle de l'esclavage volontaire. Il n'empêche qu'une telle conception de la liberté reste plus conforme au pluralisme des valeurs qu'une conception strictement objectiviste.

de celle-ci. Pour Aron, qui évoque notamment la question des services sociaux et de l'impôt progressif, cette idée est dangereuse, car elle revient « à donner à n'importe quel groupe minoritaire un droit moral de veto sur la législation » (Aron, 1961, p. 635). En somme, en voulant éviter la « tyrannie de la majorité » honnie par John Stuart Mill et par Tocqueville, Hayek donnerait naissance à une « tyrannie des minorités » qui empêcherait toute redistribution des richesses.

La critique aronienne repose ainsi sur le caractère trop abstrait et trop dogmatique des fondements philosophiques que propose Hayek aux sociétés libres :

> Aucun [des critères avancés par Hayek], à lui seul, n'est décisif mais tous ensemble suggèrent un idéal : celui d'une société où l'État laisserait aux initiatives individuelles une marge de manœuvre aussi large que possible, où les gouvernants se soumettraient aux mêmes obligations, aux mêmes interdits et aux mêmes autorisations que les simples citoyens, où les privilèges et discriminations seraient réduits au minimum. Mais il n'y a pas plus de définition objective, éternellement valable, de ce que l'on appellera « discrimination » qu'il n'y a une telle définition de la contrainte et, par suite, de la liberté. La pensée de Hayek me semble parfaitement claire au niveau où elle se situe d'ordinaire, c'est-à-dire en tant que doctrine de ce que la société moderne devrait être. En revanche, les fondements philosophiques qu'il a voulu donner à cet idéal social me semblent fragiles. (Aron, 1961, p. 637)

En outre, en limitant la liberté à l'absence de contrainte, le penseur viennois mutilerait gravement l'idéal qu'il entend promouvoir, car « les hommes sacrifient une partie de leur sphère privée pour être gouvernés par des frères de race, de langue ou de religion, pour être traités en égaux, pour se donner une patrie, voire dans l'espoir de sortir de la misère » (Aron, 1961, p. 645). La liberté-indépendance, qu'Hayek élève au rang de bien premier, peut n'être qu'un bien second pour des hommes guidés par d'autres conceptions de la liberté. Aron attire ainsi l'attention sur le fait que la définition de la liberté privilégiée, comme le sentiment de liberté ressenti, dépendent très largement de circonstances sociohistoriques toujours particulières. Il en découle que l'existence d'une sphère privée, si elle est essentielle à ses yeux, ne peut pas être l'alpha et l'oméga du libéralisme moderne : « autant il est légitime de considérer le respect et l'élargissement de cette sphère pour un des buts, éventuellement pour le but primordial de l'ordre social, autant il est inacceptable de se référer à ce critère unique pour juger de toutes les sociétés actuelles » (Aron, 1961, p. 645).

Dans son *Essai sur les libertés*, dont le titre est déjà éloquent, Aron reviendra sur ce point qui cristallise les désaccords philosophiques qui l'opposent à Hayek. Il lui reproche à nouveau de privilégier une définition de la liberté qui se réduit finalement à « la liberté de l'entrepreneur ou celle du consommateur » (Aron, 1965a, p. 123). Faire ce choix, c'est laisser sciemment de côté la liberté du salarié qui ne cherche pas prioritairement l'absence de contrainte, mais plutôt l'augmentation de sa puissance d'agir :

> Les libertés des libéraux ne sont pas devenues indifférentes aux masses, si l'on inclut dans ces libertés la sécurité, le droit de parler ou d'écrire, celui de choisir ses représentants ou celui, pour une population, de se constituer en État indépendant. En revanche, le réquisitoire des Whigs ne convaincra qu'une minorité tant qu'il confond un aspect avec le tout de la liberté et méconnaît la force des revendications égalitaires. (Aron, 1965a, p. 125)

En appelant à une conciliation de la liberté-indépendance et de la liberté-capacité, Aron se place dans un cadre tout autre que celui posé par Hayek, mais aussi par Berlin dans son essai fameux publié deux ans avant *La constitution de la liberté*[8]. De fait, Hayek ne pouvait accepter le jugement porté par Aron en plein milieu des « Trente glorieuses » : les sociétés occidentales, assises sur une économie mixte et adossées à un État Providence, fournissent en effet pour lui « le compromis le meilleur entre les diverses libertés que la société moderne a l'ambition de donner aux hommes » (Aron, 1965a, p. 118). Plus généralement, l'économiste-philosophe ne pouvait pas se reconnaître dans un libéralisme qui a toujours reconnu la validité partielle de la critique socialiste, tout comme la légitimité d'une partie des revendications libertaires portées par la contestation de la fin des années 1960 (Aron, 1969). Alors qu'Aron a écrit que « le "credo libéral", tel qu'il s'exprime aujourd'hui des deux côtés de l'Atlantique, emprunte davantage au socialisme du XIXe siècle qu'au libéralisme du XVIIIe » (Aron, 1964,

8. Cette convergence de Berlin et de Hayek quant à la définition de la liberté ne doit pas masquer tout ce qui les séparait par ailleurs au plan politique. Serge Audier cite une lettre révélatrice de Berlin datant de 1945, dans laquelle l'historien des idées britannique s'en prend à « l'horrible Dr Hayek », selon lui responsable, avec Ludwig von Mises, de la propagation d'idées « réactionnaires » aux États-Unis (Audier, postface à Rosselli, 1930, p. 305).

p. 390), Hayek y aurait sans doute vu l'expression d'un dangereux tropisme « socialiste libéral ».

De ces analyses, Aron n'en conclut cependant pas à l'inutilité du point de vue hayékien. Dans l'*Essai sur les libertés*, il souligne à plusieurs reprises son intérêt afin de porter un nouveau regard sur certains phénomènes contemporains (Aron, 1965a, p. 126-130). Ainsi de l'extension de la bureaucratie et du déclin du pouvoir législatif qui est son corollaire, puisqu'il est de plus en plus difficile pour ce dernier de contrôler les actes de l'administration. Ainsi des excès du syndicalisme, Aron évoquant notamment le système des *closed shops* et se montrant ouvert à une réflexion sur les limites souhaitables de l'action syndicale. Ainsi encore de l'égalité qui ne peut être pour lui qu'une idée régulatrice, car vouloir la réaliser strictement conduit parfois – en dehors du domaine juridique s'entend – à générer des « effets pervers » qui commencent alors à être mis en évidence par la sociologie américaine. Sur ce point, il faut noter qu'Aron exclut l'égalité de fait et qu'il maintient l'égalité des chances au rang d'un horizon nécessaire, bien qu'inatteignable. Ainsi enfin de l'idée de justice sociale, vis-à-vis de laquelle Aron, sans être aussi offensif que Hayek, se montre quelque peu sceptique, tant il lui semble difficile de la définir avec précision. Pour toutes ces raisons, le point de vue du « libéralisme intégral » est pour lui appelé à survivre en marge de sociétés modernes qui épousent désormais légitimement l'ambition égalitaire[9].

Le constat de cette distance critique à l'égard de la pensée de Hayek, l'une des formes les plus systématiques prises par le libéralisme au XXe siècle, conduit à s'arrêter un instant sur une analyse du philosophe Pierre Manent. Partisan d'une lecture néo-aristotélicienne d'Aron[10], Manent explique que le libéralisme « informait ses dispositions, lui donnait des éléments d'orientation » sans pour autant que l'on puisse caractériser sa démarche « par l'intention d'appliquer une doctrine

9. Il est clair qu'en ce milieu des années 1960, Aron n'envisage pas sérieusement la possibilité d'une « révolution libérale », et ceci même s'il explique que l'équilibre qui caractérise les sociétés occidentales d'après-guerre n'est pas nécessairement le point final de l'évolution idéologique de l'humanité. La postface qu'il ajoute à son livre en 1976 montre d'ailleurs que dans d'autres circonstances, en l'occurrence celles d'une crise économique et d'une baisse sensible de la croissance, ses positions peuvent, sur certains points, se rapprocher de celles de Hayek (Aron, 1976).

10. Une lecture également partagée par Daniel Mahoney aux États-Unis (*cf.* Mahoney, 1998).

libérale » (Manent, 2013, p. 12). Il oppose ensuite explicitement la compréhension hayékienne du libéralisme, qui en fait précisément une doctrine dont l'objectif est de « rendre la politique superflue », à la « politique libérale » d'Aron qui repose sur un primat du politique et un refus de tout dogmatisme libéral (Manent, 2013, p. 13-14). Cette distinction permet de mieux saisir la portée d'une remarque faite par Aron, dans sa recension de 1961, comme en passant :

> L'idéal d'une société dans laquelle chacun choisirait ses dieux et ses valeurs ne peut se répandre avant que les individus ne soient éduqués à la vie collective. La philosophie de Hayek suppose acquis, par définition, les résultats que les philosophes du passé considéraient comme les objets primaires de l'action politique. Pour laisser à chacun une sphère privée de décision et de choix, encore faut-il que tous ou la plupart veuillent vivre ensemble et reconnaissent un même système d'idées pour vrai, une même formule de légitimité pour valable. Avant que la société puisse être libre, il faut qu'elle soit. (Aron, 1961, p. 642)

Cette insistance sur les conditions de possibilité de la vie en société, qui est pour Aron avant tout une vie politique et civique, tranche avec l'individualisme qui est la base de la pensée de Hayek – un point de désaccord sur lequel Aron reviendra en détail dans ses cours au Collège de France dans les années 1970 (Aron, 1991). Elle permet d'envisager une autre caractéristique qui singularise le libéralisme d'Aron, alors même que les deux auteurs ont pour point commun de se revendiquer du patronage de Tocqueville. Il faut ici rappeler que Tocqueville peut être décrit soit comme un penseur libéral – c'est en général le cas en France – soit comme un penseur républicain – c'est en général le cas aux États-Unis (Audier, 2005 et Renaut, 2005). Alors que Hayek le lit avant tout comme un libéral qui combat farouchement le socialisme, Aron se montre sensible à la dimension républicaine qui est présente chez Montesquieu comme chez Tocqueville, et qui entre en résonnance avec le républicanisme qui baignait le milieu intellectuel dans lequel il a évolué durant sa formation – qu'il suffise de citer les relations étroites qu'il a entretenues avec Célestin Bouglé[11].

Dans la pensée d'Aron, il existe clairement une dimension républicaine qui entre en tension avec une dimension libérale. Elle

11. Le « moment républicain » français a été bien étudié par Jean-Fabien Spitz (Spitz, 2005). Sur ce point, on peut également se reporter aux travaux de Serge Audier (Audier, 2004b).

est rendue évidente par la constance d'une « inquiétude civique » qui, selon Pierre Manent, « fut le ressort de sa vie de pensée et d'action » (Manent, 2013, p. 11). Celle-ci semble même s'accuser au fil du temps et elle conduit Aron à s'émouvoir, durant les années 1970, de deux évolutions à ses yeux délétères : la disparition de la figure du citoyen derrière celles du consommateur et du producteur – ces dernières étant justement promues par le libéralisme de Hayek ; le déclin de la *virtù* chère à Machiavel, c'est-à-dire de la capacité d'action collective – Aron pense ici au danger que fait peser, sur une Europe de plus en plus pacifiste, une URSS à nouveau hégémonique (Aron, 1977). Dans son dernier cours, il se montre même très préoccupé par la disparition d'une conception partagée de la vertu :

> Ce qu'on ne sait plus aujourd'hui dans nos démocraties, c'est où se situe la vertu. Or, les théories de la démocratie et les théories du libéralisme incluaient toujours quelque chose comme la définition du citoyen vertueux ou de la manière de vivre qui serait conforme à l'idéal de la société libre. (Aron, 2013, p. 57)

Aron craint qu'une telle évolution ne mine gravement, à terme, la stabilité des sociétés démocratiques. L'éloge des jouissances privées auquel se livrent les libéraux depuis Benjamin Constant (Constant, 1819), couplé à la libération des désirs qui est devenue le nouvel impératif catégorique des années 1970, aboutit selon lui à une « crise morale » des démocraties occidentales (Aron, 2013, p. 56). Cette coloration républicaine du libéralisme aronien, plus nette chez le « dernier Aron », le conduit à une vigilance accrue à l'égard des dérives individualistes et hédonistes, et corrélativement à un souci renforcé quant à la dimension nécessairement collective de la vie humaine.

L'inquiétude civique qui caractérise la pensée du « dernier Aron » ne fait que rendre plus saillant un élément qui a accompagné tout son itinéraire. Elle le conduit d'ailleurs à réitérer – sans le nommer, il est vrai – sa critique du libéralisme de Hayek. Dans des entretiens télévisés réalisés en 1981, Aron déplore ainsi la généralisation à l'Ouest d'une « représentation marxiste dévoyée » qui oublie l'importance du politique comme ordre instituant[12]. Il réutilise à cette occasion l'argument du marxisme inversé : « notre civilisation, *dans*

12. Aron tient ces propos dans le documentaire intitulé *Le spectateur engagé*. L'extrait en question peut être visionné à l'adresse Internet suivante : http://www.ina.fr/video/I000188688 (consulté le 5 octobre 2015).

la mesure où elle est libérale, c'est aussi une civilisation du citoyen, et pas seulement du consommateur, pas seulement du producteur »[13]. En outre, dans son *Plaidoyer pour l'Europe décadente*, il se livre à un rapprochement surprenant entre Soljenitsyne, alors dénoncé par une partie de l'*intelligentsia* française comme étant un conservateur voire un réactionnaire, et un versant de la pensée libérale. Il explique en effet, pour s'en distancier, que la *Lettre aux dirigeants de l'Union soviétique* du dissident nobélisé

> contient, explicite, une vieille thèse que les libéraux à la Hayek ont toujours plaidée : la liberté des personnes importe plus que la démocratie en tant que telle, la démocratie étant définie par l'origine électorale du mandat des gouvernants. Franchissons un pas de plus : une monarchie traditionnelle offre parfois une meilleure garantie des libertés que les procédures, typiques à notre époque, de la démocratie de masses. (Aron, 1977, p. 467-468)

Ces différents éléments permettent de constater que la « révolution néolibérale » qui s'annonce est loin de constituer pour Aron une « divine surprise », notamment parce qu'elle tend à un hégémonisme de l'économie et, corrélativement, à un oubli du politique. Une telle évolution présente à ses yeux un risque de disparition des vertus qui caractérisent les sociétés démocratiques, notamment « l'agitation permanente » et « les crises fécondes » (Aron, 1977, p. 472). Cet éloge d'une « démocratie conflictuelle » (Audier, 2004a) nous met sur le chemin d'une conception de la démocratie bien distincte de celle de Hayek.

DÉMARCHIE OU DÉMOCRATIE ?

La question de la démocratie est l'élément nodal à partir duquel se séparent les deux variantes du libéralisme de Guerre froide. Pour comprendre pourquoi, il faut tout d'abord revenir sur la conception hayékienne de la démocratie. Dès *La route de la servitude*, Hayek pose avec une clarté toute libérale les termes du problème, tout en explicitant la position qui demeurera la sienne par la suite :

> Nous n'avons toutefois nullement l'intention de faire de la démocratie un fétiche. Il est peut-être vrai que notre génération parle trop de

13. *Idem*. Souligné par nous.

> démocratie, et y pense trop, et ne se soucie pas assez des valeurs qu'elle sert. (…) La démocratie est essentiellement un moyen, un procédé utilitaire pour sauvegarder la paix intérieure et la liberté individuelle. En tant que telle, elle n'est aucunement infaillible. N'oublions pas non plus qu'il a souvent existé plus de liberté culturelle et spirituelle sous un pouvoir autocratique que sous certaines démocraties, – et qu'il est au moins concevable que sous le gouvernement d'une majorité homogène et doctrinaire, la démocratie soit aussi tyrannique que la pire des dictatures. (…) La vogue de cette attention exclusive apportée à la démocratie considérée comme la valeur la plus menacée n'est pas sans danger. Elle est en grande partie responsable d'une croyance erronée et dépourvue de fondement : à savoir que tant que le pouvoir est aux mains de la majorité il ne saurait être arbitraire. (Hayek, 1944, p. 56-57)

Il découle de ce passage une priorité accordée au libéralisme sur la démocratie, le premier étant élevé au rang de fin et la seconde ravalée à celui de simple moyen [14]. Ce primat du libéralisme est encore plus nettement assumé dans *La constitution de la liberté*, un livre dans lequel Hayek cherche constamment à se démarquer des démocrates « dogmatiques » ou « doctrinaires » qui font, à l'inverse, de la démocratie la valeur suprême :

> L'égalité devant la loi conduit à requérir que tous les hommes aient aussi une même part à la confection des lois. Tel est le point où le libéralisme classique et le mouvement démocratique se rencontrent. Leurs intentions principales respectives sont cependant différentes. Le libéralisme (…) vise essentiellement à limiter les pouvoirs coercitifs de tout gouvernement, qu'il soit ou non démocratique, tandis que le démocrate dogmatique ne connaît qu'une seule borne au gouvernement : l'opinion majoritaire courante. La différence entre les deux idéaux ressort encore plus nettement si on évoque leurs contraires : pour la démocratie, c'est le gouvernement autoritaire ; pour le libéralisme, c'est le totalitarisme. Ni l'un ni l'autre système n'exclut nécessairement ce que récuse l'autre : une démocratie peut effectivement disposer de pouvoirs totalitaires, et il est concevable

14. On peut noter ici qu'Isaiah Berlin soutiendra toujours une position similaire : tout en expliquant, dans un ouvrage tardif, qu'il est favorable à une démocratie pluraliste, il souligne que la tentation du monisme y est toujours présente, et qu'en conséquence « certains États conduits par des despotes ont été plus libéraux que certaines démocraties avancées » (Berlin, 2006, p. 175).

qu'un gouvernement autoritaire puisse agir selon les principes libéraux. (Hayek, 1960, p. 101)

De manière significative, Hayek s'en prend, juste après ce passage, à ceux qui « emploient le mot "liberté" au sens de liberté politique, et de ce fait identifient libéralisme et démocratie » (Hayek, 1960, p. 102). Refusant ce qu'il considère comme un travestissement, il propose de penser la démocratie uniquement comme une méthode de gouvernement qui repose sur la règle majoritaire, comme un système politique qui peut être favorable à la liberté, comprise comme absence de contrainte, mais qui ne l'est pas nécessairement, toujours et partout. Comme la démocratie n'est pas infaillible à cet égard, il faut se prémunir contre sa possible corruption en démocratie totalitaire et être intellectuellement près, comme il le suggère depuis *La route de la servitude*, à lui préférer une dictature libérale [15].

Cette méfiance à l'égard de la démocratie est aujourd'hui toujours assumée par les disciples de Hayek (*cf.* par exemple en France Salin, 2000). Elle conduit même les libéraux les plus radicaux à la rejeter au profit d'une monarchie (Hoppe, 2001) ou d'un dépassement pur et simple de l'État [16]. Ce n'est pas le cas de Hayek dans *La constitution de la liberté*, puisqu'il acquiesce explicitement à plusieurs justifications de la démocratie, notamment celle avancée par Popper qui la voit comme la seule méthode permettant une destitution pacifique des dirigeants (Popper, 1945). Néanmoins, en dépit de nombreuses précautions oratoires, Hayek semble demeurer pour le moins dubitatif devant l'argument selon lequel la démocratie constitue un rempart efficace pour la liberté individuelle : « la liberté serait bien compromise si on ne comptait que sur la simple existence d'une démocratie pour la préserver » (Hayek, 1960, p. 106), n'hésite-t-il pas à écrire. Sur quoi faut-il alors compter pour préserver cette valeur suprême ? Sur le marché bien sûr, mais aussi sur l'existence d'une démocratie organisée

15. Une hypothèse à laquelle Norberto Bobbio s'oppose sur la base d'un constat très simple : « il est peu probable qu'un État non libéral puisse assurer le fonctionnement correct de la démocratie, et il est peu probable qu'un État non démocratique soit en mesure de garantir les libertés fondamentales. La preuve historique de cette interdépendance réside dans le fait qu'État libéral et État démocratique tombent ensemble quand ils tombent » (Bobbio, 2007, p. 111).

16. Sur le libertarianisme, on peut se reporter à Caré, 2009 ainsi qu'à sa contribution dans ce même numéro. Pour une expression récente de ce rejet radical de la démocratie, *cf.* Beckman et Karsten, 2013.

de telle manière qu'elle puisse limiter drastiquement le pouvoir de la majorité.

Dans *Droit, législation et liberté*, Hayek explique que cette autolimitation vise à sortir de « l'avortement de l'idéal démocratique » qui caractériserait le XXe siècle (Hayek, 1979, p. 117). Ce faisant, il décrit paradoxalement le libéral comme le meilleur ami de la démocratie, comme un ami plus prévenant que le « démocrate dogmatique » qui précipite sa dégénérescence en « démocratie illimitée » – une idée qu'il emprunte à *La politique* d'Aristote. Hayek dénonce alors vertement les démocraties de son époque, qui s'apparentent selon lui à un « processus de racolage des votes, impliquant que l'on apaise et rémunère les intérêts spéciaux » (Hayek, 1979, p. 39). En réaction, il se donne pour but d'ouvrir une voie permettant de ne pas conférer

> un pouvoir illimité à un groupe de représentants élus dont les décisions sont forcément orientées par les exigences d'un processus de marchandage, au cours duquel ils achètent le vote d'un nombre suffisant d'électeurs pour soutenir dans leur assemblée un groupe organisé capable de réunir plus de voix que le reste. (Hayek, 1979, p. 5)

La voie qui permet de s'extraire de cette ornière, il la baptise « démarchie » et il en donne une description très détaillée dans le troisième volume de *Droit, législation et liberté*[17]. La limitation du pouvoir des gouvernants par la *rule of law* est la clé du bon fonctionnement d'un régime qui cherche à aménager une complémentarité entre libéralisme et démocratie (Vanberg, 2008), mais qui prend finalement la forme d'un régime de nature oligarchique se privant de toute réelle légitimité démocratique.

Il est regrettable qu'Aron n'ait pas prolongé sa discussion des thèses hayékiennes en prenant en compte *Droit, législation et liberté*, car il est sans conteste l'*opus magnum* de l'économiste-philosophe viennois. Quelques indices permettent néanmoins de penser que sa position vis-à-vis de Hayek n'a pas fondamentalement changé et qu'elle s'est même peut-être un peu durcie. Ainsi d'un propos tenu dans l'émission télévisée *Apostrophes* en 1982, en pleine « révolution » thatchérienne et reaganienne, dans laquelle Aron déclare ceci : « Si vous définissez

17. Pour une bonne synthèse, voir Némo, 1988, p. 343 et s. Pour un résumé de la critique hayékienne de la « démocratie illimitée », on peut se reporter directement à deux textes du philosophe (Hayek, 1967 et 1976).

le libéral Hayek, on peut dire qu'il est à la fois un extrême libéral au point de vue économique et qu'il est, au point de vue politique, conservateur »[18]. Pour comprendre ce jugement, il faut remonter à un cours donné par Aron à l'ENA en 1952. Il y examine les effets de la démocratie – comprise comme système politique compétitif – sur l'organisation de l'économie. Sa thèse peut se résumer d'une formule : la démocratie est incompatible avec le marché. Ou pour le dire autrement : « la démocratie politique, dans les sociétés industrielles, semble conduire nécessairement à une certaine forme de socialisme » (Aron, 1997, p. 127).

Son raisonnement est ici proche de celui de Joseph Schumpeter, mais il annonce aussi les percées théoriques postérieures d'Anthony Downs et de l'École du Public Choice (Schumpeter, 1942 ; Downs, 1957). Son point de départ est que ceux qui sont plus ou moins perdants dans la vie économique cherchent à obtenir des compensations grâce à l'État. Pour gagner en efficacité, ils s'organisent en groupes d'intérêts afin de porter des revendications catégorielles. Aron insiste sur ce point capital : les sociétés modernes sont des *sociétés de groupes* et non plus des *sociétés d'individus*. La vision libérale classique, fondée sur une conception atomistique de la société, est désormais inadaptée, puisque s'est ouverte l'ère des groupes intermédiaires. L'action de ces groupes incite ceux qui veulent se faire élire à leur promettre des subsides pour capter leur suffrage. Ceux qui réussissent à accéder au pouvoir doivent enfin honorer leurs promesses sous peine de subir à l'avenir un vote sanction. Aron prend ainsi acte d'une évolution du langage politique liée à la place prise par l'économie dans les sociétés modernes : « le langage des intérêts semble, de plus en plus, être le seul langage que le candidat ose parler » (Aron, 1997, p. 126).

La conséquence inévitable de cette dynamique est que « toutes les sociétés industrielles, avec le système de la compétition, modifient progressivement le fonctionnement du système capitaliste au profit du plus grand nombre » (Aron, 1997, p. 127). Bien plus, la démocratie lui apparaît incompatible avec le marché, ce dernier ne pouvant être désormais maintenu qu'en recourant à un régime autoritaire :

18. Émission *Apostrophes*, Antenne 2, 29 janvier 1982. La séquence en question peut être visionnée en ligne à l'adresse suivante : https://www.youtube.com/watch?v=3Yr2hmF-YaQ (consulté le 5 octobre 2015).

> La compétition pour l'exercice du pouvoir, c'est-à-dire la démocratie politique, paraît, à la longue, incompatible avec le libéralisme économique. La plus grande erreur des libéraux, me semble-t-il, est d'avoir cru que le libéralisme politique et le libéralisme économique allaient de pair. Je pense que le libéralisme politique, si on définit ainsi le système électoral, parlementaire, de compétition pour l'exercice du pouvoir, conduit de manière presque fatale à un système d'économie partiellement dirigée et partiellement socialiste. Personnellement, je crois que si l'on voulait, à l'époque moderne, avoir un système économique libéral tel que souhaitent M. von Hayek ou M. Jacques Rueff, il faudrait la dictature politique. (Aron, 1997, p. 127)

À quoi il ajoute que « les sociétés industrielles n'ont aucune raison de s'infliger les inconvénients d'un système d'autorité, aucune raison non plus de s'infliger les duretés d'une concurrence économique brutale » (Aron, 1997, p. 129). Le désaccord avec Hayek est donc double, puisque ce dernier veut à la fois assurer la pérennité du marché, conçu comme le lieu où se déploie pleinement la liberté-indépendance, et limiter la démocratie.

Vingt ans plus tard, l'expérience chilienne consécutive au coup d'État de 1973 a fourni un cas concret devant lequel les libéraux se sont d'ailleurs divisés. La question qui se posait alors était la suivante : faut-il tolérer une dictature, au motif qu'elle enclenche la conversion d'une économie agraire en économie industrielle et qu'elle laisse libre cours à la liberté économique, ou au contraire la condamner en raison de l'absence de liberté politique, de la négation des droits de l'homme et de la répression sanglante qu'elle a mise en œuvre ? Alors que les libéraux démocrates comme Aron ne pouvaient pas soutenir le régime chilien, la position de Hayek et de Milton Friedman semble avoir été de faire le pari que l'action de ce régime en faveur de la liberté économique, bénéfique en elle-même, finirait aussi par entraîner une évolution vers la liberté politique[19].

Hayek n'abordera le problème soulevé par Aron en 1952 que trente ans plus tard, en reconnaissant d'ailleurs la validité de son diagnostic : « Je doute qu'un marché fonctionnant selon ses propres règles ait jamais pu faire son apparition dans une démocratie illimitée, et il semble pour le moins probable que la démocratie illimitée le détruira là où il s'est développé » (Hayek, 1979, p. 91). Ce passage fournit une clé qui

19. Sur cette question controversée, concernant la position de Hayek, *cf.* la tentative de clarification récente de Bruce Caldwell et Leonidas Montes (Caldwell et Montes, 2014).

permet de saisir le point sur lequel se divise le libéralisme de Guerre froide. Pour Hayek, l'importance donnée au marché doit conduire à accepter une limitation de la démocratie : d'où ses ambigüités face à la « démocratie protégée » qui est théorisée dans le Chili de Pinochet, mais aussi une décennie plus tôt face à l'expérience menée dans le régime de Salazar[20]. Pour Aron en revanche, l'importance accordée à la démocratie conduit à accepter la limitation du marché. Deux conceptions du libéralisme, reposant l'une sur un primat du libéralisme politique, l'autre sur un primat du libéralisme économique, débouchent sur deux conceptions opposées de la démocratie.

En effet, la démocratie des groupes d'intérêts à laquelle adhère Aron n'est pas sans ressemblances avec la « démocratie illimitée » conspuée par Hayek. Alors que le second s'accrochera jusqu'au bout à la représentation libérale d'une société d'individus[21], le premier explique dès le début des années 1950 que « la combinaison de l'industrialisation et du système de la compétition politique, c'est de faire progressivement disparaître les aspects les plus individualistes des sociétés démocratiques » (Aron, 1997, p. 129). Loin de condamner un système politique dans lequel « les gouvernants sont de moins en moins des hommes qui ont une situation indépendante et autonome et de plus en plus des représentants de groupes d'intérêts », il fait « du système de compétition des groupes organisés (…) la forme normale de gouvernement des sociétés industrielles » (Aron, 1997, p. 129).

En somme, les deux auteurs se séparent quant au jugement porté sur les conséquences de l'apparition d'un marché politique. Alors que Hayek n'y voit que l'extension d'un marchandage aux effets liberticides, Aron l'envisage comme un élément positif attestant de la vitalité d'un système politique reposant sur la valorisation de la conflictualité. Ce lecteur de Machiavel a retenu des *Discours sur la première décade de Tite-Live* l'idée d'une fécondité de l'hétérogénéité sociale et de l'affrontement des groupes sociaux. Pour lui, la grandeur de la démocratie est justement de pouvoir s'appuyer sur des conflits de ce type pour les dépasser, d'assurer en somme une gestion pacifique de

20. À ce sujet, le jugement d'Aron est sans appel : le régime portugais est un régime « qui voudrait être libéral sans être démocratique, mais qui ne parvient pas à être libéral » (Aron, 1965b, p. 1370).

21. Une représentation remise à la mode par Margaret Thatcher qui, dans une interview donnée en 1987 au magazine *Women's Own*, n'hésitera pas à déclarer ceci : « there is no such thing as society, there are individual men and women ».

la lutte des classes, étant entendu qu'accepter le principe du dialogue, c'est aussi accepter « les passions déchainées » et « l'irrationalité »[22].

En outre, si Aron a pu écrire que la démocratie est « la vérité morale de notre temps » (Aron, 1957, p. 109), c'est parce qu'il ne la voyait pas seulement comme un système politique, mais aussi comme un régime. Pour lui comme pour Tocqueville, la démocratie donne naissance à un certain type d'homme, à un certain type de relation entre les hommes, en un mot à un certain état social caractérisé par l'extension continue de l'égalité. À cet égard, Hayek notait avec raison, dans *La constitution de la liberté*, que l'égalité devant la loi conduit directement à l'égalité des droits politiques (Hayek, 1960, p 101). Mais il s'empressait dans le même ouvrage de préciser que « l'égalité devant la loi et l'égalité matérielle ne sont (…) pas seulement différentes, mais en conflit l'une avec l'autre ; et nous pouvons réaliser soit l'une, soit l'autre, mais pas les deux en même temps. L'égalité devant la loi, que requiert la liberté, conduit à l'inégalité matérielle » (Hayek, 1960, p. 85).

Dans la postface à la réédition de son *Essai sur les libertés*, Aron expliquait certes se méfier d'un égalitarisme qui revêtirait un visage « doctrinaire » (Aron, 1976, p. 240). Mais il a aussi très tôt pris acte du fait que l'idée d'égalité, une fois adoptée par une société ou une civilisation, enclenche un processus qui ne connaît pas de limites :

> Quand on a posé que les hommes sont égaux et qu'ils ont le droit de participer également au choix des gouvernants, il n'est pas tellement facile de s'arrêter. Si les hommes sont égaux, jusqu'à quel point cette égalité doit-elle être limitée au domaine politique ? L'idée d'égalité, d'abord liée au système politique de compétition électorale, s'étend progressivement en fait à d'autres domaines. (Aron, 1997, p. 70)

Aron ne juge pas cette tendance de la même manière que Hayek, qui s'y oppose au motif que les progrès de l'égalité réelle nécessitent la limitation de la liberté-indépendance. Tout en adhérant à l'idéal libéral de limitation du pouvoir, Aron accepte une certaine égalisation des conditions matérielles qui passe par l'impôt progressif – refusé par Hayek au profit d'un impôt proportionnel –, la redistribution et l'État Providence. Il prend acte de l'inévitable rejet d'une organisation

22. Aron tient ces propos dans le documentaire intitulé *Le spectateur engagé*. L'extrait en question peut être visionné à l'adresse Internet suivante : http://www.ina.fr/video/I00018867/itw-raymond-aron-favorable-aux-societes-de-dialogue-video.html (consulté le 5 octobre 2015).

strictement libérale de l'économie au profit d'une économie mixte. Il accepte que l'on proclame des droits sociaux – qu'il nomme même parfois des « libertés sociales » (Aron, 2013, p. 36) – et que l'on confie à l'État le soin de les garantir. Il assigne ainsi à la démocratie une valeur clairement positive, puisqu'elle rend possible un réformisme prudentiel similaire à celui défendu par Karl Popper (Baudouin, 1994).

Un tel horizon impose de ne pas s'en remettre aux seules forces obscures du marché et de ménager un rôle à l'État, qui n'est par conséquent pas seulement un mal nécessaire. Pour exprimer cette opposition autrement, Hayek défend uniquement une justice commutative appliquée à l'égalité devant la loi, alors qu'Aron promeut une justice commutative appliquée à l'égalité juridique et à l'égalité politique, à laquelle il ajoute une justice distributive appliquée à l'égalité sociale – une idée qui a, selon l'économiste-philosophe viennois, si « fréquemment attiré des penseurs libéraux et est probablement devenu l'un des principaux facteurs qui en ont entraîné du libéralisme vers le socialisme » (Hayek, 1973, p. 214).

CONCLUSION

Que conclure de cette relecture croisée des principaux écrits d'Aron et de Hayek ? Qu'ils incarnent bien deux manières distinctes d'être libéral au XXe siècle. Le premier absolutise une liberté-indépendance qui n'est finalement pleine et entière que sur le marché : il faut en conséquence préserver cet espace d'interventions de l'État nécessairement toujours plus nombreuses dans une « démocratie illimitée ». Le second, tout en partageant le même idéal d'indépendance individuelle, refuse de réduire la liberté à cette seule dimension : ce *non possumus* le conduit à une appréciation sensiblement différente – et à bien des égards opposée – du marché et de la démocratie. Hayek n'hésitait pas à assumer publiquement des déclarations quelque peu provocatrices pour illustrer sa position :

> Je suis de plus en plus convaincu qu'une société libre efficace a vraiment besoin qu'existent des noyaux de pouvoir indépendant représentés par une poignée d'hommes riches ayant à la fois le loisir et les moyens de défendre des causes impopulaires et de s'opposer à la

> puissance monolithique de la machine gouvernementale qui incarne la majorité[23]. (Hayek, 1955)

Aron n'aurait probablement pas adhéré à une telle assertion et il n'est pas interdit de penser que sa formulation l'aurait quelque peu agacé.

Mais en définitive, quels sont les éléments qui sous-tendent la critique aronienne du libéralisme de Hayek ? On peut insister sur l'importance de trois divergences théoriques qui apparaissent décisives. Tout d'abord, Aron a toujours refusé de faire d'une quelconque valeur, même de la liberté, un absolu (Pierce, 1963, p. 26). De surcroît, il est clair qu'Aron concevait les valeurs modernes comme étant fondamentalement ambivalentes, à tel point qu'il faisait de l'égalité une dimension de la liberté (Aron, 2013). Aron concevait ensuite le libéralisme avant tout comme une pensée du politique, et non pas à la manière de Hayek comme une critique de l'ordre politique conduisant à vouloir limiter son étendue – par le marché ainsi que par un savant agencement constitutionnel. Enfin, et sans être dupe des problèmes posés par la démocratie, Aron a toujours maintenu son attachement à un régime qui, laissant les hommes libres de leur destin, lui semblait constituer l'aboutissement naturel du projet libéral tel qu'il a pris forme au XVIIIe siècle. Contrairement à Hayek, sa confrontation avec les expériences totalitaires l'a conduit à envisager la démocratie positivement, et non comme le point de départ de la route de la servitude, et cela quand bien même il se refusait à idéaliser ce régime politique – *cf.* par exemple, sa réflexion sur les multiples sources d'une possible corruption de la démocratie (Aron 1965b et Aron 1997).

L'opposition irréconciliable qui ressort de cette analyse était d'ailleurs clairement perçue non seulement par Aron, mais aussi par Hayek. Dans un article du début des années 1970, ce dernier avait insisté avec vigueur sur l'existence de deux traditions libérales : la tradition anglaise à laquelle il se rattachait et la tradition continentale dans laquelle on peut aisément inscrire Aron. Il résumait de la manière suivante cette divergence interne au courant libéral :

23. Le texte original de cette citation est le suivant : « I am becoming increasingly convinced that an effective free society very much needs such nuclei of independent power as they are represented by a good sprinkling of rich men who have both the leisure and the means to espouse unpopular causes and to oppose the monolithic power of the government machine representing the majority. » Je remercie Daniel Steinmetz-Jenkins de m'avoir communiqué ce passage ainsi que sa référence.

> Alors que pour la vieille tradition britannique la liberté de l'individu dans le sens de la protection par la loi contre toute coercition arbitraire était la valeur suprême, dans la tradition continentale, l'exigence d'un libre choix de son gouvernement par chaque groupe occupait la première place. Ceci conduisit très tôt à une association, et presque à une identification, du mouvement continental avec le mouvement en faveur de la démocratie, qui s'occupe d'un problème différent de celui qui était la préoccupation principale de la tradition libérale de type britannique. (Hayek, 1973, p. 189)

Nul doute que pour Hayek, Aron pouvait être regardé comme un lointain héritier de John Stuart Mill, c'est-à-dire d'un libéral britannique « dissident » ayant cédé aux sirènes du socialisme et n'ayant pas compris les dangers inhérents au constructivisme (Mill, 1879). À la question : « libéralisme ou démocratie ? », Hayek répondait sans hésiter qu'il faut être libéral et seulement libéral ; Aron suggérait au contraire qu'il faut être libéral, mais qu'il est devenu impossible, au XXe siècle, d'être uniquement libéral. Après 1945, l'histoire politique de l'Occident a tout d'abord correspondu à la victoire d'Aron, puis à la revanche de Hayek. Mais en ce début de XXIe siècle, la question n'apparaît pas comme définitivement tranchée, et les enjeux qui étaient au cœur de ce différend semblent n'avoir rien perdu de leur acuité.

RÉFÉRENCES

ARON, Raymond. 1937. « Réflexions sur les problèmes économiques français ». Repris dans *Commentaire*, n° 28-29, 1985.

—. 1939. « États démocratiques et États totalitaires », repris dans ARON 2005.

—. 1941a. « Bureaucratie et fanatisme », repris dans ARON 1990.

—. 1941b. « Naissance des tyrannies », repris dans ARON 1990.

—. 1943. « Du pessimisme historique », repris dans ARON 1990.

—. 1948. *Le Grand schisme*. Paris : Gallimard.

—. 1955. *L'opium des intellectuels*. Paris : Hachette, 2002.

—. 1957. *Espoir et peur du siècle. Essais non partisans*. Paris : Calmann-Lévy.

—. 1961. « La définition libérale de la liberté. À propos du livre de F. A. Hayek *The Constitution of Liberty* », repris dans ARON 2006.

—. 1962. *Dix-huit leçons sur la société industrielle*. Paris : Gallimard. Repris dans ARON 2005

—. 1964. « Fin des idéologies, renaissance des idées », repris dans ARON 2006.

—. 1965a. *Essai sur les libertés*. Paris : Hachette. 2005.

—. 1965b. *Démocratie et totalitarisme*. Paris : Gallimard. Repris dans ARON 2005.

—. 1969. « Liberté, libérale ou libertaire ? », repris dans ARON 2006

—. 1976. « Postface », repris dans R. ARON, *Essai sur les libertés*. Paris : Hachette, 2005.

—. 1977. *Plaidoyer pour l'Europe décadente*. Paris : Robert Laffont.
—. 1990. *Chroniques de guerre. La France libre, 1940-1945*. Paris : Gallimard.
—. 1991. *Leçons sur l'histoire*. Paris : Livre de poche.
—. 1997. *Introduction à la philosophie politique. Démocratie et révolution*. Paris : Livre de poche.
—. 2005. *Penser la liberté, penser la démocratie*. Paris : Gallimard.
—. 2006. *Les sociétés modernes*. Paris : Presses Universitaires de France.
—. 2013. *Liberté et égalité. Cours au Collège de France*. Paris : Editions de l'EHESS.
Audard, Catherine. 2009. *Qu'est-ce que le libéralisme ? Ethique, politique et société*. Paris : Gallimard.
Audier, Serge. 2004a. *Raymond Aron. La démocratie conflictuelle*. Paris : Michalon.
—. 2004b. *Les théories de la république*. Paris : La Découverte.
—. 2005. *Tocqueville retrouvé. Genèse et enjeux du renouveau tocquevillien français*. Paris : Vrin/ EHESS.
—. 2008. *Le colloque Lippmann. Aux origines du néo-libéralisme*. Bordeaux : Le Bord de l'eau.
—. 2012. *Néo-libéralisme(s). Une archéologie intellectuelle*. Paris : Grasset.
—. 2015. *Penser le néo-libéralisme. Le moment néolibéral, Foucault et la crise du socialisme*. Bordeaux : Le Bord de l'eau.
Baudouin, Jean. 1994. *La philosophie politique de Karl Popper*. Paris : Presses Universitaires de France.
—. 2008. « Relire *La route de la servitude* de F. A. Hayek. Une lecture paradoxale du totalitarisme », *in* P. Morvan (dir.). *Mélanges en l'honneur du Professeur Yves Guchet*. Bruxelles : Bruylant.
Baverez, Nicolas. 1993. *Raymond Aron. Un moraliste au temps des idéologies*. Paris : Flammarion.
Beckman, Frank et Karsten, Karel. 2013. *Dépasser la démocratie*. Paris : Institut Coppet.
Benoît, Jean-Louis et Keslassy, Eric. 2009. *Alexis de Tocqueville. Textes économiques : anthologie critique*. Paris : Pocket.
Berlin, Isaiah. 1958. « Deux conceptions de la liberté ». Repris dans I. Berlin. 1988. *Éloge de la liberté*. Paris : Calmann-Lévy.
—. 1988. *Éloge de la liberté*. Paris : Calmann-Lévy.
—. 2006. *En toutes libertés*. Entretiens avec Ramin Jahanbegloo. Paris : Le Félin poche.
Bobbio, Norberto. 1996a. *Droite et gauche*. Paris : Seuil.
—. 1996b. *Libéralisme et démocratie*. Paris : Cerf.
—. 2007. *Le futur de la démocratie*. Paris : Seuil.
Boyer, Alain. 2008. « Liberté et soumission. Remarques sur l'analyse aronienne de la conception hayékienne de la liberté », *in* S. Audier, M.-O. Baruch et P. Simon-Nahum (dir.). *Raymond Aron, philosophe dans l'histoire*. Paris : Editions de Fallois.
Brookes, Kevin. 2014. *Le rôle des clubs et des réseaux d'intellectuels libéraux dans la diffusion du néo-libéralisme en France. Le cas de l'ALEPS et du groupe des Nouveaux Economistes*. Sciences Po Grenoble. *Working Paper* n°16.
Caldwell, Bruce. 2005. *Hayek's Challenge : An Intellectual Biography of F. A. Hayek*. Chicago : University of Chicago Press.
Caldwell, Bruce and Montes, Leonidas. 2014. « Friedrich Hayek and His Visits To Chile ». Center for the History of Political Economy. *Working Paper* n°2014-12. http://papers.ssrn.com/sol3/papers.cfm?abstract_id=2488106.
Caré, Sébastien. 2009. *La pensée libertarienne. Genèse, fondements et horizons d'une utopie libérale*. Paris : Presses Universitaires de France.
Châton, Gwendal. 2016. "Taking Anti-Totalitarianism Seriously : The Emergence of the Aronian Circle in the 1970s", *in* Stephen W. Sawyer and Iain Stewart (eds.). *In Search of*

the Liberal Moment : Democracy, Anti-Totalitarianism, and Intellectual Politics in France since 1950. London : Palgrave Macmillan.

—. 2017. *Raymond Aron. Une introduction.* Paris : La Découverte (à paraître).

Constant, Benjamin. 1819. *De la liberté des Anciens comparée à celle des Modernes.* Paris : Mille et une Nuits. 2010.

Denord, François. 2007. *Néo-libéralisme version française. Histoire d'une idéologie politique.* Paris : Démopolis.

Downs, Anthony. 1957. *Une théorie économique de la démocratie.* Bruxelles : Université de Bruxelles. 2013.

Ferry, Luc et Renaut, Alain. 1984. *Philosophie politique. Des droits de l'homme à l'idée républicaine.* Paris : Presses Universitaires de France. 1999.

—. 1985. « Droits-libertés et droits-créances. Raymond Aron critique de Friedrich-A. Hayek ». *Droits*, n°2.

Grémion, Pierre. 1995. *Intelligence de l'anticommunisme. Le Congrès pour la liberté de la culture à Paris, 1950-1975.* Paris : Fayard.

Hayek, Friedrich A. 1944. *La route de la servitude.* Paris : PUF. 2010.

—. 1955. Discours prononcé en ouverture de la conférence de Milan du Congrès pour la liberté de la culture le 13 septembre 1955. *International Association for Cultural Freedom Records.* Box 396, folder 7. Bibliothèque de l'Université de Chicago.

—. 1960. *La constitution de la liberté.* Paris : Litec. 1994.

—. 1967. « La confusion du langage dans la pensée politique », repris dans Hayek 2008.

—. 1973. « Libéralisme », repris dans Hayek 2008

—. 1976. « Démocratie ? Où ça ? », repris dans Hayek 2008.

—. 1979. *Droit, législation et liberté. 3. L'ordre politique d'un peuple libre.* Paris : Presses Universitaires de France. 1995.

—. 2008. *Nouveaux essais de philosophie, de science politique, d'économie et d'histoire des idées.* Paris : Les Belles Lettres.

Hoppe, Hans-Hermann. 2001. *Democracy. The God That Failed : The Economics and Politics of Monarchy, Democracy and Natural Order.* Transaction Publishers.

Keynes, John M. 1925. *The End of* Laissez-faire. Marseille/Montréal : Agone/Comeau&Nadeau. 1999.

Lippmann, Walter. 1937. *La Cité libre.* Paris : Les Belles Lettres. 2011.

Locke, John. 1690. *Traité du gouvernement civil.* Paris : Flammarion. 1999.

Mahoney, Daniel. 1998. *Le libéralisme de Raymond Aron. Une introduction critique.* Paris : Editions de Fallois.

Manent, Pierre. 2013. « La politique comme science et comme souci ». Préface à Aron, Raymond. *Liberté et égalité. Cours au Collège de France.* Paris : Editions de l'EHESS.

Mill, John Stuart. 1879. *Sur le socialisme.* Paris : Les Belles Lettres, 2016.

Mises, Ludwig von. 1922. *Le socialisme : étude économique et sociologique.* Paris : Librairie de Médicis, 1938.

—. 1944. *Le gouvernement omnipotent. De l'État totalitaire à la guerre mondiale.* Paris : Librairie de Médicis. 1947.

—. 1947. *Le chaos du planisme.* Paris : Librairie de Médicis. 1956.

—. 1949. *L'action humaine.* Paris : Presses Universitaires de France. 1985.

Müller, Jan-Werner. 2008. "Fear and Freedom. On 'Cold War Liberalism'". *European Journal of Political Theory*, 7/1, 45-64.

NÉMO, Philippe. 1988. *La société de droit selon F. A. Hayek*. Paris : Presses Universitaires de France.

PIERCE, Roy. 1963. "Liberalisme and Democracy in the Thought of Raymond Aron". *The Journal of Politics*, vol. XXV, 14-35.

POPPER, Karl. 1945. *La société ouverte et ses ennemis*. Paris : Seuil. 1979.

RENAUT, Alain. 2004. *Qu'est-ce qu'une politique juste ? Essai sur la question du meilleur régime*. Paris : Grasset.

—. 2005. *Qu'est-ce qu'un peuple libre ? Libéralisme ou républicanisme*. Paris : Grasset.

ROSSELLI, Carlo. 1930. *Socialisme libéral*. Bordeaux : Le Bord de l'eau. 2009.

SALIN, Pascal. 2000. *Libéralisme*. Paris : Odile Jacob.

SCHUMPETER, Joseph. 1942. *Capitalisme, socialisme et démocratie*. Paris : Payot. 1990.

SHKLAR, Judith. 1989. "The Liberalism of Fear", *in* N. L. ROSENBLUM (ed.). *Liberalism and the Moral Life*. Cambridge (Mass.) : Harvard University Press.

SIRINELLI, Jean-François. 1984. « Raymond Aron avant Raymond Aron (1923-1933) ». *Vingtième siècle. Revue d'histoire*, vol. II, n°1.

SPITZ, Jean-Fabien. 2005. *Le moment républicain en France*. Paris : Gallimard.

VANBERG, Viktor. 2008. "On the Complementarity of Liberalism and Democracy – a Reading of F. A. Hayek and J. M. Buchanan". *Journal of Institutional Economics*, vol. IV, n°2, 139-171.

WEBER, Max. 1922a. *Economie et société*. Paris : Pocket. 2003.

—. 1922b. *La domination*. Paris : La Découverte. 2015.

Le problème plus que la solution : La démocratie dans la vision du monde néolibérale

Jean Solchany*

Résumé
Loin de se limiter à l'économie, le néolibéralisme est une pensée globale, une vision du monde, une idéologie qui élabore des perspectives sur les dimensions les plus diverses de la vie sociale et, last but not least, sur la politique. La réflexion de nombreux néolibéraux, certains de premier plan, souligne la permanence, des années 1930 au début du XXIe siècle, d'une interrogation critique sur la démocratie, accusée d'entraver la liberté et de conduire au socialisme. Le regard soupçonneux jeté sur la démocratie se double parfois d'une réflexion sur les alternatives envisageables et explique l'intérêt manifesté pour certains régimes autoritaires de droite, notamment la dictature du général Pinochet au Chili. La réflexion néolibérale sur la démocratie révèle une réticence profonde face aux systèmes représentatifs modernes et la quête d'une forme de légitimité fondée non sur le gouvernement de la majorité, mais sur celui d'une élite triée sur le volet.
Mots-clés : néolibéralisme, idéologie, théorie de la démocratie, autoritarisme, conservatisme

Abstract
Far from being restricted to economic questions, neoliberalism is a global thought, a worldview, an ideology prone to sketch out schemes for the improvement of various aspects of social life and, last but not least, of politics. The writing of many neoliberals, among them a few leadings figures, shows an enduring skepticism about democracy, being accused of stifling liberty and fostering socialism. This suspicious look at democracy may be coupled with a reflection

* Professeur d'histoire contemporaine à Sciences Po Lyon, membre du LARHRA (UMR 5190). Courriel : solchany@dbmail.com

on possible alternatives and explains the interest expressed for some rightist authoritarian regimes, especially the dictatorship of General Pinochet in Chile. The neoliberal reflection on democracy unveils a deep-rooted ressentiment againt modern representative systems and the correlative quest for a form of legitimacy not based on the rule of majority but on the rule of the chosen few

Keywords : neoliberalism, ideology, theory of democracy, authoritarianism, conservatism

Classification JEL : B20 – B31 – B53 – H10 – P16

Pour souligner l'ambiguïté du néolibéralisme dans son rapport à la démocratie, on mentionne souvent l'intérêt manifesté pour le régime du général Pinochet par Milton Friedman, Friedrich Hayek et d'autres intellectuels de la même sensibilité [1]. L'enjeu de notre analyse sera de montrer qu'il s'est moins agi de leur part d'un égarement que d'un positionnement en cohérence avec leur engagement, lui-même à interpréter comme le produit d'une réflexion dépassant largement le champ de l'économie. Le néolibéralisme, en effet, est une idéologie au sens fort du terme, une investigation globale du devenir des sociétés occidentales, y compris sur le plan politique. Nombre de ses penseurs ont ainsi mené une réflexion sur le pouvoir, ont tenté, à des degrés divers, de préciser les contours du système politique jugé le plus à même de lutter contre l'« interventionnisme », le « collectivisme » et le « socialisme », ont exprimé, dans cette perspective, un malaise plus ou moins profond à l'encontre des systèmes politiques fondés sur l'expression de la volonté populaire. De Walter Eucken dans les années 1930 à Hans-Hermann Hoppe dans les années 2000 en passant par Wilhelm Röpke, Friedrich Hayek ou James M. Buchanan, le régime représentatif moderne régi par le suffrage universel, vulgo la démocratie, est vu comme le fruit de l'ère des masses, la proie des groupes de pression, le fourrier de l'« égalitarisme », l'antichambre du « totalitarisme » ou le vecteur de la décadence.

Dans les lignes qui suivent, nous soulignerons la prétention néolibérale à l'expertise, celle des grands intellectuels forgeant les

1. Les recommandations adressées par Milton Friedman à Augusto Pinochet le 21 avril 1975, après une visite au Chili, sont accessibles sur le site du Cato Institute avec une introduction de José Piñera, l'artisan de la privatisation des retraites conduite sous la dictature : http://www.elcato.org/milton-friedman-y-sus-recomendaciones-chile. La lettre est reproduite en anglais dans Friedman/Friedman (1998). Sur Friedrich Hayek et le Chili, voir notamment Walpen/Plehwe (2001), Farrant/McPhailBerger (2012), Fischer (2009) et Caldwell/Montes (2014).

grandes idées, au service d'une redéfinition de l'ordre économique, politique et social. Les Hayek, Röpke et autres Friedman ont conçu leur discours pour l'action, avec l'ambition de proposer une alternative à l'hégémonie réelle ou supposée du « collectivisme ». En ce sens, leur réflexion théorique est intrinsèquement une mobilisation politique, portée par une vision idéaliste de l'histoire et de la politique, suivant laquelle les idées insufflées par de grands penseurs débouchent *in fine* sur les grandes révolutions politiques. Pour mettre un terme à l'ère socialiste, il importe de lui opposer l'« utopie radicale » d'un nouveau libéralisme, à promouvoir activement, afin qu'il devienne à son tour l'idéologie dominante, rendant ainsi possible l'avènement d'un nouvel ordre libéral. Tel est, en 1949, le message que délivre Friedrich Hayek, théorisant l'ambition néolibérale de peser sur le cours de l'histoire[2]. Il n'y a donc pas décalage mais complémentarité entre la réflexion de grandes figures et la rhétorique moins sophistiquée déclinée par une foultitude de lobbyistes et d'intellectuels organiques.

Plongeant ses racines dans la crise des années 1930, ce néolibéralisme de combat a déjà une longue histoire en ce début de XXIe siècle puisqu'il a émergé comme un courant intellectuel et idéologique transnational au sortir de la Seconde Guerre mondiale. Les réflexions menées à l'échelle de plusieurs écoles nationales ont alors convergé pour donner naissance, en 1947, à la Société du Mont-Pèlerin, à une mouvance qui a métastasé au fil du temps en un réseau de *think tanks* de par le monde. Des divergences sur le plan théorique, voire épistémologique, interdisent néanmoins de parler d'une idéologie homogène[3]. Des débats pionniers à Paris autour de Walter Lippmann en 1938 aux discussions les plus contemporaines, la pensée néolibérale a, en outre, connu bien des évolutions. Des ordolibéraux qui ont plaidé pour un État fort aux penseurs les plus antiétatistes, le néolibéralisme offre donc plusieurs visages.

L'évoquer au singulier ne revient toutefois pas à gommer une diversité qu'il serait impossible de subsumer sous une même catégorie, mais à prendre en compte la réalité sociologique et militante d'intellectuels combattant côte à côte les mêmes ennemis, à mettre en évidence de réelles convergences au-delà d'incontestables lignes de

2. Friedrich Hayek (1949).

3. Parmi les études récentes sur le néolibéralisme, voir Audier (2012), Burgin (2012), Dardot/Laval (2009), Plehwe/Mirowski (2009), Plickert (2008).

fracture, à souligner également la relative fixité d'une vision du monde structurée autour de quelques thématiques centrales, relevant de l'économie, mais également de la politique. L'analyse qui suit ne vise pas à un panorama exhaustif du discours néolibéral sur la démocratie, mais à prendre en compte la réflexion d'un certain nombre de penseurs, dans leur grande majorité membres de la Société du Mont Pèlerin, plusieurs d'entre eux étant des figures de tout premier plan. Elle mettra en évidence la récurrence d'un argumentaire de méfiance élitaire qui traverse les différents rameaux de la famille néolibérale et perdure jusqu'à nos jours.

AUX ORIGINES DU NÉOLIBÉRALISME : LA DÉMOCRATIE AU BANC DES ACCUSÉS

Pour rouvrir le dossier néolibéralisme et démocratie à nouveaux frais, un retour sur la période des origines s'impose. Au début des années 1930, la grande dépression a précipité l'élaboration conceptuelle d'un nouveau libéralisme, conçu comme l'alternative salvatrice aux désordres du temps, ainsi que l'illustre le cas de l'Allemagne, où sont publiés plusieurs textes fondateurs sur fond de crise weimarienne. Dès 1932, l'économiste Walter Eucken, future tête de file de l'ordolibéralisme, propose une dénonciation de l'interventionnisme sous-tendue par une critique de la démocratie [4].

Dans « Transformations étatiques structurelles et crise du capitalisme », le raisonnement part d'une disculpation de ce dernier, à la vitalité jugée plus forte que jamais et auquel il serait impossible d'imputer la grande dépression. En revanche, afin de dénoncer la tentation interventionniste, marxiste et planificatrice, Walter Eucken abandonne le niveau strictement économique pour mettre à jour les « relations étroites [existant] entre les évolutions économiques et politico-étatiques » [5]. Le drame résiderait dans l'effondrement de la « vieille organisation étatique et sociale des peuples », dans la disparition du « cadre » qui a permis au capitalisme de se développer. L'État libéral du XIXe siècle, qui séparait les sphères de l'État et de l'économie, laissant quasiment la direction de cette dernière aux entrepreneurs,

4. Eucken (1932). Sur l'ordolibéralisme, voir Commun (2016), Goldschmidt/Wohlgemuth (2008), Haselbach (1991), Ptak (2004), Rüther (2002).

5. Eucken (1932), p. 5.

a été remplacé par l'« État économique » (*Wirtschaftsstaat*), l'« État économique interventionniste » (*interventionistischer Wirtschaftsstaat*) qui n'a cessé d'étendre ses prérogatives depuis l'ère bismarckienne, Walter Eucken se référant ici à Carl Schmitt et à son *Gardien de la Constitution* (*Der Hüter der Verfassung*) de 1931. Mais à ses yeux, cet État économique est également un État faible. Walter Eucken dénonce l'emprise des « groupes économiques »[6] : les entrepreneurs protectionnistes et les ouvriers syndiqués chercheraient à « renforcer leur position dans le cadre de l'économie capitaliste » ; l'« ordre économique est devenu anarchique »[7].

À un niveau plus international, l'ordre européen hérité du XIXe siècle a lui aussi disparu. Les diplomates sont devenus des démagogues. Le règlement de la paix en 1919 traduit l'influence qu'exercent désormais les « forces chaotiques de la masse ». Les masses, voilà l'ennemi. Car elles sont hostiles au capitalisme. Dans le monde moderne où la religion a perdu de son influence et ne donne plus sens à la vie, s'est fait jour un vide spirituel insupportable, que l'on cherche à combler par des pseudo-religions, parmi lesquelles la croyance en l'État interventionniste, en un « État qui domine tout », en l'« État total du futur », face auquel l'individu n'a aucun droit et dont on attend une planification totale de l'économie[8].

En dernière analyse, la disparition de l'« ordre politique de l'Europe et du monde » et l'« insécurité totale » qui en a résulté découlent de la « démocratisation du monde et [de] la libération de forces démoniaques au sein des peuples qu'elle a ainsi entraînée ». Ce processus a donné aux « partis et aux masses et groupes d'intérêts organisés par eux une influence beaucoup plus importante sur la direction de l'État et donc sur la politique économique ». Le refoulement de l'étatisme et le rétablissement d'un ordre favorable au capitalisme ne pourront survenir que si un nouvel ordre international voit le jour, que si l'État trouve la force de s'émanciper de l'influence des masses[9].

En décembre 1932, lors du Congrès du Verein für Socialpolitik, le grand forum de la pensée économique germanique, Alexander Rüstow, autre figure de cet ordolibéralisme se dégageant de sa chrysalide, n'est pas moins sévère. Lui aussi se détache de l'économie *stricto sensu*

6. *Ibid.*, p. 8, 9-10, 13-14.
7. *Ibid.*, p. 13-15.
8. *Ibid.*, p. 17 et 12.
9. *Ibid.* p. 23, 13 et 22.

pour incriminer l'« interventionnisme » et le « subventionnisme ». Lui aussi propose une lecture d'abord politique de la crise et préconise un interventionnisme libéral[10]. La mise en œuvre de cette alternative tant au laissez faire manchestérien qu'à l'interventionnisme weimarien présuppose un État fondamentalement différent de celui qui a prévalu jusqu'alors. Alexander Rüstow présente en effet l'État républicain comme un État total qui étend sans cesse ses prérogatives, mais qui est également un État faible, devenu la proie des groupes d'intérêt. Il recourt à un concept schmittien par excellence pour dénoncer le « pluralisme, en vérité le pluralisme de la pire sorte » dont il serait la traduction[11]. Il plaide pour un État fort, « neutre au service de l'intérêt général le plus élevé », incarnant l'« autorité » et la « direction » (*Führertum*), reposant sur une « constitution correctement et organiquement construite »[12]. Alexander Rüstow prolongeait là des critiques adressées dès juillet 1929 à la démocratie parlementaire, lors d'une conférence significativement intitulée « Dictature dans les frontières de la démocratie », dans laquelle il proposait de suspendre pour un temps la responsabilité de l'exécutif devant le parlement afin de lui permettre de gouverner main dans la main avec une bureaucratie soucieuse du bien de l'État sans avoir à se soucier d'une majorité au *Reichstag*[13].

Dans la seconde moitié des années 1930, la pensée ordolibérale se précise, dans le cadre de l'école de Fribourg. Plusieurs textes fondamentaux sont alors publiés, avec comme point d'orgue, en 1940, *Die Grundlagen der Nationalökonomie*[14] de Walter Eucken. Au lendemain de 1933, les économistes ordolibéraux ne se sont pas réfugiés dans le silence parce qu'ils n'ont pas renoncé à exercer une influence. En 1938, Walter Eucken explique que la vocation de la science économique est de repenser l'ordre de l'économie, d'éclairer l'État sur le sens des réformes à mettre en œuvre : « Si l'ambition étatique d'ordonner consciemment l'économie (...) doit aboutir, alors l'État doit être au clair sur la constitution économique au sein de laquelle toutes les mesures ponctuelles doivent être mises en œuvre »[15].

10. Rüstow (1932).
11. *Ibid.*, p. 67.
12. *Ibid.*, p. 68.
13. Rüstow (1959).
14. Eucken (1940).
15. Eucken (1938), p. 55.

S'ils n'ont jamais manifesté de sympathie pour un nazisme qui les a d'emblée indisposés par son caractère « plébéien », s'ils ont adopté une attitude de plus en plus critique à son encontre, les ordolibéraux ont toutefois vu s'effondrer sans regret une démocratie weimarienne assimilée à l'« interventionnisme » et au « pluralisme ». Dans un premier temps, certains propos sont empreints d'une réelle ambiguïté. En 1937, Franz Böhm, l'un des trois fondateurs de l'école de Fribourg avec Walter Eucken et Hans Großmann-Doerth, a publié *Die Ordnung der Wirtschaft als geschichtliche Aufgabe* (L'ordre de l'économie comme mission historique), un ouvrage où se mêlent rejet de l'expérience démocratique et indulgence pour le nouvel ordre nazi.

Le juriste commence par dénoncer le « processus de la massification, de la division partisane (*Parteiung*), de la confusion linguistique, de la dissolution et de la querelle de groupe » qui, avec le développement économique moderne, a atteint une « dimension tout simplement fatale ». Mais les temps ont changé, poursuit Franz Böhm, qui décline une rhétorique de régénération nationale bien dans l'air du temps. Le nouvel ordre économique qu'il appelle de ses vœux apparaît difficilement dissociable d'un nouvel ordre politique. Il s'agit de souder une nation économique moderne en une « vraie communauté de peuple et de destin ». Franz Böhm précise : « Le temps où l'État laissait aller les choses sur ce plan et ne voyait pas la mission historique, est révolu »[16].

La fin de la démocratie semble ainsi ouvrir de nouveaux horizons. Le plan de quatre ans, lancé à l'automne 1936 et piloté par Hermann Göring, représenterait une formidable opportunité d'aller de l'avant, avec plus d'énergie et d'efficacité qu'en des temps plus normaux. L'« existence d'un état d'exception en matière de constitution économique et d'une mission puissante et unique mobilisant l'énergie et la participation enthousiaste de l'ensemble de la nation » serait l'« occasion incomparable » de faire bouger les lignes en faveur d'une constitution économique durable[17]. Un an plus tôt, en 1936, lors d'une réunion de la faculté de droit de Fribourg, Franz Böhm avait opposé la « révolution nationale » à la situation déplorable qui prévalait sous Weimar :

16. Böhm (1937), p. 47 et 52.

17. *Ibid.*, p. 180.

> Avant s'était répandu un peu partout un découragement généralisé ; l'impuissance de la machinerie parlementaire, la division de la nation en partis, groupes d'intérêt, classes et fronts opposaient à toute action résolue des résistances et des frottements presque insurmontables. Et subitement la possibilité fut là d'aller de l'avant sur tous les plans [18].

Sans doute y avait-il là une part de naïveté, comme le souligne l'historienne Daniel Rüther. Franz Böhm a eu par la suite maille à partir avec les autorités pour des propos dénonçant l'antisémitisme. Plusieurs ordolibéraux rejoindront l'opposition conservatrice. L'engagement dans l'Église confessante a joué un rôle important dans cette évolution. Mais le regard plus critique jeté sur le nazisme ne vaut pas réconciliation avec la démocratie. À la fin de 1942, Walter Eucken, Franz Böhm et d'autres universitaires peu ou prou rattachés à l'ordolibéralisme participent, sous la direction de l'historien conservateur Gerhard Ritter, à la réalisation d'« Ordre politique communautaire », rédigé à la demande de Dietrich Bonhoeffer au nom de l'Église confessante [19].

À la lumière de ce mémoire, qui évoque la refondation politique, économique et sociale de l'Allemagne après le nazisme, la vision du monde ordolibérale apparaît comme l'une des déclinaisons d'un grand récit conservateur vilipendant le « matérialisme » et l'« individualisme ». On peut y lire que « la crise politique de notre époque est fondamentalement une crise morale et spirituelle », dont il importe de découvrir les causes avant de penser à un « programme de reconstruction » [20]. Le bolchevisme, avec son « déluge de sang et d'horreur », est dépeint comme le triomphe de l'athéisme. Mais l'antidote n'est pas à rechercher du côté de Rome et de Berlin : « Le fascisme et le nazisme ne font que répéter dans une forme remaniée la faute originelle du bolchevisme : la déification de l'État » [21]. Reste que les démocraties anglaise et américaine, qui « cultivent l'humanité massifiée dans sa forme la plus pure », auraient tort de se croire à l'abri des « forces du mal ». La solution n'est donc pas non plus le parlementarisme. Le mémoire Bonhoeffer évoque un État fort, garant

18. Cité dans Rüther (2002), p. 79.

19. Bonhoeffer Denkschrift « Politische Gelmeinschaftsordnung. Ein Versuch zur Selbstbesinnung des christlichen Gewissens in den politischen Nöten unserer Zeit » (1943) in Reichardt/Schwabe (1984). Le texte a été rédigé par Gerhard Ritter.

20. *Ibid.*, 665.

21. *Ibid.*, 681-683

du droit, « responsable devant Dieu et par là même au-dessus des éternelles querelles partisanes, au-dessus du temps changeant de la politique au quotidien », en mesure d'exercer une « véritable direction » (*wirkliche Führerschaft*). Avec la modernité et ses retombées socio-démographiques, la formation des élites est devenue plus difficile ; les partis bourgeois se sont transformés en partis de masse ; il en a résulté une situation nouvelle que le parlementarisme n'a pas su gérer[22]. Même dans les milieux conservateurs et religieux qui s'engagent contre le nazisme, la psychose antiparlementaire et antidémocratique reste profonde.

Les ordolibéraux allemands ne sont pas, il est vrai, à surestimer dans l'originalité de leur positionnement. En 1938, dans *Les Mystiques économiques. Comment l'on passe des démocraties libérales aux États totalitaires*, le philosophe Louis Rougier, la principale figure des néolibéraux français, l'organisateur du colloque Walter Lippmann, défend des analyses proches, soutenant que « l'enrichissement du monde, l'élévation du niveau de vie et surtout l'école laïque et obligatoire ont provoqué la révolte des masses ». Ces dernières se sont alors données « aux démagogues, aux politiciens professionnels qui, dans la crainte de ne pas être réélus, se livrent aux plus dangereuses surenchères ». « La politique économique, budgétaire et monétaire des États » se fait désormais « sous la pression des masses électorales ». Or, « l'art de gouverner » est « une chose éminemment aristocratique, qui ne peut être exercé que par des élites ». Le retour à l'ordre libéral auquel Louis Rougier aspire est vu comme la fin du « règne des masses »[23].

De manière plus générale : si tous les promoteurs d'une refondation du libéralisme à Paris, Londres ou Chicago ne critiquent pas la démocratie, la dénonciation des masses et la fascination pour l'autorité ne sont pas rares dans les milieux libéraux et conservateurs, en pleine crise du parlementarisme. En Suisse, à la fin des années 1930, la très libérale *Neue Zürcher Zeitung* se montre profranquiste et prosalazariste, alors que le libéralisme vaudois promeut une perspective de refondation difficilement compatible avec la démocratie[24]. En France,

22. *Ibid.*, p. 704-705.

23. Rougier (1949), p. 23-25, 29, 192. Cette deuxième édition ne comporte aucune modification par rapport au texte original de 1938. Sur Louis Rougier et le néolibéralisme français, voir Denord (2007).

24. Sur la *Neue Zürcher Zeitung* : Maissen (2005). Sur le libéralisme vaudois de l'entre-deux-guerres, voir Butikofer (1996).

après la montée en puissance, dans les années 1930, de mouvements autoritaires voire fascistes, les contempteurs de la IIIe République sont nombreux, au lendemain de mai-juin 1940, jusqu'au sein de la Résistance.

Dans les décombres de l'Allemagne vaincue, Weimar fait encore figure de repoussoir. Mais globalement, avec la débâche des régimes fascistes et autoritaires de droite, la démocratie retrouve des couleurs dans le monde occidental et se voit brandie comme un étendard face au bloc soviétique. Dans l'après-guerre, sa mise en question n'émane plus que de minorités proches du conservatisme fondamentaliste ou de l'extrême-droite néofasciste. Mais du côté néolibéral, et c'est plus surprenant, la méfiance antidémocratique des origines ne se dissipe pas, voire s'approfondit. Les argumentaires des années 1930 sont repris par certains néolibéraux, et non des moindres. Les cas de Wilhelm Röpke et de Friedrich Hayek sont éclairants à cet égard.

DE WILHELM RÖPKE À FRIEDRICH HAYEK : LUTTER CONTRE LES « ABUS » DE LA DÉMOCRATIE

Ces deux économistes offrent à eux seuls un panorama de la pensée néolibérale qui n'est pas dépourvu d'une certaine représentativité. Ils sont déjà les deux grandes figures du néolibéralisme qui émerge de la Seconde Guerre mondiale, Milton Friedman ne jouant dans un premier temps qu'un rôle effacé. Ils présentent en outre le même profil, ayant délaissé l'économie théorique à partir des années 1940, le premier pour une sociologie culturaliste, le second pour la philosophie politique. Enfin, dans leurs œuvres, la réflexion sur le pouvoir est centrale. À les lire, le type de régime politique, le profil des hommes qui l'exercent, la manière dont ils sont désignés sont des conditions majeures de la faisabilité du néolibéralisme sur le terrain plus strictement économique[25].

Dans l'Allemagne de Weimar, Wilhelm Röpke a été le plus démocrate des économistes promouvant un nouveau libéralisme. Il a dénoncé la révolution conservatrice et critiqué ouvertement le nazisme. Emigré installé à Genève, il se consacre dès lors à l'investigation de la « crise » qui frappe le monde contemporain et présente le néolibéralisme

25. Sur Friedrich Hayek, Caldwell (2004), Ebenstein (2001), Hennecke (2000). Sur Wilhelm Röpke, Hennecke (2005), Gregg (2010), Solchany (2015).

comme la réponse à la menace « collectiviste », vue comme le fruit de la massification et de la sécularisation. Par la suite, sa pensée évolue dans le sens d'un antiétatisme de plus en plus prononcé, une radicalisation qui se retrouve également chez Friedrich Hayek et Milton Friedman. Mais sur la démocratie, il a maintenu le cap d'une réflexion devenue critique dès les années 1940. En 1942, dans *Die Gesellschaftskrisis der Gegenwart* (La crise de la société contemporaine), son premier *best seller*, il loue certes la Suisse et les États-Unis pour faire la part belle aux contre-pouvoirs[26]. Mais la démocratie serait moins la solution à la crise moderne que l'une de ses manifestations, voire l'une de ses causes les plus profondes. En effet,

> [l']État collectiviste s'enracine dans la masse (...) et n'est possible que dans un contexte sociologique que l'on désigne sous le nom de massification, dans une configuration de la société qui a été précisément préparée par une évolution démocratique extrême, mais va le plus à l'encontre tant de l'idéal libéral que de l'idéal aristocratique-conservateur[27].

La « démocratie dans sa forme la plus pure et la plus absolue » voulue par le « démocrate rationaliste » aurait conduit aux résultats les plus désolants, ainsi que l'aurait montré l'expérience weimarienne[28].

Il faut donc distinguer, poursuit Wilhelm Röpke, entre l'idée de la démocratie et certaines réalités auxquelles on l'associe généralement. L'humanité confond la démocratie dans son essence avec le parlementarisme, le suffrage universel, plus largement les formes que la démocratie a prises au XIXe siècle. Or, ces réalités historiquement datées ont dénaturé la démocratie. Ce serait lui rendre le pire des services que de la réduire à la seule démocratie parlementaire, c'est-à-dire au « jeu social complexe et corrompu de la démocratie qui a dégénéré au stade du pluralisme » :

> il n'y a pas seulement une démocratie parlementaire, mais une démocratie « directe », présidentielle, directoriale et même dictatoriale, à condition que le lien entre le peuple et la volonté étatique ne soit pas rompu, à condition que le détenteur du pouvoir, quel qu'il soit,

26. Röpke (1942), p. 153 et 160.
27. *Ibid.*, p. 135.
28. *Ibid.*, p. 83.

> rende des comptes au peuple, soit soumis à son contrôle et qu'il reste possible de le destituer[29].

Sous le choc du nazisme et de la guerre, Wilhelm Röpke reprend les argumentaires développés par Walter Eucken et Alexander Rüstow au début des années 1930, traduit par ses propos la banalisation de la dépréciation de la démocratie et du parlementarisme qui s'observe en Suisse et ailleurs. En 1944, dans *Civitas Humana*, il incrimine le principe de la souveraineté populaire :

> Vraisemblablement, l'on va ensuite reconnaître combien trompeur s'est révélé être, une fois de plus dans l'histoire, la formule, si séduisante sur le plus théorique mais si extraordinairement problématique sur le plan pratique, suivant laquelle le peuple lui même doit déterminer son gouvernement (...)[30].

Pour le monde de l'après-guerre, l'économiste aspire à un État légitime, décentralisé et coopératif. Si l'esquisse de cette alternative reste embryonnaire, les obstacles à sa mise en place apparaissent nombreux : l'État qui étend démesurément son champ d'intervention, l'influence exercée sur lui par les groupes d'intérêt, le socialisme qui brise le consensus social et instille l'esprit de la guerre civile. Ces « manifestations de décomposition » puisent à une seule et même source, le « déclin du sens de la responsabilité ou peut-être également l'influence excessive, due au suffrage universel (en particulier lorsqu'il s'agit d'un vote à la proportionnelle), qu'exercent ceux qui ont perdu ce sens [de la responsabilité] »[31]. Il faut donc le restaurer si l'on veut corriger les « dangers qu'il est impossible de nier du suffrage universel », en instituant un « vrai gouvernement des responsables » par une série de dispositifs. La décentralisation du pouvoir élèvera le sens de la responsabilité, une seconde chambre fera contrepoids à la première chambre élue au suffrage universel. D'autres mesures sont envisagées comme une « fixation raisonnable de l'âge électoral », excluant les plus jeunes et une modulation du droit de vote accordant plusieurs voix aux pères de famille et à ceux qui ont fait leur preuve sur le plan professionnel[32].

29. *Ibid.*, p. 158-160.
30. Röpke (1944), p. 175.
31. *Ibid.*, p. 182-186.
32. *Ibid.*, p. 188.

Dans *Jenseits von Angebot und Nachfrage* (Au-delà de l'offre et de la demande), publié en 1958, la méfiance demeure, voire s'accentue face à une modernité jugée nocive comme jamais à l'heure de la consommation et de la culture de masse. Sur le plan politique, le livre regrette la marginalisation de la démocratie libérale de type anglo-saxon et helvétique, dénonce la « crise de la démocratie moderne qui dégénère de plus en plus en une démocratie de masse jacobine-centraliste » et la « route funeste » qui « conduit du jacobinisme de la Révolution française au totalitarisme moderne ». La situation serait même de plus en plus préoccupante puisque la démocratie de masse jacobine prospère sur le terreau de la massification, son biotope social. Partout, l'État pluraliste subit chaque jour plus l'influence paraconstitutionnelle des « groupes de pression, des démagogues et des appareils partisans », qui dirigent, attisent et exploitent les « opinions, sentiments et passions de masse ». La décomposition de l'État atteint un stade critique[33]. La démocratie apparaît donc condamnée à dégénérer en arbitraire et en toute puissance de l'État si ne sont pas opposées à la « volonté étatique déterminée par le suffrage universel » les barrières « du droit naturel, des normes intangibles et de la tradition », qui sont à inscrire dans la constitution et à imprimer dans les consciences[34].

Mais que proposer en lieu et place de la démocratie qui dégénère ? Dès *Die Gesellschaftskrisis der Gegenwart*, Wilhelm Röpke a affirmé qu'il fallait en finir avec la « méconnaissance totale des lois structurelles de la société qui incite à penser que l'on pourrait l'organiser en fonction de n'importe quel postulat rationnel, sans prendre en compte la nécessité de vraies communautés, de la structuration du bas vers le haut, de l'autorité et de la hiérarchie »[35]. Dans *Jenseits von Angebot und Nachfrage*, il en appelle, pour faire face au « soulèvement des masses », à un « soulèvement de l'élite »[36]. La colonne vertébrale de la société saine doit être une « véritable nobilitas naturalis », une « mince couche » de « notables moraux », une « classe de censeurs ». Ses membres seront revêtus de la « dignité naturelle » que confère une existence faite de « dévouement pour la collectivité » et d'« intégrité

33. Röpke (1958), p. 20, 89-94, 189-191. Voir également la récente réédition de la traduction française, avec une présentation de Patricia Commun : Röpke (2009).

34. Röpke (1958), p. 290.

35. Röpke (1942), p. 83.

36. Röpke (1958), p. 175-176.

inébranlable », de « maturité éprouvée dans le jugement » et de « vie privée irréprochable », en bref d'« engagement courageux et indéfectible pour le vrai et le juste ». De la capacité de notre époque à produire de tels « aristocrates de l'esprit civique », dont l'ère féodale n'aurait pas été avare, dépendrait « en dernière analyse la survie de notre monde libre »[37].

À la fin des années 1950, Wilhelm Röpke aspire à une configuration socio-politique où les élites seraient en mesure d'exercer leur rôle de défenseur de la libre concurrence face à l'interventionnisme et de gardien de la civilisation face au nihilisme. Mais de quelle légitimité se réclameront-elles ? Suivant quels mécanismes pèseront-elles sur la vie politique ? L'économiste précise seulement que le « poids des voix qui ont de l'autorité est nécessaire »[38]. Les contours de cette utopie pré-démocratique, où les élites « naturelles » auraient le pouvoir, restent flous. Wilhelm Röpke n'en juge pas moins nécessaire de restreindre le périmètre du principe démocratique :

> La démocratie et la liberté ne sont alors compatibles sur la durée que si tous ceux qui exercent le droit de vote, ou du moins la majorité d'entre eux, sont conscients qu'il y a certains principes et normes les plus élevés de la vie étatique et de la constitution économique, qui se situent en dehors du processus de décision démocratique[39].

La démocratie néolibérale ne peut être que limitée.

Dans la même logique, Friedrich Hayek propose une réflexion plus aboutie. Sa philosophie politique est, dans une mesure non négligeable, une dénonciation de la démocratie. Rien ne l'illustre mieux que le besoin ressenti d'envoyer à Salazar un exemplaire de *The Constitution of Liberty*, publié en 1960. Le philosophe de la liberté s'adresse au dictateur du Portugal dans l'espoir que « cette esquisse préliminaire de nouveaux principes constitutionnels puisse l'aider dans ses efforts de concevoir une constitution protégée des abus de la démocratie »[40]. Mais c'est dans le troisième tome de *Droit, Législation et Liberté*, paru en 1979, qu'il précise sa vision du système politique le plus à même de prévenir la « tyrannie » et le « socialisme », de promouvoir l'économie

37. *Ibid.*, p. 176-177.

38. *Ibid.*, p. 184.

39. *Ibid.*, p. 93.

40. Lettre du 8 juillet 1962 de Friedrich von Hayek à António de Oliveira Salazar, citée dans Hennecke (2000), p. 351. Hayek (1960, 1993).

de marché[41]. Son modèle de constitution campe un pouvoir entre les mains d'une élite soigneusement sélectionnée, à l'abri de l'influence des masses.

L'argumentation se nourrit d'abord de sa théorie de la connaissance. Le principe démocratique irait à l'encontre du mode de fonctionnement de la société régie par les règles de juste conduite, qui ne sont pas à considérer comme le produit d'un constructivisme rationaliste, mais comme la résultante progressive d'un processus de tâtonnements, d'essais et d'erreurs qui s'étale sur plusieurs siècles et s'inscrit dans la tradition. La connaissance, le progrès, l'élaboration de nouvelles règles de conduite procèdent de la manière dont chaque individu fait usage de sa liberté. En d'autres termes,

> [la] foi dans la liberté ne repose pas sur des résultats prévisibles dans des circonstances particulières, mais sur le pari confiant de la voir, globalement, libérer davantage de forces pour le bien que pour le mal (…) C'est parce que nous ne savons pas comment les individus useront de leur liberté, qu'il est si important qu'ils l'aient[42].

S'il n'en était pas ainsi, poursuit Friedrich Hayek en 1960, alors « les résultats de la liberté pourraient être obtenus par une décision de la majorité quant à ce qui doit être fait par les individus ». Or, ce type de décisions présente à ses yeux un défaut majeur : « l'action majoritaire est forcément cantonnée dans ce qui a déjà été tenté et vérifié pour des questions où un accord a déjà été obtenu ». Accepter « au départ l'idée que la seule pratique de la liberté qui compte est celle de la majorité » ne peut déboucher que sur la création d'une « société stagnante, présentant toutes les caractéristiques de la servitude »[43]. Le principe démocratique bride donc la liberté dans ses potentialités créatrices et émancipatrices, constitue un obstacle au progrès :

> À ma connaissance, on n'a jamais vu le vote d'une majorité (par opposition à une décision prise par une élite de gouvernants) qui ait imposé, au nom des intérêts futurs, le genre de sacrifices impliqués par une société de libre marché. S'ils en avaient le pouvoir, les hommes bloqueraient probablement le progrès, espérant paralyser ses effets dont ils ne veulent pas dans l'immédiat. Cela ne veut pas dire pour

41. Hayek (1979, 1983)
42. Hayek (1960, 1993), p. 32.
43. *Ibid.*, p. 32-33.

> autant qu'ils puissent se passer de progrès pour obtenir la plupart des choses dont ils ont réellement besoin[44].

Certes, à de nombreuses reprises, l'économiste-philosophe présente la démocratie comme un système digne d'éloges, à défendre en dépit de ses défauts[45]. Mais ces précautions rhétoriques ne l'empêchent pas de souligner l'opposition qui existerait entre la « démocratie libérale d'une part et la démocratie "sociale" ou totalitaire d'autre part »[46]. On retrouve ici l'angoisse face à l'avènement d'un pouvoir qui n'aurait d'autre limite que le suffrage universel. Tout le problème de la démocratie serait en effet qu'elle peut facilement dégénérer : « Bien que la démocratie soit probablement la meilleure sorte de gouvernement limité, elle devient une absurde caricature si elle se change en gouvernement illimité »[47]. Mais où se situe la limite entre la démocratie louée car libérale et la démocratie vilipendée car totalitaire ? Il semble qu'il n'y ait pas loin du Capitole à la roche tarpéienne. La démocratie serait viciée dans son fonctionnement même puisque la tâche du politicien est « de discerner quelles sont les opinions des gens les plus nombreux, et non de mettre en circulation des opinions neuves susceptibles de rallier la majorité dans un avenir éloigné »[48]. Il est fatal que « la démocratie en vienne tôt ou tard à revendiquer le pouvoir de régler n'importe quelle question concrète selon la décision d'une majorité, sans égard au contenu de cette décision. C'est ce qui s'est produit dans la démocratie athénienne à la fin du ve siècle avant J.-C. ». La démocratie anglaise a connu semblable destin lorsque « le Parlement britannique revendiqua des pouvoirs souverains, c'est-à-dire illimités, et en 1766 rejeta explicitement l'idée que dans ses décisions circonstancielles il fût tenu de respecter aucune autre règle que celles posées par lui-même »[49]. La modernité politique occidentale est ainsi radicalement mise en cause, la Grande-Bretagne se voyant accusé d'avoir « donné au monde le pernicieux principe de la souveraineté parlementaire »[50].

---

44. *Ibid.*, p. 50.
45. *Ibid.*, p. 105-106, 113, 312, 399, Hayek (1979, 1983), p. xi, xii, 6, 118.
46. Hayek (1960, 1993) p. 53-54.
47. *Ibid.*, p. 114.
48. *Ibid.*, p. 110.
49. Hayek (1979, 1983), p. 2-3.
50. *Ibid.*, p. 4.

Pour Friedrich Hayek, la démocratie équivaut à « remettre un pouvoir illimité à un groupe de représentants élus dont les décisions sont forcément orientées par les exigences d'un processus de marchandage »[51] et engendre un gouvernement jouet des intérêts particuliers : « Chaque groupe sera prêt à consentir même des avantages inéquitables à d'autres groupes, aux frais de la collectivité, si telle est la condition pour que les autres consentent à ce que ce groupe a appris à considérer comme son droit ». C'est donc la démocratie qui a enfanté l'État providence honni : « La création du mythe de la "justice sociale" est largement le produit de cette machinerie démocratique particulière, parce qu'elle pousse les élus à inventer une justification morale pour les avantages qu'ils confèrent à des intérêts particuliers »[52].

L'économiste dénonce également la croissance d'un « énorme appareil de para-gouvernement, extrêmement dispendieux, composé d'organisations patronales, de syndicats et de groupements professionnels, constitués avec l'objectif primordial de drainer en faveur de leurs membres le plus possible du flux des faveurs gouvernementales »[53]. Ici, l'inspiration schmittienne est revendiquée haut et fort : « La faiblesse d'un gouvernement omnipotent démocratique a été clairement distinguée par Carl Schmitt, l'extraordinaire analyste allemand de la politique qui, dans les années 1920, a probablement compris le caractère de la forme de gouvernement qui se développait alors, mieux que la plupart des gens »[54]. En dernière analyse, le lauréat du prix Nobel 1974 ne fait aucunement mystère de son rejet de la démocratie : « Je dois admettre franchement que si "démocratie" veut dire gouvernement par la volonté arbitraire de la majorité, je ne suis pas un démocrate ; je considère même un tel gouvernement comme pernicieux et, à la longue, impraticable »[55]. Mais Friedrich Hayek ne se cantonne pas au registre de la dénonciation ; il présente une alternative.

51. *Ibid.*, p. 5.

52. *Ibid.*, p. 11.

53. *Ibid.*, p. 16.

54. *Ibid.*, p. 226. Même s'il précise ensuite que, selon lui, Carl Schmitt a déduit de ses analyses pertinentes des critiques contestables, parce que visant à chaque fois la "mauvaise cible", Friedrich Hayek se montre beaucoup plus positif à son encontre que dans *La Route de la servitude* ou dans le premier tome de *Droit, législation et liberté*, dans lesquels le sulfureux juriste allemand apparaît comme un précurseur du nazisme ou un ennemi du libéralisme.

55. *Ibid.*, p. 47.

Le gouvernement démocratique, nominalement omnipotent, mais pratiquement sous influence, doit être limité dans ses attributions[56]. L'idée est déjà présente, de manière embryonnaire, en 1960, dans *La Constitution de la liberté* :

> Il n'est guère besoin de souligner qu'un système constitutionnel ne suppose pas une limitation absolue de la volonté du peuple, mais seulement une subordination des objectifs immédiats aux objectifs à long terme. Dans les faits, cela implique une limitation des moyens offerts à une majorité momentanée qui poursuit des objectifs immédiats, par le biais de principes généraux posés par une autre majorité pour une plus longue période. En d'autres termes, cela veut dire qu'on consent à suivre la volonté d'une majorité momentanée sur des problèmes particuliers dans la mesure où on considère que cette majorité restera fidèle à des principes généraux posés antérieurement par une instance plus large[57].

Friedrich Hayek rejoint ici le point de vue présentée deux ans plus tôt par Wilhelm Röpke dans *Jenseits von Angebot und Nachfrage*[58]. Reflet de la majorité dominant l'assemblée, le gouvernement doit donc être limité dans son action. Là réside l'enjeu fondamental du « modèle de constitution » présenté en 1979. Friedrich Hayek postule que

> l'on a besoin d'un système à trois étages d'organismes représentatifs : l'un aurait en charge le cadre semi-permanent dressé par la constitution (…) ; un autre aurait la tâche permanente d'améliorer graduellement les règles générales de juste conduite ; et le troisième, celui de la conduite quotidienne du gouvernement.

L'idée maîtresse est que « la volonté du plus grand nombre n'a d'autorité et de caractère obligatoire pour le reste, que si cette majorité prouve son intention d'agir avec justice, en s'engageant à suivre elle-même une règle générale ». Afin de clarifier plus encore son propos, l'économiste propose de substituer la notion de démarchie à celle de démocratie, qui lui semble discréditée par les réalités auxquelles elle a donné naissance[59].

Dans la construction hayékienne, l'assemblée gouvernementale est l'institution qui s'apparente aux « parlements tels qu'ils existent ».

56. *Ibid.*, p. 119.

57. Hayek (1993)p. 179.

58. Cf. *supra.*

59. Hayek (1983), p. 46-48.

D'elle émane le gouvernement. Mais ce dernier doit rester cantonné « dans l'administration d'un ensemble strictement délimité de moyens confiés à ses soins ». Il ne pourra « user de contrainte que pour imposer le respect de ces règles [de conduite] que lui-même ne peut modifier ». En outre, Friedrich Hayek prévoit la disparition des grands services centraux par leur déconcentration au niveau régional et local. Le gouvernement sera donc à la fois limité dans ses prérogatives et dans sa puissance d'action administrative[60].

Les règles de conduite, à ne pas confondre avec la constitution et qui encadrent strictement le périmètre d'action du gouvernement, sont donc un élément central du dispositif hayékien. Leur gestion est confiée à une assemblée législative, laquelle, à la différence de l'assemblée gouvernementale, se voit reconnaître un rôle clef et dont le mode d'élection a été soigneusement pensé, afin de l'affranchir au maximum du contrôle démocratique. Les élus sont à élire pour une durée exceptionnellement longue de 15 années, ce qui leur assure, une fois désignés, une marge de manœuvre, pour ne pas dire une impunité, exceptionnelle. En outre, l'Assemblée législative est à renouveler chaque année, mais par quinzième seulement, ce qui revient à priver chaque élection de réelle signification, puisqu'elle ne permet pas de modifier substantiellement le rapport de force en son sein. L'objectif est celui d'une assemblée aussi éloignée que possible de l'influence des masses. Les éligibles devront être âgés de 45 ans et désignés par un collège restreint : « L'on demanderait donc aux gens d'une même classe d'âge, une fois dans leur vie - par exemple dans l'année civile de leur quarante-cinquième anniversaire - de choisir parmi eux des représentants élus pour quinze ans ». Le corps des éligibles comme celui des électeurs se trouvent ainsi réduits à une mince frange de la population. D'autres gardes-fous sont néanmoins prévus afin d'éviter les « pressions des intérêts organisés ou des organisations politiques », notamment « un mode indirect d'élection, avec des délégués régionaux élisant parmi eux un représentant à l'Assemblé législative. Ce serait une incitation de plus pour chaque circonscription, à choisir comme délégués des personnes ayant assez belle réputation pour avoir chance d'être choisies au second vote »[61].

60. *Ibid.*, p. 44, 123-124.
61. *Ibid.*, p. 135-136.

De manière fort peu libérale, le philosophe souhaite, dans chaque localité, la mise en place d'« un seul club officiel, subventionné, par classe d'âge », dont la fréquentation année après année préparerait les citoyens à désigner, une fois atteint l'âge de 45 ans, les représentants de l'assemblée législative. Ainsi, « le risque serait moins grand d'un éclatement des groupes d'âge en factions politiques ». La peur du débat démocratique et de sa matérialisation via la confrontation entre différents partis politiques guide là encore la réflexion. Savoir que dans chaque localité, « une certaine classe d'âge se [réunit] régulièrement à une date et un lieu fixes » peut en revanche « devenir un important moyen de contacts entre localités ». Que le Rotary Club soit ici invoqué comme exemple de structure favorisant ce type de sociabilité nous renseigne sur la vision d'un pouvoir qui serait d'abord celui d'une élite sociale cooptant en son sein les représentants de l'assemblée législative détenant le pouvoir[62]. Le régime idéal dont rêve Friedrich Hayek est une oligarchie, dont la mise en place, loin de découler d'un processus informel de décantation ou d'un mécanisme de sélection résultant du libre jeu du marché, doit passer explicitement par une codification politique et institutionnelle. C'est ainsi que des limitations sévères sont également prévues pour la désignation des représentants de l'autre assemblée, l'assemblée gouvernementale, avec l'exclusion du corps électoral des chômeurs, retraités et autres fonctionnaires, autant de bénéficiaires supposés de l'action de l'État. Au total, le rejet hayékien de la démocratie apparaît profond, aucune des deux assemblées ne pouvant se prévaloir d'une légitimité démocratique, l'assemblée législative bien moins encore que l'assemblée gouvernementale. C'est pourtant elle qui est appelée à jouer un rôle dominant puisque, en cas de conflit avec l'assemblée gouvernementale, donc avec le gouvernement, l'instance tierce appelée à trancher sera une Cour d'abord composée de juges[63] et d'anciens membres de l'assemblée législative, et peut-être seulement, Friedrich Hayek hésite sur ce point, d'anciens membres de l'assemblée gouvernementale.

Quelle serait *in fine* la légitimité de cette démarchie ? La tradition, répond Friedrich Hayek : « Et puisque nous devons l'ordre de notre société à des règles transmises dont nous ne comprenons qu'en partie

62. *Ibid.*, p. 140.

63. Des juges qui sont nommés par d'anciens membres de l'assemblée législative.

le sens, tout progrès doit être basé sur la tradition »[64]. Elle seule, qui « change mais peut rarement être délibérément changée » fera barrage au gouvernement illimité[65]. S'il relève à bien des égards de l'utopie, la constitution hayékienne n'a rien d'anecdotique. Dans la pérennité de la démocratie, Friedrich Hayek, Wilhelm Röpke et d'autres voient en effet l'une des raisons, voire la cause la plus fondamentale de l'interventionnisme, de l'étatisme et du socialisme. Leur méfiance traduit une frustration qui explique pourquoi certains régimes autoritaires sont considérées avec un réel intérêt, car suggérant des pistes pour penser l'alternative à la « démocratie illimitée ».

LE CHILI DE PINOCHET : UNE ALTERNATIVE À LA « DÉMOCRATIE ILLIMITÉE » ?

Au vu de ce qui précède, l'attrait exercé par le Chili de Pinochet surprend moins. Ce n'est pas, il est vrai, la première dictature de droite à bénéficier de l'indulgence néolibérale. En 1938, évoquant le Portugal, Louis Rougier a souligné la « très grande faveur populaire » d'un « régime extrêmement autoritaire » qui a préféré « laisser le pays évoluer par lui-même plutôt que de lui imposer par force des cadres économiques et sociaux rigides auxquels il n'est pas toujours préparé »[66]. En 1953, son compatriote, l'économiste Louis Baudin, membre de la Société du Mont-Pèlerin, affirme que « le néolibéralisme règne au Portugal sous la forme d'un individualisme moralisé qui assure la primauté du spirituel, respecte l'autonomie de la personne et maintient la famille »[67]. Dans les années 1970, le regard néolibéral se tourne vers l'Amérique latine. Si en 1962, Friedrich Hayek a donc envoyé un exemplaire de sa *Constitution de la liberté* au président Salazar, en 1977, de retour d'un séjour d'une semaine au Chili, pendant lequel il a rencontré le général Pinochet, il demande à sa secrétaire de lui faire parvenir le chapitre de *Droit, législation et liberté* présentant son modèle de constitution[68].

64. *Ibid.*, p. 199-202.
65. *Ibid.*, p. 199 et 123.
66. Rougier (1949), p. 127.
67. Baudin (1953), p. 169.
68. Voir Farrant, McPhail, Berger (2012) et Caldwell/Montes (2014)

Du 15 au 19 novembre 1981, lors d'un congrès régional de la Société du Mont Pèlerin à Viña del Mar, sur la côte Pacifique, à un jet de pierre de Valparaíso, la démocratie au Chili et ailleurs est considérée avec beaucoup de suspicion et la dictature du pays hôte avec beaucoup de compréhension. Les atrocités perpétrées par le régime militaire ne sont pas à l'ordre du jour. Dans son allocution de bienvenue, le Chilien Pedro Ibañez Ojeda, membre de la Société du Mont Pèlerin et président du comité d'organisation du congrès, souligne que le Chili n'a pas eu le choix, une fois atteint le stade ultime de son évolution socialisante : « Après quarante années d'inconscience socialiste, une seule route nous restait ouverte — le friedmanisme —, toujours à condition que nous ayons un gouvernement suffisamment fort et courageux pour le mettre en place ». Et de conclure que, depuis 1973, le « Chili a retrouvé ses traditions libérales et s'est donc rapproché de l'esprit du Mont Pèlerin »[69]. Plusieurs interventions du congrès sont publiées en 1982 dans *Estudios Públicos*, la revue du Centro de Estudios Públicos. Ce *think tank* fondé en 1980, dont Friedrich Hayek a accepté de devenir le président honoraire et qui compte parmi les membres de son Conseil la principale figure des *Chicago Boys*, Sergio de Castro, alors ministre des finances, ambitionne notamment de publier les grands noms du néolibéralisme. Le numéro reprenant des contributions du congrès de Viña del Mar veut contribuer au « débat vaste et sain sur les idées de la liberté »[70]. Bien des propos tenus à Viña témoignent de la profondeur de la méfiance qui s'exprime, dans le cadre de la Société du Mont Pèlerin, à l'encontre de la démocratie.

Président de l'organisation *Accuracy in Media*, qu'il a fondée après une carrière d'économiste à la Fed, le lobbyiste conservateur Reed Irvine reproche à la presse occidentale sa faiblesse face à la « progression du cancer du communisme » et sa sévérité à l'encontre de pays qu'il

69. Pedro Ibañez, « Welcome to Chile », Hoover Institution Archives (à partir de désormais HIA), Mont Pèlerin Society Records, Box n°24, Regional Meeting Viña del Mar 1981. Pedro Ibañez est un homme d'affaires, président de la Fundacíon Adolfo Ibáñez, fondée par son père, qui finance l'école de commerce de Valparaiso, où Friedrich Hayek se vit décerner un doctorat honoris causa en 1977. Il est également devenu sénateur en 1961 après avoir assuré durant trois années la présidence de la banque du Chili.

70. *Estudios Públicos*, n°6, 1982, citation introduction p. 6. Les textes sont accessibles sur le site http://www.cepchile.cl/dms/lang_1/cat_617_inicio.html. Pour une présentation de ce *think tank*, voir Caldwell/Montes (2014) et Walpen/Plehwe (2014). L'original anglais de certaines de ces communications est conservé dans les Hoover Institution Archives dans le carton mentionné en note 69.

faudrait ou qu'il aurait fallu valoriser, par exemple la Chine nationaliste ou le Vietnam du Sud[71]. S'il regrette un coup d'État encouragé par son pays, ce n'est donc pas celui contre Salvador Allende, le président démocratiquement élu, mais celui qui a renversé, dix ans plus tôt, le sanglant dictateur sudvietnamien Ngo Dinh Diem, l'encombrant allié que Washington a dû se résoudre à lâcher. Reed Irvine accuse alors les médias d'avoir « relégué le Chili à un statut proche de celui de paria, pour avoir commis le pêché impardonnable d'avoir évité un coup d'État communiste qui était sur le point d'aboutir ». Certes, il concède que la prise du pouvoir par les militaires a été brutale. Mais, poursuit-il, Salvador Allende n'a pas su suivre l'exemple de Fulgencio Batista, qui fuit sagement Cuba lorsque tout était perdu pour lui. Le président chilien a au contraire choisi le suicide, ses partisans opposant une résistance armée. Au total, Reed Irvine juge qu'il y a eu trop peu de sang versé pour pouvoir en faire une histoire effrayante ; il dénonce alors la focalisation médiatique sur les droits de l'homme et le peu d'attention accordée au « formidable progrès économique sous le gouvernement de Pinochet »[72].

La critique des médias accusés de gauchisme se retrouve chez Erik von der Kuehnelt-Leddihn[73]. Ce catholique autrichien ultraconservateur, membre de la Société du Mont Pèlerin, souligne également la violence qui serait consubstantielle à la démocratie, considérant que « dans les deux cent dernières années, des minorités réellement ou supposément privilégiées » « furent expropriées, persécutées, exilées, réprimées ou assassinées. Bien sûr, le principe du gouvernement majoritaire favorisa de tels développements. La démocratie, après tout, c'est essentiellement l'égalité et le gouvernement majoritaire, le gouverment de la majorité sur la minorité ». Ancien élève et ami de Carl Schmitt, émigré aux États-Unis, professeur de sciences politiques à la John Hopkins University de Baltimore, Gottfried Dietze (1922-2006), lui aussi membre de la Société du Mont Pèlerin, a pour sa part consacré sa vie à méditer la question de l'équilibre entre liberté et autorité. À Viña del Mar, il s'interroge sur la « négation excessive de l'ordre établi » comme menace pour le libéralisme, estime que les « libéraux sont de l'opinion que tout ce qui pouvait être exigé de l'absolutisme à l'ère des

71. Irvine (1982), p. 102.

72. *Ibid.*, p. 109-110.

73. Erik von der Kuehnelt-Leddihn, « Leftism in the masse media », 6 pages. Ce texte n'a pas été publié : voir HIA, Mont Pelerin Society Records, Box 24.

gouvernements monarchiques de minorité doit être exigé avec autant et même plus de force des gouvernements démocratiques actuels de majorité, qui sont potentiellement ou effectivement beaucoup plus puissants que les absolutistes »[74]. L'histoire illustrerait le risque de dérapage inhérent aux régimes démocratiques. La république de Weimar est qualifiée de « démocratie inappropriée qui a préparé le chemin vers la servitude ». L'autorité de Raoul E. Devernine, figure de l'American Liberty League des années 1930, auteur en 1936 de *Democratic Despotism*, est convoquée pour présenter le New Deal comme une manifestation de despotisme démocratique équivalente au fascisme, au national-socialisme et au soviétisme. Gottfried Dietze s'inquiète ainsi des États-Unis qui, de démocratie limitée, auraient muté en une démocratie illimitée[75].

Pour sa part, le célèbre économiste américain James M. Buchanan, futur lauréat du prix Nobel 1986, évoque d'emblée la « signification totalitaire de la démocratie illimitée »[76]. Sa théorie des choix publics démontrerait la nécessité de poser des limites à l'exercice de la démocratie dite majoritaire. Ce sont là les « défis de notre temps ». Avec les élections au suffrage universel, une fois l'État devenu « pleinement démocratique », est apparu ce que James M. Buchanan appelle l'« erreur électorale », c'est-à-dire l'idée qu'il n'est plus nécessaire de limiter le champ d'action gouvernemental. Mais James M. Buchanan se dit optimiste, évoquant le « professeur Hayek », selon lequel les nouvelles générations ne commettront pas les erreurs des précédentes[77].

Cette référence à la figure tutélaire du néolibéralisme invite à ne pas surestimer la portée des divergences en son sein. Sur bien des points, les néolibéralismes européen et anglo-saxon se rejoignent. L'économiste ouest-allemand Christian Watrin, professeur à Cologne, où il fut formé par Alfred Müller-Armack, le père de la notion d'économie sociale de marché, se réfère ainsi positivement à James M. Tullock et James M. Buchanan. Son compatriote Wolfgang Frickhöffer, qui, en 1962, a remplacé Alexander Rüstow à la tête de l'Aktion Soziale Marktwirtschaft, l'un des principaux *think tanks* néolibéraux ouest-allemands, se dit il est vrai favorable à une certaine

74. Dietze (1982), p. 8 et 30.
75. *Ibid.*, p. 32 et 10.
76. Buchanan (1982), p. 37.
77. *Ibid.*, p. 47-48 et 50-51.

intervention de l'État, marquant sa différence avec l'ultralibéralisme. Mais il précise qu'avec les *Chicago Boys*, « nous sommes en plein accord sur l'essentiel »[78]. Les néolibéraux allemands présents à Viña del Mar dénoncent eux aussi le « danger » démocratique et délivrent un satisfecit au nouvel ordre chilien.

Christian Watrin, aux yeux de qui les « exemples de démocraties qui s'autodétruisent sont innombrables », recourt à la théorie des choix publics comme à Carl Schmitt pour dénoncer les « groupes d'intérêts externes » et les « bureaucraties étatiques » qui « poursuivent leurs propres objectifs au sein du processus politique ». Il en aurait résulté, dans bien des démocraties, une croissance excessive du secteur public. La question est de savoir s'il sera possible de dompter ce Leviathan qu'est l'État moderne, si l'on réussira à conjurer le danger du jacobinisme. C'est bien la démocratie qui est le problème, puisque les « règles du jeu démocratique n'offrent pas de protections adéquates contre l'apparition de processus qui s'éloignent de l'idéal du gouvernement limité et conduisent à la démocratie illimitée et de ce fait également au despotisme »[79].

Dans le même ordre d'idées, Wolfgang Frickhöffer dit ne pouvoir « fermer les yeux sur le fait qu'il est difficile, dans un système parlementaire normal, de réaliser des réformes profondes et radicales, aux effets de grande ampleur, en bien ou en mal, avec tous les groupes de pression impliqués dans la défense de leurs intérêts ». La fameuse réforme de Ludwig Erhard en 1948, l'acte fondateur de l'économie sociale de marché, a vu le jour dans le cadre d'« un régime autoritaire », celui des autorités d'occupation, mais n'aurait pas été possible « par l'intermédiaire du processus parlementaire normal de notre *Bundestag* allemand »[80]. En filigrane de cette analyse transparaît la fascination pour une alternative autoritaire synonyme de grand soir néolibéral : « Un gouvernement autoritaire a la possibilité de faire une réforme de ce type [i.e. de grande ampleur] d'un seul coup ». Si une société libre ne peut exister sans économie de marché, « l'inverse n'est pas si sûr », le cas chilien venant illustrer le propos. La démocratie sous Salvador Allende « était une farce abominable et antisociale »[81], avec

78. Watrin (1982), p. 68, Frickhöffer (1982), p. 92. Sur les *Chicago Boys*, voir Fischer (2009), Valdés (1995).

79. Watrin (1982), notamment p. 54, 61 et 62.

80. Frickhöffer (1982), p. 89-90 et 92.

81. *Ibid.*, p. 94 et 89.

une politique économique empreinte de « cécité idéologique », un gouvernement violant la constitution et, sur la fin, la préparation d'un coup d'État socialiste. Dès lors, la prise du pouvoir par les militaires était « justifiée et inévitable »[82]. Certes, les dictatures présentent elles aussi des inconvénients. Mais la démocratie serait handicapée par son impuissance parlementaire. Wolfgang Frickhöffer rappelle que dans l'ancienne Rome républicaine existait l'institution de la dictature temporaire, observe que Napoléon, « sans l'ombre d'un doute un dictateur », a réalisé une grande réforme administrative. Plus que la démocratie, c'est donc la dictature qui semble rimer avec efficacité[83].

Comme jadis le général américain Lucius D. Clay dans l'Allemagne occupée, Augusto Pinochet a fait preuve de clairvoyance en favorisant une économie libre à l'initiative décentralisée. Les généraux chiliens sont crédités d'avoir « donné le pouvoir et permis le pluralisme. Même plus, ils ont libéré de l'intérieur de leur système autoritaire des forces qui vont conduire à un degré de liberté plus grand encore ». En revanche, parce qu'ils sont soumis à la contrainte électorale et aux groupes de pression, Margaret Thatcher et Ronald Reagan n'auront pas la tâche facile, prédit Wolfgang Frickhöffer, qui conclut sur l'exemplarité du cas chilien : « L'exemple chilien, le même que l'allemand, a démontré que l'économie de marché, avec son haut degré de flexibilité, de productivité et de rationalité, peut surmonter la majorité des problèmes »[84].

Doyen de l'école de commerce de Valparaíso, membre de la Société du Mont Pèlerin, futur président de la banque centrale du Chili et futur ministre des finances dans les années 1980, Carlos Francisco Cáceres, qui organisa avec Pedro Ibañez le premier séjour de Friedrich Hayek au Chili en 1977, se demande lui aussi si « les régimes démocratiques illimitées plongés dans le jeu électoral » peuvent « offrir la réelle possibilité de modification politique que requiert une économie de marché ». Les « 40 années de différentes formes de socialisme subies au Chili n'ont été rien d'autre qu'un masque pour dissimuler un gigantesque mécanisme électoral dont l'État s'est chargé de faire retomber sur la nation le coût sur le plan économique et en termes de restriction de la liberté personnelle »[85]. Sous Salvador Allende, dans un

82. *Ibid.*, p. 93.
83. *Ibid.*, p. 96-97.
84. *Ibid.*, p. 94 et 98.
85. Cáceres (1982), p. 73-75.

climat d'« épuisement », de « souffrance » et de « désespoir » entraîné par la volonté d'établir un régime socialiste sur fond de préparation de la guerre civile et d'infiltration des forces armées par l'extrême gauche, une vaste aspiration à la rébellion se serait faite jour, dans un pays plongé dans l'« angoisse de perdre, dans le tourbillon de la violence et de la corruption auxquelles conduit l'étatisme, les valeurs de sa tradition chrétienne occidentale »[86].

Mais après le *golpe*, le Chili a emprunté la « voie chilienne vers l'économie de marché ». Parce qu'il n'était pas question de revenir à un « système démocratique-libéral », à un « régime démocratique illimité » qui, tôt ou tard, aurait conduit de nouveau à la « démagogie et à la décomposition morale », l'objectif a été d'« établir un régime qui, fondé sur les droits essentiels qui émanent de la nature humaine, fasse de l'État une institution dont la fonction première est la sauvegarde du bien commun ». Il s'agissait également de « dissocier la conduite des affaires productives du pouvoir politique » et d'instaurer un « régime légal non discriminatoire » empêchant l'exercice de l'arbitraire bureaucratique. La détermination face aux groupes de pression a été un autre facteur de la restauration de l'économie de marché, tandis qu'en matière sociale, le « free to choose » d'inspiration friedmanienne règne désormais au Chili[87].

Carlos Francisco Cáceres valorise donc l'autoritarisme du régime militaire et évoque le cadre institutionnel posé par la constitution du 11 septembre 1980, dont il a observé l'élaboration de près, s'efforçant même de l'influencer. Lui et Pedro Ibañez étaient en effet membres du Conseil d'État, organisme consultatif de quinze personnalités créé par décret en 1976, dont la principale mission fut de commenter le projet constitutionnel en cours d'élaboration. Dans ce cadre, les deux Chiliens de la Société du Mont Pèlerin ont affiché des positions radicales. Dans un mémorandum de mars 1979, Pedro Ibañez a ainsi plaidé en faveur d'un système « autocratique », avec un Sénat élu par un collège de notables, une perspective qualifiée de « totalitaire et fasciste » par l'ancien président Gabriel González Videla[88]. Seul Carlos Cacéres a soutenu Pedro Ibañez dans son combat pour un régime débarrassé autant que possible du suffrage universel. Si leur vision,

86. *Ibid.*, p. 80 et 85.
87. *Ibid.*, p. 81-83.
88. Barros (2004), p. 222. Voir également Caldwell/Montes (2014), p. 27.

- probablement inspirée par les analyses hayékiennes[89] -, ne s'est pas imposée, la constitution de 1980 a institué une « démocratie protégée » qui n'en était pas moins largement compatible avec la préoccupation néolibérale de lutter contre les ravages prétendus de la démocratie dite illimitée. Jaime Guzmán, l'intellectuel qui l'a largement inspirée et exerçait une grande influence sur le général Pinochet, était nourri de Carl Schmitt, de la pensée conservatrice espagnole et chilienne, mais également de Friedrich Hayek. En 1977, le dictateur chilien a lui-même justifié un présidentialisme extrême pour « faire régner la loi et l'ordre » et « doter le gouvernement des pouvoirs et des instruments nécessaires pour conduire la politique économique et sociale en marge des ingérences parlementaires excessives qui représentent une menace pour le sérieux et la continuité que celle-ci requiert »[90]. Bien avant ses déclarations au quotidien *El Mercurio* des 12 et 19 avril 1981, Friedrich Hayek écrivait déjà, en 1960, dans *La Constitution de la liberté*, qu'« il [était] concevable qu'un gouvernement autoritaire puisse agir selon les principes libéraux »[91].

Au final, pour les néolibéraux réunis à Viña del Mar, le Chili a doublement valeur d'exemple. Par son histoire à certains égards très européenne — longue tradition démocratique, Front populaire dans les années 1930, interventionnisme après la grande dépression, progression du « socialisme » dans les années 1960 —, il incarne d'abord les dérèglements d'un XXe siècle fait de déclin de la « liberté » et d'affirmation de l'« étatisme ». Dans sa lettre adressée au général Pinochet le 21 avril 1975, dans laquelle il recommande une thérapie de choc après l'avoir rencontré lors d'un séjour d'une semaine au Chili, Milton Friedman a d'ailleurs présenté le cas chilien comme un avertissement pour le monde occidental dans son ensemble. L'absence d'économie de marché au Chili aurait découlé de « tendances au socialisme qui ont commencé il y a 40 ans et ont atteint leur climax logique et terrible sous le régime Allende ». Durant cette période,

89. Friedrich Hayek a également envoyé l'ébauche de son modèle de constitution à Pedro Ibañez. Voir Voir Farrant, McPhail, Berger (2012).

90. Augusto Pinochet, *Normas para la Nueva constitución emitidas por S.E. el Presidente de la República*, DINACOS, Santiago, 1977, p. 6. Cité dans Estévez (2007), p. 49. Sur Jaime Guzmán, voir Cristi (2011).

91. Hayek (1993), p. 101. Dans son interview du 19 avril 1981, Friedrich Hayek déclare : « Une dictature peut s'autolimiter et une dictature qui s'autolimite de manière délibérée peut être plus libérale dans ses politiques qu'une assemblée démocratique qui n'a pas de limites ». Cité par Cristi (2011) p. 60.

comme d'autres pays, y compris les États-Unis, le Chili s'était engagé sur la « mauvaise route » conduisant à faire de l'État la « solution de tous les problèmes »[92]. Par la politique mise en œuvre après 1975, le Chili démontrerait, c'est le second aspect qui semble avoir retenu l'attention des congressistes, la viabilité d'une variante autoritaire de l'économie de marché, à même d'éviter les blocages inhérents à la « démocratie illimitée » et de conjurer la marche vers l'étatisme totalitaire.

DES LENDEMAINS QUI DÉCHANTENT ? UNE INQUIÉTUDE PERSISTANTE

Célébré du côté néolibéral comme la victoire des principes néolibéraux, l'effondrement du communisme ne vient pas adoucir l'inconfort parfois ressenti par rapport à la démocratie. En 1992, le journaliste économique suisse Gerhard Schwarz, l'une des plumes de la *Neue Zürcher Zeitung*, se demande dans la revue ORDO, l'organe des ordolibéraux, si la démocratie peut garantir la mise en place d'un régime économique caractérisé par un faible niveau d'imposition, un budget équilibré et le financement des prestations publiques par les seuls frais acquittés par les usagers. L'arrière-plan de sa réflexion est bien sûr l'avenir de l'Europe anciennement communiste. Sa réponse est pessimiste. Dans les pays occidentaux de la seconde moitié du XXe siècle, l'individu contrôlerait une part toujours déclinante du revenu national sous l'effet d'un cercle vicieux d'exigences adressées à l'État. La démocratie serait synonyme de mécanismes sapant l'économie de marché. Or, la collectivisation croissante de l'économie menace à terme la liberté politique. Elle peut, poursuit Gerhard Schwarz, conduire à un putsch de droite, comme l'a montré le cas du Chili. Synonyme de choix du gouvernement par le peuple à intervalles réguliers, le système démocratique apparaît problématique dans une logique de transition vers l'économie de marché. Plus fondamentalement, il présente des « traits totalitaires », « par exemple lorsque la majorité des "pauvres"

92. Devant l'ampleur des critiques auxquelles il s'est trouvé confronté par la suite, Milton Friedman a tenu, en 1982, à dénoncer le « mythe » suivant lequel « seul un régime autoritaire peut mettre en œuvre avec succès une politique de libre marché ». En effet, le « Chili est l'exception, pas la règle » : Milton Friedman, « Free Markets and the Generals », *Newsweek*, 25 janvier 1982.

décide d'impôts confiscatoires qui sont à payer par la minorité des "riches" »[93].

Gerhard Schwarz énumère à l'inverse les « avantages d'une dictature autoritaire pour le changement de système », sa capacité à imposer une ligne face aux « intérêts particuliers », à fixer une orientation sur le long terme, à agir suivant des principes libéraux. Si elle fonde un ordre économique de marché, une dictature pose automatiquement des limites dans le temps à son propre pouvoir. Mais, *in fine*, Gerhard Schwarz se montre réservé, invite à explorer d'autres voies que la solution autoritaire pour les pays en transition, observe qu'il n'y a pas de plus grande tentation que celle du pouvoir. Il rêve en réalité d'une improbable troisième voie entre dictature et démocratie qui prendrait la forme d'une « démocratie autoritaire », dotée d'un leader à l'« autorité naturelle » faisant consensus au sein de la population, se déployant à petite échelle, s'appuyant sur une constitution « autoritaire »[94].

Vague, cette esquisse n'en traduit pas moins la quête persistante d'une alternative à la démocratie, également perceptible du côté du libertarianisme violemment statophobe qui s'épanouit de l'autre côté de l'Atlantique, dans le sillage de la pensée élaborée dans les années 1930 et 1940 par une autre grande figure de la refondation du libéralisme, Ludwig von Mises[95]. Professeur jusqu'au début du nouveau siècle à la Business School de l'université du Nevada, à Las Vegas, le penseur germano-américain Hans-Hermann Hoppe a fondé, en 2006, The Property and Freedom Society, dont l'ambition est de perpétuer l'héritage austro-libertarien incarné par Ludwig von Mises et son principal disciple, Murray Rothbard. En 2001, dans *Democracy. The God That Failed*, il s'est livré à une attaque en règle contre un régime qui aurait fait prospérer le pouvoir étatique, la dégénérescence morale et la criminalité. Il juge le peuple américain si décadent après plus de deux siècles de démocratie qu'il serait vain d'attendre de lui un rejet généralisé du système. Mais il aspire à une « révolution libérale-libertarienne », rêve de communautés à l'échelle du district ou de la région qui feront sécession et seront régies uniquement par des échanges librement consentis entre propriétaires. L'ordre libertarien qu'elles incarneront sera antidémocratique car le « résultat naturel de

93. Schwarz (1992), p. 67, 72, 74, 77, 80.

94. *Ibid.*, p. 80, 81-86.

95. Sur Ludwig von Mises, Hülsmann (2007).

transactions volontaires passées entre divers propriétaires de biens privés est résolument non démocratique, hiérarchique et élitiste ». En définitive, leur cohésion sera garantie par l'existence d'une « élite naturelle » possédant « une autorité naturelle »[96].

De part et d'autre de l'Atlantique, les idées, les ouvrages, les auteurs, les organisations circulent, essaiment, interagissent. En juin 2013, les Parisiens intéressés ont ainsi pu assister à une conférence organisée par l'Institut Coppet, le *think tank* néolibéral français fondé en 2010. L'intervenant est le jeune néerlandais Frank Karsten, président du Mises Instituut Nederland, qui vient de voir le jour et qui est une émanation de la maison mère située à Auburn, dans l'Alabama. Le Mises Institute de sensibilité libertarienne, dont l'une des principales figures est Hans-Hermann Hoppe, a été fondé en 1982, à l'initiative notamment de Margit von Mises, la veuve de Ludwig von Mises, et de Murray Rothbard. Frank Karsten est également le coauteur avec Karel Beckman de *Beyond Democracy*, un pamphlet traduit en dix langues. C'est pourquoi il intervient à Paris sur le thème « La démocratie, pourquoi ça ne marche pas ? ». La page de présentation de l'Institut Coppet précise que « Frank Karsten expliquera pourquoi les principes et la dynamique de la démocratie conduisent à ces résultats négatifs. Pourquoi la démocratie est le nouveau socialisme et pourquoi leurs résultats sont similaires »[97].

* * *

De la brève réflexion qui précède, il est difficile de tirer des conclusions définitives. Les néolibéraux n'élaborent pas tous un discours de méfiance antidémocratique. Lorsque c'est le cas, ils peinent, en outre, à dessiner les contours d'un régime de substitution. Les propositions les plus abouties, celle de Friedrich Hayek, apparaissent à bien des égards irréalistes. Mais s'il n'est pas généralisé au sein d'un néolibéralisme dont il faut redire la diversité et les ramifications, s'il ne peut s'adosser à une contre vision crédible, le malaise face à la démocratie s'exprime dans la pensée d'un nombre suffisamment important de penseurs néolibéraux, et non des moindres, pour qu'il

96. Hoppe (2001), notamment p. 71 et 289..

97. Présentation de la conférence sous le lien http://www.institutcoppet.org/2013/04/21/2e-seminaire-de-linstitut-coppet-depasser-la-democratie/. Karsten, Beckmann (2012).

soit utile de s'interroger sur sa signification. La perpétuation des mêmes argumentaires, décennie après décennie, mérite commentaire.

Il faut déjà souligner que, par leur phobie des masses et du parlementarisme, par leur aspiration à un pouvoir des élites libéré des entraves du suffrage universel, ces interrogations néolibérales s'incrivent dans une longue tradition de défiance libérale à l'encontre de l'« égalitarisme », témoignent d'une relative non-originalité doctrinale. L'insistance portée sur la dimension élitaire de la pensée libérale confère même à un certain néolibéralisme une connotation franchement conservatrice, voire réactionnaire, au sens premier du terme, au risque d'apparaître, dans le monde occidental démocratique de l'après Seconde Guerre mondiale, en profond décalage avec la majorité de l'opinion et de la classe politique.

Une deuxième remarque conduit à s'interroger sur la hiérarchie des priorités définie par les intellectuels néolibéraux dans une perspective de réforme globale. Économistes pour la plupart, ils ont consacré leur existence à dénoncer l'intervention de l'État et à valoriser la concurrence. Il est donc tentant, voire justifié d'interpréter le néolibéralisme comme une idéologie fondée sur un primat de l'économie. Mais les discours sur la démocratie que nous avons évoqués suggèrent d'inverser la perspective. À bien des égards, le nœud du problème, du point de vue néolibéral, se situe moins au niveau économique qu'il ne tourne autour de la nature du régime en mesure de garantir la faisabilité des réformes économiques. En dernière analyse l'idéologie néolibérale repose sur un primat du politique.

La troisième remarque invite à contextualiser la perpétuation d'un malaise face à la démocratie au-delà du seul horizon de la pensée (néo)libérale. Si, en 1960, Friedrich Hayek a expliqué, dans sa célèbre postface de *La constitution de la liberté*, pourquoi il n'était pas un conservateur, Wilhelm Röpke fut encensé au même moment par Russell Kirk, le père spirituel du nouveau conservatisme américain, et devint alors un modèle pour tous les partisans du fusionisme, c'est-à-dire d'une synthèse libérale-conservatrice mettant moins l'accent sur les divisions que sur les points communs entre (néo)conservateurs et (néo)libéraux[98]. Jusqu'à aujourd'hui, le cas des États-Unis montre en tout cas que l'histoire du (néo)libéralisme ne peut s'écrire sans être mise en relation avec celle du (néo)conservatisme, dont le renouveau, depuis les années 1960-1980, invite, lui aussi, à souligner la résilience, voire la réaffirmation de tout un corpus doctrinal qui était donné pour moribond au lendemain de la Seconde Guerre mondiale.

RÉFÉRENCES

AUDIER, Serge. 2012. *Néo-libéralismes. Une archéologie intellectuelle.* Paris : Grasset.

BARROS, Robert. 2004. *Constitutionalism and Dictatorship. Pinochet, the Junta and the 1980 Constitution.* Cambridge : Cambridge University Press.

BAUDIN, Louis. 1953. *L'aube d'un nouveau libéralisme.* Paris : Libraire de Médicis.

BUCHANAN, James M. 1982. « Democracia limitada o illimitada ». *Estudios Públicos*, n° 6 : 37-51.

BÖHM, Franz. 1937. *Die Ordnung der Wirtschaft als geschichtliche Aufgabe und rechtsschöpferische Leistung.* Stuttgart : Kohlhammer.

BONHOEFFER DENKSCHRIFT, 1984 (1943), « Politische Gelmeinschaftsordnung. Ein Versuch zur Selbstbesinnung des christlichen Gewissens in den politischen Nöten unserer Zeit », *in* R. REICHARDT et K. SCHWABE, *Gerhard Ritter. Ein politischer Historiker in seinen Briefen*, 655-774, Boppard am Rhein : Boldt.

BURGIN, Angus. 2012. *The Great Persuasion. Reinventing Free Markets Since the Depression.* Cambridge : Harvard University Press.

BUTIKOFER, Roland. 1996. *Le refus de la modernité. La Ligue vaudoise : une extrême-droite et la Suisse.* Lausanne : Payot.

CÁCERES, Carlos Francisco. 1982, « La via chilena a la Economía de Mercado ». *Estudios Públicos*, n° 6 : 71-87.

CALDWELL, Bruce. 2004. *Hayek's Challenge. An Intellectual Biography of F. A. Hayek.* Chicago : The Chicago of University Press.

CALDWELL, Bruce et MONTES, Leonidas. 2014, "Friedrich Hayek and its visits to Chile". Rev Austrian Econ DOI 10.1007/s11138-014-0290-8, Springer, published online : 26 September 2014.

COMMUN, Patricia. 2016. *Les ordolibéraux. Histoire d'un libéralisme à l'allemande.* Paris : Les Belles Lettres.

CRISTI, Renato. 2011 (2000). *El pensamiento político de Jaime Guzmán. Una biografía intellectual.* Santiago du Chili : LOM Ediciones.

DARDOT, Pierre et LAVAL, Christian. 2009. *La nouvelle raison du monde. Essai sur la société néolibérale.* Paris : La Découverte.

DENORD, François. 2007. *Néo-libéralisme version française. Histoire d'une idéologie politique.* Paris : Demopolis.

98. Friedrich Hayek, « Pourquoi je ne suis pas un conservateur », in Hayek (1983), p. 393-406. L'origine du texte est une communication, présentée sous le même titre en septembre 1957 à Sankt Moritz, lors d'un congrès de la Société du Mont Pèlerin. Sur l'écho considérable rencontré par Wilhelm Röpke dans les milieux conservateurs américains, voir Solchany (2015), p. 448-466.

DIETZE, Gottfried. 1982. « La democracia tal como es y la democracia apropiada ». *Estudios Públicos*, n° 6 : 7-35.

EBENSTEIN, Alan. 2001. *Friedrich Hayek. A Biography*. New York : Palgrave.

ESTÉVEZ, Jorge Vergara. 2007. « La "democracia protegida" en Chile ». *Revista de Sociología*, Universidad de Chile, 21 : 45-52.

EUCKEN, Walter, (1932). « Staatliche Strukturwandlungen und die Krisis des Kapitalismus ». *Weltwirtschaftliches Archiv*, p. 297-321. Republié dans *ORDO. Jahrbuch für die Ordnung von Wirtschaft und Gesellschaft*, 1997, n° 48, 5-24.

EUCKEN, Walter. 1938. *Nationalökonomie wozu ?*. Leipzig : Felix Meiner.

—. 1940. *Die Grundlagen der Nationalökonomie*. Iéna : Fischer.

FARRANT, Andrew, MCPHAIL, Edward, BERGER, Sebastian. 2012. "Preventing the 'Abuses' of Democracy : Hayek, the 'Military Usurper' and Transitional Dictatorship in Chile ?". *American Journal of Economics and Sociology*, 71/3 : 513-538.

FISCHER, Karen. 2009. "The Influence of Neoliberals in Chile before, during, and after Pinochet", *in* Ph. MIROWSKI, D. PLEHWE (eds.), *The Road from Mont-Pèlerin*, 307-346, Cambridge, Harvard University Press.

FRIEDMAN, Milton et FRIEDMAN, Rose D. 1998. *Two Lucky People Memoirs*. Chicago : University of Chicago Press.

FRICKHÖFFER, Wolfgang. 1982. « La implantación de una economía de mercado : el modelo alemán y el modelo chileno ». *Estudios Públicos*, n° 6 : 89-98.

GOLDSCHMIDT, Nils et WOHLGEMUTH, Michael. 2008. *Grundtexte zur Freiburger Tradition der Ordnungsökonomik*. Tübingen : Mohr Siebieck.

GREGG, Sameul. 2010. *Wilhelm Ropke's Political Economy*. Cheltenham : Edward Elgar Pub.

HASELBACH, Dieter. 1991. *Autoritärer Liberalismus und Soziale Marktwirtschaft. Gesellschaft und Politk im Ordoliberalismus*. Baden Baden : Nomos Verlag.

HAYEK, Friedrich. 1949. "The Intellectuals and Socialism". *The University of Chicago Law Review*, 16/3 : 417-433.

—. 1960. *The Constitution of Liberty*. Chicago : University of Chicago Press.

—. 1979. *Law, Legislation and Liberty. 3. The Political Order of a Free People : a New Statement of the Liberal Principles of Justice and Political Economy*. Chicago : Chicago of University Press.

—. 1983. *Droit, législation et liberté. Une nouvelle formulation des principes libéraux de justice et d'économie politique. Volume 3. L'ordre politique d'un peuple libre*. Paris : PUF, 1983.

—. 1993. *La constitution de la liberté*. Paris : Litec.

HENNECKE, Hans-Jörg. 2000. *Friedrich August von Hayek. Die Tradition der Freiheit*. Düsseldorf : Verlag Wirtschaft und Finanzen.

—. 2005. *Wilhelm Röpke. Ein Leben in der Brandung*. Stuttgart : Schäffer-Poeschel Verlag.

HOPPE, Hans-Hermann. 2001. *Democracy. The God That Failed, The Economics and Politics of Monarchy, Democracy and Natural Order*. New Brunswick : Transaction Publishers.

HÜLSMANN, Jörg Guido. 2007. *Mises. The Last Knight of Liberalism*. Auburn : Mises Institute.

IRVINE, Reed. 1982. « Libertad de expresión y desinformación en el mundo occidental », *Estudios Públicos*, 6 : 99-117.

KARSTEN, Franck, BECKMANN, Karel. 2012. *Beyond Democracy. Why democracy does not lead to solidarity, prosperity and liberty, but to social conflict, runaway spending and a tyrannical government*, www.beyondemocracy.net.

MAISSEN, Thomas. 2005. *Die Geschichte der NZZ 1780-2005*. Zurich : Verlag Neue Zürcher Zeitung.

MIROWSKI, Philip, PLEHWE, Dieter (eds.). 2009. *The Road from Mont-Pèlerin. The Making of the Neoliberal Thought Collective.* Cambridge, Harvard University Press, 2009.

PLEHWE Dieter, WALPEN Bernhard. 2001. « „Wahrheitsgetreue Berichte über Chile" - die Mont Pèlerin Society und die Diktatur Pinochet », *1999. Zeitschrift für Sozialgeschichte des 20. und 21. Jahrhunderts*, 16/2 : 42-73.

PLICKERT, Philip. 2008. *Wandlungen des Neoliberalismus. Eine Studie zu Entwicklung und Ausstrahlung der « Mont-Pèlerin Society ».* Stuttgart : Lucius & Lucius.

PTAK, Ralf, 2004. *Vom Ordoliberalismus zur Sozialen Marktwirtschaft. Stationen des Neoliberalismus in Deutschland.* Opladen : Leske + Budrich.

RÖPKE, Wilhelm. 1942. *Die Gesellschaftskrisis der Gegenwart.* Erlenbach-Zurich : Rentsch.

—. 1944. *Civitas humana. Grundfragen der Gesellschafts- und Wirtschaftsreform.* Erlenbach-Zurich : Rentsch.

—. 1958. *Jenseits von Angebot und Nachfrage.* Erlenbach-Zürich, Rentsch.

—, 2009. *Au-delà de l'offre et de la demande.* Paris : Les Belles Lettres.

ROUGIER, Louis, 1949 (1938). *Les mystiques économiques. Comment l'on passe des démocraties libérales aux États totalitaires.* Paris : Librairie de Médicis.

RÜSTOW, Alexander. 1959 (1929), « Diktatur innerhalb der Grenzen der Demokratie ». *Vierteljahrshefte für Zeitgeschichte*, 7/1 : 85-102.

—. 1932. « Freie Wirtschaft – Starker Staat », Schriften des Vereins für Socialpolitik. 187 : 62-69.

RÜTHER, Daniela, 2002. *Der Widerstand des 20. Juli auf dem Weg in die Soziale Marktwirtschaft. Die wirtschaftspolitischen Vorstellungen der Bürgerlichen Opposition gegen Hitler.* Paderborn : Schöningh.

SCHWARZ, Gerhard. 1992. « Marktwirschaftliche Reform und Demokratie – Eine Haßliebe ? Überlegungen zur Interdependenz der Ordnungen beim Übergang von der Kommando- zur Wettbewerbswirtschaft ». *ORDO. Jahrbuch für die Ordnung von Wirtschaft und Gesellschaft*, 43 : 65-90.

SOLCHANY, Jean. 2015. *Wilhelm Röpke, l'autre Hayek. Aux origines du néolibéralisme.* Paris : Publications de la Sorbonne.

VALDÉS, Juan Gabriel. 1995. *Pinochet's Economists. The Chicago School in Chile.* Cambridge : Cambridge University Press.

WATRIN, Christian. 1982. « El crecimiento de Leviatán », *Estudios Públicos*, 6 : 53-70.

Hayek au Japon :
La réception d'une pensée néolibérale

Gilles Campagnolo *

Résumé

La réception de la pensée de Friedrich Hayek au Japon dépend naturellement de caractéristiques propres à l'histoire de la modernisation dans ce pays, à partir de la seconde moitié du XIXe siècle. Le contexte géographique et culturel est-asiatique, les clichés attachés au Japon peuvent conduire à s'étonner du succès de la pensée de l'auteur représentant d'une forme de « néolibéralisme ». Mais des traits épistémologiques et philosophiques, dont la démonstration est proposée ici, rendent compte de ce fait frappant. Au pays de la vie organisée en groupes à tous niveaux, l'impact fut considérable des idées du théoricien de l'individualisme méthodologique, militant du libre-échange et héritier sans doute le plus fameux de l'école économique autrichienne. L'écho de la pensée du fondateur de l'école, Carl Menger (1840-1921) dont les archives sont en partie

* Gilles Campagnolo est directeur de recherches au CNRS (Aix-Marseille University (Aix-Marseille School of Economics), CNRS & EHESS). Spécialiste de philosophie et d'économie, il étudie les écoles philosophiques et économiques allemande et autrichienne, l'économie de l'entrepreneuriat et de l'innovation, la diffusion des conceptions libérales politiques et socio-économiques en Asie orientale. Courriel : Gilles. Campagnolo@univ-amu.fr

L'auteur avait accédé à la demande des coordinateurs de ce numéro de la *Revue de Philosophie économique* à sa conception, soit avant qu'à lui-même ne soit connue sa future position au sein de la revue ; il tient son engagement. Celui-ci suivait de l'invitation à une journée d'études (19/11/2013, Université Catholique de Lille) où l'auteur présenta un autre texte, sur la « marque de la liberté dans la pensée de Hayek », tandis que le présent était en cours de rédaction. Les coordinateurs ont jugé que la substitution convenait mieux au thème du dossier.

Ce travail a bénéficié du soutien du réseau coordonné par l'auteur entre Union européenne, Chine et Japon – (annonce officielle) : « The work leading to this invention has received funding from the European Union Seventh Framework Programme (FP7/2007-2013) under grant agreement n°PIRSES-GA-2012-317767 ».

conservées au Japon s'y fait également entendre. Un pan de théorie économique du libéralisme au XXe siècle a ainsi rencontré, loin de sa base d'origine, une réception attentive au pays du Soleil levant.
Mots-clés : Autrichiens (École autrichienne d'économie), capitalisme (histoire du), Hayek (Friedrich), Japon (histoire moderne et contemporaine du), (néo)libéralisme, Menger (Carl)

Abstract
The modernization of Japan has taken place since the last half of the nineteenth century : facets of Japan's geography and culture may paradoxically enough explain this evolution. Even though very few Japanese economists would call themselves 'liberal', a large audience was met by Hayek's writings. The heir to the Austrian school of economic thought, pro-free trade and supporter of individual liberties has been fully translated (twice ! See references of *Complete Works*, end of this essay) thus illustrating his influence in academia, public service and politics (on economic policies). Hayek anchored his views in early Marginalist Austrian founder, Menger (1840-1921) whose archives are also to be found in Japan. The encounter of Austrian thought and the far-away land may create a stir. In order to understand such extraordinary impact the thought of Friedrich Hayek met, philosophical and epistemological traits are summoned in this paper, with attempts at making sense of this striking fact.
Keywords : Austrian School of Economics, Capitalism (the history of High-capitalism, *Hoch-Kapitalismus*), Hayek (Friedrich), Liberalism / Theories of freedom, Menger (Carl).

JEL Codes : B25 – B31 – N15 – P16

INTRODUCTION

L'école de pensée économique connue sous le nom d'« École autrichienne » eut pour fondateur Carl Menger (1840-1921) et pour représentant le plus éminent au XXe siècle, son disciple (de deuxième génération : *Enkelschüler* en allemand) Friedrich von Hayek (1899-1992). En raison des bouleversements de l'histoire européenne, la pensée autrichienne essaima dans le monde pour s'imposer comme composante majeure d'une orientation plus large de la science économique, le libéralisme contemporain. Influent dans le champ politique, prônant la libéralisation des échanges et souvent marqué par un activisme fort en faveur de la plus grande liberté des interactions individuelles sur les marchés, ce courant, qualifié (à tort ou à raison) de

« néolibéral » ou « ultralibéral », contribua et/ou coïncida, au tournant des années 1970-1980, avec la venue au pouvoir de gouvernants qui appliquèrent des politiques économiques de dérégulation libre-échangiste en s'en déclarant, parfois, inspiré.

Ce fut le cas aux États-Unis avec Ronald Reagan, en Grande-Bretagne avec Margaret Thatcher – quoique l'influence « autrichienne » ne fut ni la seule ni la plus véhémentement reconnue ou dénoncée. On a pu parfois attribuer à Hayek des idées ne lui appartenant pas. De même, on fit dire au texte de son ouvrage de loin le plus vendu, *The Road to Serfdom* (*La route de la servitude*) que son auteur jugeait inévitable une planification menant inéluctablement à terme à des totalitarismes si divers soient-ils. Des amalgames réalisés en Occident[1], qu'est-il passé loin de là, à travers les décalages linguistique et culturel de la réception dans un pays aussi différent que le Japon ? La période à examiner diffère aussi et il sera intéressant d'en dire ce qui est possible, sans cacher le fait d'une réception qui reste la plus exceptionnelle (et impressionnante) pour cette pensée hors d'un pays occidental.

Le « néolibéralisme » émergea au Japon avec un décalage notable dans le temps (et moins clairement qu'en pays anglo-saxons) au début des années 2000. Or, selon Yusuke Yoshino (2012)[2], c'est au Japon, en dehors du monde anglophone, que l'influence de Hayek fut la plus prégnante. Les raisons n'en sont pas seulement historiques : elles tiennent également à des considérations épistémologiques et philosophiques. La réception locale, évidemment très différente du cadre anglo-saxon, fut due en partie à l'influence géopolitique américaine, assez évidente. Mais celle-ci ne put jouer cependant qu'avec un décalage analogue à celui qui conduit à repérer divergences évidentes et affinités (qui le sont moins) entre la pensée de l'auteur et son champ de réception. Le constat de Yoshino se discute donc avec des éléments probants sur la réception, l'adoption/adaptation éventuelle de l'œuvre de Hayek au Japon et *en langue japonaise* – or il y eut deux éditions des « œuvres complètes » ! Si les textes y ont été

1. Concernant l'historique de l'édition de ce livre, ses critiques et les confusions à son propos, voir l'introduction par Bruce Caldwell de l'édition « définitive », *Collected Works of F. A. Hayek* (vol. II) (Hayek/Caldwell, 2008).

2. Concernant les noms d'auteurs, l'usage japonais consiste à placer le nom de famille en premier, mais nous rétablissons ici l'usage occidental pour tous les auteurs. Dans la liste des œuvres complètes de Hayek traduites en japonais, en fin d'article, nous indiquons le seul nom de famille (avec l'initiale du prénom en cas d'homonymie) pour prévenir toute confusion.

lus, ils trouvèrent leur audience en étant traduits (en étant accessibles seulement en anglais, ils ne touchaient que le monde académique). Ce constat est toutefois déjà, à lui seul, de grande importance. Aussi, quoique l'on échoue manifestement à trouver beaucoup de disciples autoproclamés, inversement les historiens analystes et spécialistes de la pensée du courant autrichien et de son représentant le plus connu sont relativement nombreux.

Des éléments explicatifs de ce double fait se trouvent, d'une part, dans une certaine tendance (qui peut se présenter en Occident et reste prégnante en Orient) à confondre le fait de choisir un auteur comme objet d'étude et celui de prendre parti en faveur des idées de cet auteur, et, d'autre part, dans l'importance que jouent les filiations intellectuelles entre un professeur, ses disciples et ceux qu'eux-mêmes forment à leur tour. Le succès des études portant sur Hayek et l'école autrichienne en général, à commencer par celle du fondateur de l'école autrichienne, Carl Menger, dont les archives sont en grande part conservées au Japon, se ramène donc pour partie au rôle de quelques spécialistes reconnus internationalement. Citons ainsi Kiichiro Yagi, professeur retraité de l'Université de Kyoto (considérée la deuxième dans le pays) qui a étudié la bibliothèque de Menger à l'université Hitotsubashi, ou encore Yuichi Shionoya, spécialiste de Josef Schumpeter (décédé, actif dans la même université où se trouvent précisément les archives de ces deux Autrichiens)[3]. Mais l'impact de Hayek peut paraître plus large car son influence a débordé les cercles académiques. C'est également à ce titre qu'il intéresse un numéro consacré à la question des « néolibéralisme(s) » et démocratie(s).

De l'édition impeccable des œuvres de Hayek en traduction japonaise (deux fois ! voir la liste finale) à l'influence parfois palpable aux niveaux académique, populaire et politique, les paradoxes sont légion.

Au plan académique, quand peu d'économistes japonais se revendiquent explicitement « libéraux » (le leur demanderait-on même, nous l'avons dit), les spécialistes de Hayek sont assez nombreux pour saturer le recrutement dans le champ professionnel. Ils ont contribué à, ou bénéficié de l'entreprise majeure que furent une première, puis

3. L'auteur du présent article tient en particulier à rendre ici hommage au premier, qui l'a notamment inspiré dans l'étude de l'école autrichienne, ainsi qu'au second, maintenant malheureusement disparu, concernant la philosophie économique.

une seconde édition traduite (entre 1988 et 1990, en 10 tomes et 2007 à 2012, en 21 tomes respectivement) des œuvres de Hayek, non pas après mais en parallèle de l'édition anglaise (elle, toutefois encore inachevée à ce jour !) Exhaustive, c'est l'édition la plus accomplie au plan international mais dans une langue que, de fait, peu d'autres que les Japonais maîtrisent.

Au plan politique, au Japon, au pouvoir de manière quasi-permanente depuis 1945, le parti libéral-démocrate (le *Jimintô* conservateur) structure un régime qui serait sans doute qualifié en Occident de « dirigisme institutionnaliste ». Et pourtant, ce sont certains de ses représentants (les cabinets ministériels de Jun'ichiro Koizumi, de 2001 à 2006) qui prirent les décisions les plus proches des idées « néolibérales », que d'aucuns dirent « hayékiennes ».

Au plan de l'écho dans l'opinion publique, il ne peut pas s'agir de fournir ici au lecteur non familier du Japon une grille de lecture générale ni adéquate, mais seulement des éléments introductifs des paradoxes et confusions qui surgissent inévitablement dans tout transfert d'idées, notamment lorsqu'elles sont si éloignées. Il faut cependant savoir que ce qui réussit à pénétrer au Japon reflète, à divers moments de son histoire, un champ du savoir que la société japonaise adopte pour l'adapter, ici comme à d'autres égards. Les phases d'ouverture et de fermeture sporadiques envers l'extérieur font passer les éléments importés au crible d'un tamisage culturel qui les reproduit à sa manière (souvent perfectionnée, parfois méconnaissable).

Ce constat est assez connu quand il s'agit des artefacts techniques. Mais il vaut encore de l'écriture (les idéogrammes importés de Chine sont la base de l'écriture japonaise), de l'artisanat ancien (comme la poterie apprise des Coréens)[4] aux concepts de la science moderne et des activités économiques, sociales, politiques venues d'Europe et des États-Unis. La réception japonaise, par un processus idiosyncrasique d'adoption/adaptation reçoit ces produits (matériels ou intellectuels) d'importation pour les « tamiser ».

4. De l'artisanat de la poterie importé de Corée au VIIe siècle aux arsenaux installés par la France à la fin du XIXe siècle, entre autres exemples, ces aspects ne concernent pas cet essai. Le lecteur se référera aux études nombreuses sur ces sujets : ainsi l'art de la poterie raffinée (*tôgei* dont les produits *yakimono* se classent en styles *tôki*, *tôjiki*, etc. parfois nommés selon leur lieu d'origine, comme les *setomono* de Seto) ou au travail d'Elisabeth du Touchet (2001) sur Yokohama, pour illustrer ces deux exemples.

Ce parcours fut celui de l'œuvre de Hayek : à défaut de le suivre dans les méandres de conceptions éthiques, politiques et épistémologiques souvent radicalement étrangères et dans le détail de traductions difficiles pour le lecteur occidental, une analyse réflexive, et par là philosophique, conduit déjà à interroger l'œuvre de Hayek à travers le « crible-Japon » comme « lieu » particulier de la réception d'une pensée au regard du cadre de pensée qui préexiste[5]. Puisque le double mouvement d'import/export, de réception/image rendue à travers l'adoption/adaptation concerne ici une théorie économico-politique, cet objet idéal particulier se révèle sous cet angle historico-philosophique. L'observateur étranger aura soin d'approfondir certains concepts en jeu. Quoi qu'il en soit d'une éventuelle dialectique spécifique[6], les enjeux de philosophie économique concernent ici une pensée souvent qualifiée de « néolibérale » (en donnant à l'adjectif une connotation qu'on évitera de croire d'emblée péjorative).

Or le libéralisme de Hayek est plutôt de type « classique » (du moins se présentait-il comme tel), européen par excellence, fermement libre-échangiste en économie et fondé sur une philosophie de la liberté appuyée elle-même sur un individualisme ontologique, méthodologique et politique qui frappe d'étrangeté au pays de la vie en groupe – le concept de *dantai* (groupe, cercle) imprègne tous les aspects de sa vie de chaque Japonais. Rappelons que la « marque de fabrique » autrichienne, un individualisme méthodologique *pur* (Campagnolo, 2011, part. III) conduit Hayek à définir la liberté comme absence de contraintes à toute action individuelle (élevant ainsi sa caractérisation à l'expression de droits « naturels » rationalisés). N'est-il pas surprenant de voir ce succès dans un Japon qu'on juge souvent (de l'extérieur mais en bonne partie à raison) *étranger*, plus encore qu'hostile, à une vision individualiste de l'être-au-monde ? La description de ce succès, des plus étonnants par conséquent, questionne des enjeux philosophiques pour les deux cultures, accueillante ou rétive à tout idéal individualiste.

5. Sur la philosophie japonaise comme telle, nous renvoyons le lecteur intéressé à l'anthologie de qualité de M. Dalissier *et al.* (2013). Quant à la place de l'individu dans la pensée japonaise proprement dite, voir notamment l'œuvre de Tetsurô Watsuji (2011). Sur la notion de « lieu » (*ba*), et de milieu (*fudô*), à noter le travail d'Augustin Berque (par exemple dans Watsuji/Berque (ed.), 2011).

6. A rapporter aux échanges entre Occident et Orient (extrême) ? Le projet LIBEAC (sur le libéralisme entre Union européenne, Chine et Japon) développe cette intuition, rencontrant le souci chez les coordinateurs de ce numéro de saisir un large spectre de formes de néolibéralisme(s) dans leurs principes et dans leur diffusion à travers le monde.

Qu'un courant parti de l'Europe individualiste, fondé sur l'ordre spontané, la dérégulation étatique et la décentralisation de l'information conduise jusqu'en baie de Tokyo peut intriguer : dans un premier temps, quelques faits sur l'impact et les limites de la réception de la pensée de Hayek – dans la mesure où ils sont accessibles et significatifs[7] – viseront à expliquer cette acceptation (parfois enthousiaste chez certains). Des rappels sur la manière dont sont diffusées les idées au Japon feront entrer dans certains détails de la réception de Hayek. Ils sont de mise pour le lecteur et dans une deuxième partie où un déroulé chronologique sera le plus clair moyen de discuter un hypothétique « néolibéralisme japonais ». L'appréciation de la réception qu'on pourrait voir comme préparatoire à celle de la pensée de Hayek, à savoir celle du fondateur de la pensée autrichienne, le « père spirituel » de Hayek dont la bibliothèque personnelle et une part des archives sont au Japon, Menger, sera, en troisième partie, à prendre en considération. Si Hayek est devenu un classique du XXe siècle (peut-être « le » classique du libéralisme de ce siècle), c'est aussi lié à cette origine ; inversement, l'effet qu'un accueil paradoxal en apparence peut à son tour avoir sur *notre* propre conception du néolibéralisme doit être interrogé.

Sur tous ces points, dans ce cadre pas forcément familier au public occidental, nombre d'indications factuelles et historiques viendront éclairer les enjeux pour le lecteur sans que ces informations puissent être exhaustives. Ce qui serait connu de tout spécialiste de l'Asie orientale ne l'est sans doute pas de l'économiste ou du philosophe dont c'est pourtant la maîtrise disciplinaire qui peut désormais apporter son éclairage sur la base du strict *vade-mecum* indispensable pour exercer le jugement dans ce cadre particulier.

7. Le nombre de copies vendues, par exemple, est difficile à obtenir et surtout signifierait peu d'impact réel car les maisons d'édition écoulent leurs tirages quasi-automatiquement auprès des bibliothèques des universités et des institutions publiques dont les achats (hors demandes spécifiques des enseignants) sont systématiques. De même le nombre de conférences organisées dépend plus du fonctionnement régulier des associations savantes (comme la *Japanese Society for the History of Economic Thought*) que d'initiatives individuelles, tandis que le contenu des séminaires tenus régulièrement dans les universités pouvant porter sur le sujet paraît difficile à collationner. (Yoshino 2012) est toutefois utile pour ce qui peut être connu de ce point de vue.

HAYEK AU JAPON : LA ROUTE VERS L'ACCEPTATION D'UN SYMBOLE DU « NÉOLIBÉRALISME »

Le nom de Hayek constitue désormais, *nolens volens*, dans l'histoire des idées au XXe siècle, l'étendard de la pensée « libérale » version « autrichienne », voire à titre générique[8].

Ce courant né à Vienne, la ville de Hayek lui-même, provient de l'érudit dont la pensée allait refonder la science économique avec l'école ensuite dite « autrichienne », Menger, sur la base d'une méthode de recherche causale et déductiviste qui finit par émerger de la querelle entre écoles « classique » (Smith, Say, Ricardo, J. S. Mill), socialiste (marxiste notamment) et « historique allemande ». Dans un même geste, Menger déblaya l'arène de ces affrontements et produisit la théorie que devaient illustrer Eugen von Böhm-Bawerk, Friedrich von Wieser, Josef Schumpeter, Ludwig von Mises, Fritz Machlup. Ce dernier trouva pour Hayek l'éditeur américain de *The Road to Serfdom*, l'ouvrage par lequel Hayek fut connu au-delà des cercles universitaires. L'école autrichienne réforma de manière décisive la théorie de la connaissance (*Erkenntnislehre*) en philosophie (Karl Popper) aussi bien que le libéralisme économique.

On ne comprend ni l'évolution des sciences économiques depuis la « Vienne 1900 » ni l'essor de l'épistémologie (au-delà d'un néo-aristotélisme académique fin XIXe siècle et du positivisme logique des années 1930, déclinés jusque dans leurs versions les plus abâtardies) sans cette référence à Menger : la portée de ses *Recherches sur la méthode* (Menger, 1883/2011[9]) dépasse sa lutte contre l'historicisme alors dominant de l'école allemande. Il anticipe le travail de Popper au moment crucial de l'évolution de l'épistémologie, de l'économie et des sciences en général[10]. L'extension au monde anglo-saxon (britannique

8. Au moins à égalité avec l'école dite « de Chicago », université où était Hayek (quoique pas dans son département d'économie).

9. La première traduction française intégrale et dotée d'un appareil philologique des *Untersuchungen über die Methode der Socialwissenschaften und der Politischen Ökonomie insbesondere* (Leipzig, 1883) est parue à Paris, 128 ans après l'original, aux Éditions de l'EHESS : Menger C. / Campagnolo G. (éd.) (1883/2011). Une recension a été donnée dans la *Revue de philosophie économique* (n° 15/2).

10. Le fameux Cercle de Vienne devait poursuivre dans les années 1920 tandis qu'en économie ce fut le cercle réuni par Ludwig von Mises, protecteur et aîné de Hayek. Par ailleurs, Mises contribua à la refonte du credo libéral illustrée lors du colloque Lippmann à Paris en 1938 (voir le travail de Serge Audier, notamment sa republication intégrale des actes, instrument précieux d'étude du(es) (néo)libéralisme(s), et sa contribution au présent numéro).

puis nord-américain) d'épistémologies simplifiées adaptées au public anglophone et aux universités nord-américaines eut lieu ensuite, pour s'étendre finalement au monde entier. Ces évolutions, liées à l'influence des exilés germanophones (sans dépendre exclusivement de cette émigration) se présentent comme autant d'extensions ; et elles portèrent loin au-delà des bornes habituelles de l'Occident – ici, jusqu'au Japon. Comment tant de chemin fut-il parcouru ?

L'importation des idées occidentales eut lieu au Japon à partir du milieu du XIXe siècle. Nombre d'épisodes de réceptions y sont étonnants. Au final, le cas Hayek s'inscrit dans cette perspective d'une histoire du libéralisme moderne au Japon difficile à saisir sans ce rappel.

La constitution d'une opinion libérale y renvoie aux débuts de l'ère *Meiji*, dans les années 1860 et 1870. Le groupe qui prit le nom de « Société de l'An 6 de l'ère Meiji » (1874) (*Meiji Roku-sha kai*) fut une « école de libéralisme » dans les domaines économique, social et politique. De jeunes fonctionnaires et universitaires, envoyés en voyages d'étude auprès des professeurs européens, rapportèrent d'Occident idées et textes. Un grand succès de l'édition dans l'école classique britannique de la fin du XIXe siècle, le manuel d'économie de John Elliott Cairnes fut ainsi traduit et diffusé largement ; de même des œuvres d'Adam Smith et David Ricardo et, en philosophie, de Herbert Spencer, furent traduites. Ces textes connurent une diffusion massive dans un pays où déjà en 1850 une large majorité de la population savait lire.

Les étudiants japonais furent ensuite formés à l'autre école occidentale majeure de l'époque, l'école allemande. Ceux-ci devinrent pour la plupart « institutionnalistes » – un terme qui paraît toutefois peu approprié tant cette tendance est « naturellement » ancrée dans la culture des relations sociales japonaises, au point de ne pas y être conçue comme telle. Être formé par, et agir conformément aux institutions y va de soi. Point n'est besoin de théorie pour cela. À partir de l'idée aussi japonaise que germanique de corps politique national (*Kokumin*, *Volk*), ancré dans les liens du sang et d'une culture, ainsi que de la coïncidence des régimes impériaux (voire impérialistes), la modernité japonaise fut à la fois réformiste et autoritaire, sous la houlette du premier Premier ministre japonais, Hirobumi Itô (1841-1909), puis de ses successeurs. La première version « démocratique » de la « libéralisation » japonaise date de l'ère Taishô (1912-1925), tentative aussi maladroite que malheureuse, parallèle en somme à l'expérience allemande de Weimar quoique le Japon fût alors du côté des vainqueurs. La démocratisation dut attendre après 1945, comme dans l'Allemagne à laquelle le Japon s'était lié (pour le pire) dans l'Entre-deux-guerres.

Auparavant, à la fin du XIXe siècle, au Japon, il serait exagéré de parler d'un débat équivalent à la « Querelle des méthodes » dans les sciences de langue allemande (le *Methodenstreit*). Ce fut faute du rôle direct d'auteurs originaux, comme Menger dans son affrontement avec Gustav Schmoller, alors chef de file de l'historicisme allemand. Le Japon apprenait ; une influence existe de ce fait, comme lorsque la bibliothèque de Menger fut acquise par des étudiants japonais alors missionnés de Berlin en Autriche suite au décès de l'économiste, pour racheter sa précieuse collection à sa veuve en 1921. Aussi cette bibliothèque se trouve-t-elle depuis 1923 conservée au Japon, d'abord à l'école de commerce de Tokyo (*Kanda Shoka Gakkô*) devenue aujourd'hui l'université Hitotsubashi, en banlieue de Tokyo[11]. L'intérêt qui fit acquérir cette collection montre l'ouverture maîtrisée à la modernisation ainsi que le processus de transmission du savoir en cadre japonais : l'envoi d'émissaires comme éclaireurs, l'importation d'un savoir étranger reconnu comme majeur, l'étude des textes et un apprentissage au long cours, qui suscite des traditions locales dans tel ou tel domaine importé. Au bout du compte, pourtant, beaucoup relève du hasard dans les choix effectués, même si ce ne fut pas une coïncidence, ensuite, que la même université acquît les archives de Josef Schumpeter, suscitant des traditions érudites, illustrées par des professeurs, comme Yagi et Shionoya, se forgeant une réputation internationale. Tout cela s'ancrait dans la modernisation des « Lumières Meiji » et l'accueil de versions de l'économie politique, « libérale », d'une part, « protectionniste », d'autre part, toutes deux modernistes et destinées à s'autonomiser, en suivit. Qu'en fut-il pour Hayek ?

Hayek incarne particulièrement une forme du libéralisme, celui, classique, que les « Autrichiens » revivifièrent. S'il n'en est pas l'unique représentant, son nom devint un cri de ralliement. Cette renommée, recherchée ou non, diffusa sa pensée au-delà de la barrière des langues

11. Dans le quartier de Kanda se trouve le pont nommé Hitotsubashi, face au palais impérial, qui donna son nom à l'université lorsqu'elle déménagea en banlieue de la capitale, à Kunitachi, où elle se trouve aujourd'hui. On peut y consulter cette riche bibliothèque. Pour un historique détaillé et son contenu, voir (Campagnolo, 2000, 2001).

qui sépare les opinions publiques, sinon le monde académique. La biographie de référence de Hayek par Caldwell (2004) retrace ce destin de Vienne, où il naît (au 14 de la rue Messenhausergasse) à Stockholm où il reçoit le « Nobel d'économie » (le prix de la banque de Suède en l'honneur d'Alfred Nobel). Rétrospectivement ce cheminement montre Hayek usant des racines intellectuelles *Mitteleuropa* dans le monde anglo-saxon qu'il visait à mettre en garde contre toute évolution « planiste » centralisatrice (ou « socialiste ») : appelé par Lionel Robbins à la London School of Economics dans le but avoué de concurrencer « Oxbridge », Hayek dénonça le planisme et le keynésianisme jusqu'à son enseignement à Chicago et finalement de retour à Fribourg/Brisgau, dans l'Allemagne fédérale démocratique.

La renommée de Hayek doit cependant aux interprétations qu'il donna de l'esprit allemand antérieur, national et social, et qui peuvent valoir *mutatis mutandis* pour un Japon qui suivit à de nombreux égards une trajectoire parallèle dans l'Entre-deux guerres. Le socialisme soviétique ne fut pas le seul socialisme que pourfendit Hayek, loin de là ; sa démonstration prétendait à valeur universelle. Lorsqu'il passa pour inspirer les virages « néolibéraux » des années 1980, avec le destin qu'on connaît des administrations Reagan aux États-Unis et Thatcher en Grande-Bretagne, ce furent les influences anti-institutionnalistes qui prévalurent. En ce sens, Hayek n'était pas un conservateur et il avait dès les années 1930 à l'esprit un monde dont la destinée et celle du Japon montrent bien des parallèles dans l'intervalle.

C'est d'ailleurs pourquoi Hayek représenta le « prophète des temps nouveaux » pour ses disciples[12] et, pour ses adversaires, le type même d'intellectuel libéral les horrifiant. Pour qui s'oppose aux « lois du marché » (quoi que cette expression puisse signifier), Hayek reste l'adversaire à combattre. En conséquence, mais abusivement, le fait de réclamer de déréguler des marchés peut être vu comme du « hayékisme », alors même que nombre de théories économiques non-régulationnistes et non-interventionnistes vont, elles aussi tout autant, en ce sens. Ces amalgames sont révélateurs : quelles que fussent les positions de Hayek (anti-interventionnistes à l'évidence) ce qui en est

12. En 2000 les coordinateurs du numéro spécial de la *Revue de philosophie économique* consacré à Hayek, qui n'en étaient pas, le reconnaissaient le plus naturellement du monde : « pour le plus grand nombre, Hayek n'est donc pas seulement le principal refondateur du libéralisme moderne, il est surtout le prophète des temps nouveaux », *Revue de philosophie économique*, 2000/2, p. 5-6.

dit conduit à utiliser son nom à propos de lignes de gouvernements diverses et, en tous cas, pas forcément directement « hayékiennes » : ainsi des privatisations d'un certain nombre de compagnies nationales, dans les « démocraties occidentales » (selon l'expression consacrée), sous des gouvernements autoritaires[13] ou encore dans la démocratie non-occidentale qu'est le Japon. Cette extrapolation s'étend plus loin qu'on aurait pu s'y attendre mais résulte en partie d'un abus de langage. Cela dit, elle requiert l'attention de l'observateur qui voit effectivement le bon accueil fait à la pensée de Hayek au Japon car l'intuition vient assez aisément que ces phénomènes puissent être liés.

Au Japon, comme en beaucoup d'endroits, l'évolution de la pensée économique après 1945 et surtout après les années 1970 fut largement, voire quasi-exclusivement, dominée par les idées diffusées par les autorités américaines, leader du « monde libre » et depuis les universités nord-américaines. Un point particulier complémentaire, qui rapproche d'ailleurs Japon et Europe, est toutefois l'influence qu'y exerça longtemps dans les milieux savants et intellectuels, en particulier en économie, une forme de marxisme. La désillusion qui s'ensuivit joua son rôle dans le revirement d'intérêt pour une pensée nettement « antisocialiste », l'école autrichienne en particulier. Les années 1990 en furent les témoins au Japon comme dans tout l'Occident (et le reste du monde plus largement, le cas de la Chine restée sous la houlette du communisme politique sinon économique se démarquant). Au XXe siècle, les bouleversements de l'histoire européenne et mondiale, les guerres mondiales et l'exil des savants européens, d'une part, l'échec à convaincre de la scientificité de la théorie économique en vigueur dans le monde soviétique, d'autre part, finirent dans la démystification de la théorie de la valeur-travail et de la planification (en particulier sous sa forme impérative et intégrale). On retrouvait au Japon les campagnes répétées des adversaires des nationalisations et de la propriété collective et ceux qui firent de Hayek leur étendard trouvèrent un écho en deux temps : d'abord, en convainquant que seule compte la profitabilité des échanges dans la gestion des moyens de production ; ensuite, que tout écart à cette

13. Le cas du Chili, par exemple, l'illustre dans ce numéro. Il fut inspiré cependant plutôt par les *Chicago boys*. Les interviews de Hayek au quotidien *El Mercurio* laissent penser qu'il soutenait les choix opérés.

règle[14] provoque une charge insoutenable pour la nation. Ceci, qui ne paraît pas évident en temps de croissance (ainsi durant les « Trente glorieuses ») l'est rapidement en temps de crise quand le poids des mesures d'aide sociale et d'orientation de l'artivité économique grève le budget : certaines élites du Japon devinrent « libérales » une fois le pays entré dans sa longue crise de déflation dont 1997 marque un point particulièrement bas.

Depuis la chute du « rideau de fer », dès après 1949 en particulier en Asie orientale, la lecture « libérale » du monde s'accompagnait (pas seulement dans les attaques de l'école « autrichienne ») d'une politique anti-communiste vigoureuse en rapport avec les positions géostratégiques mondiales, au Japon en particulier sous l'influence des États-Unis après la naissance de la Chine populaire en 1949. Les enjeux savants et stratégiques se mêlaient comme la théorie de la modernisation dans la version de W. W. Rostow le montrait assez avec ses *Stages of Economic Growth*, sous-titrés de manière on ne peut plus explicite : *An Anti-Communist Manifesto* (le sous-titre d'« un manifeste anti-communiste » étant rajouté par l'auteur à la deuxième édition de ses *Étapes de la croissance économique*). L'argumentation en faveur d'une théorie de la liberté « négative » comme absence de contrainte et comme confiance dans un ordre *spontané* se mariait pourtant difficilement à la manipulation de l'opinion par les gouvernements – un paradoxe que devaient relever abondamment les critiques du « néolibéralisme ». Pour autant, les démonstrations tirées de la « querelle sur le calcul socialiste » des années 1920, notamment l'article fameux de Ludwig von Mises de 1922, donnaient ce double fondement au projet de Hayek qu'allait illustrer son « acte de contribution à la guerre », *The Road to Serfdom* qu'il publia en 1944.

Ce brûlot fut cependant bien plus qu'un « tract » politique car il s'ancra dans le projet épistémologique de montrer les limites et la faillite de la « raison constructiviste » (*The Abuse of Reason Project*). Libelle adressé aux « socialistes de tous les partis », la *Route de la servitude* diffusa ses conceptions aux États-Unis en particulier certes de façon foncièrement polémique, mais Hayek s'en plaignit lui-même (voir sa préface à l'édition de 1956, reproduite in Hayek/Caldwell, 2008, p. 39-

14. Et notamment nationaliser les industries, que ce soit à la manière soviétique brutale ou française, avec un Commissariat au Plan indicatif d'inspiration, en contexte français puisque nous prenons cet exemple, colbertiste.

52). C'est plutôt, auprès d'un très large public, le condensé produit par le *Reader's Digest* et diffusé à des centaines de milliers d'exemplaires qui fit de cette version « ramassée » un discours politique polémique dont la diffusion – qu'elle fût pensée ou non en termes de politique intérieure américaine ou d'équilibre stratégique mondial – toucha aussi le Japon défait en 1945 puis intégré à la sphère d'influence américaine. *The Road to Serfdom* fut traduit au Japon en 1954, non dans l'immédiat après-guerre mais lors de la guerre de Corée. Ichitani Tô-ichiro donna à la maison d'édition Sôgensha, sous le titre *Reizoku he no Michi – Shakaishugi to Jiyu* (*La route de la servitude. Socialisme et liberté*), un texte dont les éditions se multiplièrent.

Mais des traductions d'autres textes de Hayek avaient déjà eu lieu au Japon, dès avant-guerre, par exemple *Preis und Produktion* que Hayek avait publié d'abord en allemand en 1931[15], fut traduit en japonais dès 1934 (*Kahei to KeikiHendô*) puis en 1939 (*KaKaku to Seisan*, chez Kôyôshôten) pour la seconde partie, les deux fois par le même traducteur, Toyozaki Minoru. Le monde savant étant (et restant encore) dépendant de la production et de la diffusion des idées dans la langue locale, et en dépit de la prédominance de l'anglais, la présence de ces éditions prouve la diffusion de la pensée de l'auteur traduit[16].

Comme dit précédemment, le monde universitaire japonais tendait toutefois assez généralement vers le marxisme, de plus en plus radicalisé chez les étudiants à l'orée des années 1960. L'influence effective d'un tel artefact d'importation devait, pour dépasser la mince portion d'élite académique, passer par un courant social authentique, qui se trouvait dans le camp opposé. Pour autant, mouvement social et mouvement politique sont plutôt déconnectés au Japon. Par ailleurs, dans le Japon d'après-guerre, au marxisme local qui dominait universités et sociétés savantes, une alternative savante se présenta, sous l'étiquette « attrape-tout » de *kindai-keizaigaku* (économie moderne) qui incluait pêle-mêle économétrie, théorie de l'équilibre général, micro-économie devenue standard en Occident, macro-économie d'inspiration keynésienne (IS-LM) et, en somme, toute forme de formulation

15. Il parut en anglais sous le titre *Monetary Theory and the Trade Cycle*, Londres, Jonathan Cape, 1933, concernant seulement sa première partie, puis en entier sous le titre *Price and Production*, chez Routledge en 1935.

16. Une remarque similaire vaudrait dans le cas de Joseph Schumpeter, autre Autrichien déjà mentionné, dont la *Theorie der wirtschaftlichen Entwicklung* fut traduite de l'allemand en japonais *avant* même de l'être en anglais !

économique mathématisée possible. Il est connu que les marxistes japonais donnèrent de bonnes démonstrations mathématiques sur les questions du circuit marxien : cette production put représenter une sorte de réponse à la « nouvelle économie » pour ne pas lui laisser l'exclusivité du calcul économique. Dans cet affrontement, au total, la place du « libéralisme économique » *stricto sensu* restait très réduite – elle l'est demeurée en un sens jusque aujourd'hui.

S'il y eut toutefois place pour qu'existent deux entreprises d'édition des œuvres complètes de Hayek, traduites dans leur intégralité (l'une achevée en 1990 et l'autre en 2012) – et alors même qu'à ce jour, l'édition dont se charge Routledge n'a pas achevé la tâche entreprise en 1988 – c'est cependant qu'un nouveau moment a émergé. Ajoutons que le Japon est ainsi le seul pays où l'ensemble des textes de Hayek traduits dans la langue nationale est accessible (deux fois, donc) : il y a là certes plus qu'une coïncidence. Pour en traiter, nous distinguerons niveaux et publics de réception distincts afin de cerner les questions pertinentes en fonction des publics de réception de la pensée du représentant devenu paradigmatique du libéralisme occidental au Japon.

HAYEK AU JAPON : SA RÉCEPTION ENVISAGÉE À TROIS NIVEAUX

Au regard de la section précédente, il y avait de bonnes raisons de penser que l'importation des idées de Hayek au Japon suivrait les voies coutumières quand le Japon s'ouvre à des idées extérieures pour chercher des solutions à ses crises. Dans les années 1990, Hayek fut « découvert » et traduit. Peut-on alors, sur le soubassement culturel déjà indiqué, identifier des raisons du succès relatif apparemment rencontré par ses idées libérales, individualistes, libre-échangistes ? Parmi les lecteurs des œuvres de Hayek désormais disponibles intégralement en traduction, distinguons donc différents publics japonais :

– le milieu académique : restreint, il connaît l'auteur depuis longtemps et il s'intéresse à l'exactitude littérale de la traduction et à une compréhension fine des concepts théoriques et méthodologiques ;

– l'opinion publique : elle cherche des points de ralliement dans des débats difficiles où les tentatives de l'éclairer sont peu nombreuses dans une vie politique souvent désespérante et réduite à des modes[17]. Des positions simplifiées, voire simplistes, y sont le seul gage de succès. *Reizoku he no Michi* (*La route de la servitude*) en serait-il un exemple ?

– le monde politique : constitutionnellement démocratique, au sens donné par les États-Unis en aidant à rédiger la Constitution d'après-guerre, il évolue autour d'un parti au pouvoir depuis 1945, identiquement (à deux courtes exceptions près, dans les années 1980, et 2010) le parti libéral-démocrate (le *Jimintô* conservateur).

Évidemment, les enjeux politiques sont en réalité à la fois intérieurs et extérieurs (en particulier pendant la période de « Guerre froide »). Sous l'uniformité apparente, la répartition sous-jacente des clans au sein du PLD dépend de fidélités à considérer dans une perspective historique longue, remontant parfois à avant les « Lumières Meiji ». Concernant la politique économique, entre le camp plutôt « protectionniste » et le camp plutôt « libre-échangiste », la différence tient plus souvent au poids des directives venues des États-Unis dont le Japon est depuis 1945 l'allié indéfectible qu'à des questions théoriques[18].

Pour autant, l'effet des débuts de l'importation du savoir économique européen, de l'opposition entre les courants nourris aux écoles classique britannique et historiciste allemande a traversé le siècle, sous des mutations multiples et avec des productions originales, comme la théorie du développement sur l'image du modèle la « formation en vol d'oies sauvages » (*gankou keitai-ron*) de Kaname Akamatsu (1896-1974 : il la forgea durant la guerre du Pacifique, mais elle fut popularisée en Occident plus tard). Contre la longue prégnance des études marxistes dans le monde universitaire, la pensée de Hayek put à son tour, dans les années 1990, servir de charnière entre les niveaux cités afin de conforter un revirement devenu nécessaire aux yeux de la fraction du parti « libéral-démocrate » qui accéda au pouvoir, sur une vague potentiellement porteuse d'une politique économique réformatrice par lassitude de la longue crise déflationniste vécue depuis l'éclatement de la bulle économique spéculative de la fin des années 1980. Une opinion publique profondément conservatrice trouvait son expression dans l'orientation libérale. Avec un décalage d'une quinzaine d'années

17. Dernière en date : Thomas Piketty (cours retransmis par l'émission *Hakunetsu Kyôshitsu* de la chaîne NHK).

18. Ainsi, l'heure, dans les années 2013-2015, est à la discussion du « Traité de libre-échange trans-Pacifique ».

la voie de la dérégulation prise aux États-Unis trouvait un écho dans la désolation des politiques économiques vaines et la nostalgie pour un « *Japan number One* » des années 1980 devenu bien lointain[19].

La philosophie a peu à voir là-dedans, sinon sous un aspect majeur quant à la question démocratique, à savoir les tendances « isolationnistes » ou « multilatérales » du pays. Aussi à ces trois niveaux correspondent alors deux questions aux enjeux épistémologiques quant à la diffusion de la pensée hayékienne : 1°) si l'adoption/adaptation des idées « nouvelles » se fait en parallèle, est croisée, ou procède identiquement aux trois niveaux distingués, et 2°) s'il est possible, par engouement théorique et/ou application pratique, de parler à propos des orientations prises d'un « néolibéralisme japonais » influencé par Hayek ?

Qu'illustra au Japon le nom de Hayek ? Une étude sociologique des courants de la science japonaise serait utile, mais elle dépasse notre objet. Tentons seulement de repérer des cadres conceptuels liés à la réception des conceptions individualiste et libérale dans un milieu qui leur est si étranger.

De nouveau, de courts rappels historiques, brossés à très grands traits, s'imposent : la relation du Japon à la notion d'individu, plus complexe qu'il est souvent dit, a été étudiée par Masao Maruyama (1974a et b) et elle se complique dans le cas du libéralisme de ce rapport aux civilisations étrangères qui se caractérise, de l'avis général des spécialistes, par l'alternance régulière de périodes d'ouverture et de fermeture du pays. Il serait possible d'en dire autant de nombre de nations mais assurément aucun autre exemple n'existe de contrée s'étant fermée quasi-intégralement pendant deux siècles et demi (de 1603 à 1853[20]). Rompant tout commerce avec le reste du monde selon

19. Le champ académique est parfois encore sensible, dans des domaines comme l'histoire de la pensée, à ces sirènes chauvinistes – et ce alors même que l'écho du Parti communiste japonais s'est toujours fait sentir, mais très marginalement et dans des secteurs de l'opinion publique bien spécifiques et localisés, si militants fussent-ils. En vérité, un nationalisme sous-jacent imprègne à la fois les sentiments pro-américains (chez les politiciens cherchant l'appui étatsunien) mais aussi anti-américains (chez, précisément, ceux qui sont prêts à dénoncer une influence « hayékienne »).

20. 1603 : bataille de Sekigahara qui paracheva la conquête du pouvoir unifié sur le Japon au shogun Ieyasu Tokugawa, qui localisa son gouvernement, le *bakufu*, à Tokyo (alors *Edo*) tandis que l'empereur gardait seulement son titre dans la capitale encore officielle de Kyoto. 1853 : arrivée en rade d'Edo des « bateaux noirs » de l'escadre américaine de l'amiral Perry, venu proposer, sous la menace, l'ouverture au libre-négoce.

une politique de fermeture (*sakoku* : littéralement « pays fermé ») n'autorisant *comme exceptions* que quelques marchands chinois et hollandais dans deux ports[21], tandis que toute tentative de sortie d'un Japonais du territoire comme toute entrée d'un étranger entraînaient automatiquement la mort. On comprend alors ce que signifie parler de « protectionnisme ».

Certes l'on arguera toutefois à raison que les marchandises subissaient plus un *contrôle* (mais il était absolu) qu'une *interdiction d'entrée* et qu'inversement, évidemment, curiosité et attention à ces rares produits importés furent très grandes. Les marchandises pénétraient avec un effet démultiplié par la curiosité suscitée et, par exemple, la pharmacopée hollandaise, nouveauté absolue par rapport à la médecine traditionnelle chinoise, se répandit à travers le circuit des études académiques dites « hollandaises » (*rangaku*). Mais, au reste, quel pays a jamais connu un tel protectionnisme, incorporé à l'essence même de sa politique et de sa conception du monde, et sur une telle période (par comparaison, en France, d'Henri IV à Napoléon III) ? Un effet frappant en fut d'ailleurs la conviction étrange que les « études hollandaises » (*rangaku*) constituaient le tout du savoir occidental, et ce jusqu'à la moitié du XIXe siècle ! Le goût pour l'« immobilisme » était le prix de la stabilité – coût qui ne devint insupportable que sous la pression coloniale des puissances occidentales, ce que confirma, de 1853 à 1868, le début d'ouverture graduelle du régime, à la fois devenue indispensable et ne pouvant empêcher à terme sa chute[22].

Pour autant, refermé sur lui-même, le Japon avait développé les bases de sa propre approche économique du capitalisme. Aussi l'ère nouvelle qui s'ouvrit en 1868, bientôt appelée « révolution Meiji » ou « Lumières Meiji », vit le Japon prendre connaissance en quelques décennies d'idées occidentales de plusieurs siècles : cette « modernité compressée », (selon une expression en vogue chez les sociologues d'Asie orientale) signifie la réception d'autant plus intense et resserrée des idées et techniques étrangères que la période de fermeture avait été longue. Et d'autant plus impressionnant fut le mouvement de

21. Kobe et Nagasaki. Dans ce dernier, une île artificielle (*Dejima*) fut créée pour laisser aborder, là seulement, les navires marchands hollandais. Les échanges se tenaient sous bonne garde sur un pont liant l'île et la terre ferme.

22. Les clans du sud du pays, confrontés à la pression franco-anglaise, se révoltèrent dans un mouvement qui conduisit à la restauration d'un pouvoir central impérial réel par l'Empereur Meiji, mettant fin au régime d'Edo.

« rattrapage de l'Occident »[23]. Dans le dernier tiers du XIXᵉ siècle, le mouvement qui porta les élites japonaises nouvelles vers l'Europe et ses enseignements rencontra la pensée de langue allemande, soit le milieu d'origine de Hayek. Un siècle plus tard, l'influence vient des États-Unis, mais rencontre les idées du penseur émigré de Vienne à Chicago.

Le Japon impérial de *Meiji* avait envoyé de jeunes bureaucrates en Europe. Parmi eux, Hirobumi Itô, le futur premier Premier ministre d'un Japon impérial et constitutionnel. Il s'enquit à Vienne d'une législation administrative alliant autoritarisme politico-militaire et réformisme socio-économique auprès de Lorenz von Stein[24]. La conjonction de *Verwaltungs-lehre* (doctrine administrative) et *soziales Königtum* (monarchie sociale), qui était l'alliage-clef de l'œuvre de Stein[25] et la pensée dominante en terre germanique, fut importée au Japon. Le manuel de sciences de l'*État* (*Staatslehre*) de Stein, largement diffusé, propose d'encadrer les réformes modernisatrices par l'autorité monarchique à travers un corps de fonctionnaires dévoués au pouvoir : cet institutionnalisme à la fois conservateur et modernisateur donnait des gages à l'autorité impériale tout en prônant les réformes aptes à moderniser les structures socio-économiques. Ce conservatisme rassura les émissaires japonais qui s'en inspirèrent. Un siècle plus tard, on reconnaît dans ces idées la cible originelle de Hayek, l'inspiration germanique contre laquelle il intime de lutter dans *The Road to Serfdom*, et ses œuvres subséquentes *Constitution of Liberty* et *Law, Legislation and Liberty*.

En ce sens, la partie entre libéralisme classique et institutionnalisme bureaucratique jouée dans les années 1870 se rejouait-elle dans les années 1990 ? Là où l'inspiration de l'organisation sociale « à

---

23. Il s'observe aussi dans d'autres cas, mais bien après, en raison des vicissitudes de l'histoire, et en Chine d'abord dans les années 1910-1930 puis seulement avec la répétition du phénomène dans les années 1980-2010.

24. Prédécesseur de Max Weber dans la constitution d'une « sociologie économique » de terrain, Lorenz von Stein avait recommandé Menger à une chaire d'économie de l'université de Vienne. Ayant vécu, étudié et écrit entre Allemagne, France et Grande-Bretagne, Stein jouissait d'une réputation dépassant largement Vienne, où il s'était réfugié après 1848. La capitale de l'Autriche-Hongrie était par ailleurs alors le « *Paris der Mitteleuropa* ».

25. Du moins dans la deuxième partie de sa vie. La première avait été consacrée à une approche révolutionnaire, qui eût pu faire de ce disciple de Hegel un rival de Marx. Mais l'échec du Parlement de Francfort en 1848 le contraignit à s'enfuir et à se ranger. Il y gagna une influence croissante après ses articles sur le mouvement social en France (1842), Angleterre (1849) et Allemagne (1852). Voir (Stein/Mengelberg (ed.), 1842).

l'allemande » avait eu du succès (et donc au Japon) on pensa, de fait, observer avec ce qui est appelé maladroitement « néolibéralisme » une sorte de « contre-réforme ». *Mutatis mutandis*, *le nom* de Hayek put représenter la position quasi-inverse de celle occupée par Stein à l'orée de la modernisation du Japon. Le partisan du libre-échange et de l'entreprise individuelle que fut Hayek symboliserait alors un seuil « post-moderne ». Pourtant, ce serait sans doute extrapoler que de lui voir jouer ainsi un rôle « en miroir » dans une nouvelle époque où le Japon eut à renégocier les rapports entre institutions de gouvernement et jeu des forces du marché. Un point commun est l'hostilité au socialisme populaire [26]. Et l'enjeu de philosophie politique sous-jacent tient au rôle de l'organisation de la société par le pouvoir. L'inversion des valeurs politiques peut se lire en termes philosophiques si l'on repère chez Stein sa tendance hégélianisante [27], tandis que Hayek suit la ligne de son ami Popper, de son « père spirituel » Menger ou encore de Weber refondant la sociologie après Stein en pourfendant toute approche en termes de *Kollektivbegriffe* (concepts collectifs) (Weber 1908 *in* Campagnolo et Grossein, 2005).

Quant aux trois catégories de public japonais de Hayek, *mutatis mutandis* (et sous réserve de l'avis des spécialistes de la politique japonaise) substituer le nom du Premier ministre Jun-ichirô Koizumi à celui de Hirobumi Itô, suivant une inspiration diamétralement opposée, mais aussi réelle permettrait de repérer la présence sous-jacente de Hayek, cette fois. Quelle en fut la charnière ? La réponse tient sans doute au ministre de l'économie, Heizo Takenaka, professeur

26. N'appréciant ni la précision ni l'empathie d'Engels, Stein était aussi à son opposé comme le montre son commentaire de l'ouvrage de 1848 sur les classes laborieuses : « ce livre est impressionnant par sa partialité ; il est fondé sur l'idée que la partie la plus basse de la société constitue sa majorité, et que la société est responsable de tout ce dont l'individu souffre et de tous les malheurs qui lui échoient ». En termes parfois proches, Hayek allait reprocher aux socialistes des points similaires. Au Japon, à l'époque de Stein, l'érudit Nakae Chômin, le « Rousseau de l'Orient », représenta un socialisme à visée populaire d'inspiration très francophile.

27. « Son travail rouvrit la voie vers les sources de la *Polizeiwissenschaft* et [...] avec lui, pour la première fois, la muraille construite et défendue par le libéralisme bourgeois contre l'ancienne discipline fut franchie » (Schiera, 1968, p. 52, notre traduction).

de l'université Keio[28], car non seulement les traductions des œuvres de Hayek étaient disponibles mais les travaux du professeur devenu ministre s'en inspiraient. Dans les limites de toute analogie et avec les précautions de rigueur, un observateur de la vie politique française des années 1970 songerait à Raymond Barre dans l'approche et quant à la nature des conceptions entre politique et théorie, travail académique et positions partisanes[29].

Les cabinets dirigés par Koizumi s'échelonnèrent continûment de 2001 à 2006 (26/04/2001-19/11/2003 ; 19/11/2003-21/09/2005 ; 21/09/2005-26/09/2006) assurant cinq ans consécutifs d'un pouvoir qui modifia en profondeur certaines orientations économiques. Fut menée notamment la privatisation la plus systématique possible d'un certain nombre de compagnies nationales, à commencer par celle, symbolique, de la Poste. Les critiques jugèrent que ces ressources étaient mises à l'encan à travers des offres où la mise en concurrence (apparente) d'un nombre de candidats potentiels parmi les grands groupes industriels se traduisait par une collusion non moins grande qu'auparavant[30].

Un mouvement de dérégulation fut enclenché. Mais la privatisation se heurta moins au Japon à des théories économiques adverses prônant quelque « nationalisation » que ce soit qu'à l'esprit de conservation inscrit dans la base même du parti libéral-démocrate, et du pays. Le courant libéral de Koizumi prenait ses propres troupes conservatrices à contre-courant de leur sens de la responsabilité collective d'une propriété nationale, un sens quasi-familial très développé.

Il fallut une campagne d'opinion très lourde, et une propagande qui ne convainquit jamais qu'à moitié l'opinion (même si elle finit par vaincre), pour obtenir par référendum que la Poste soit privatisée

28. Keio est la plus ancienne université « moderne » du Japon, fondée avant même l'université impériale de Tokyo, sous la houlette d'un des plus grands penseurs de la modernisation japonaise, Yukichi Fukuzawa (1835-1901) dont l'*Appel à l'étude* (*Gakumon no Susume*) marqua le renversement intellectuel d'Edo et des « études hollandaises » pour l'ouverture la plus large au savoir occidental. Elle joue aujourd'hui un rôle comparable, toutes choses égales par ailleurs, à la *London School of Economics* (LSE) par rapport à « Ox-bridge ».

29. Dans les années 1980 en France, Raymond Barre fut traducteur de Hayek et ministre de l'économie puis Premier ministre, ce que ne fut pas Takenaka.

30. Les groupes industriels japonais se coordonnent au travers du très puissant syndicat patronal, le *Keidanren*. Il faudrait cependant éviter de croire que sa puissance dicte seule les politiques ou que la coordination évite la lutte féroce exigée par la concurrence entre groupes pour les marchés extérieurs, qu'ils maîtrisent moins que le marché domestique.

contre ce qui fut présenté comme une « résistance d'arrière-garde ». L'argument selon lequel les dirigeants d'une entreprise publique échappent plus facilement à leurs responsabilités, ou pourraient « gérer à perte » n'est simplement pas entendu – en raison même du sens de la responsabilité très développé au regard de la nation[31]. La discipline économique a moins besoin d'être imposée par les instances parfois punitives du marché car elle est intégrée dans chaque comportement individuel par l'éducation à la vie en groupe. Partant, il y a moins d'attachement (notable) de nature idéologique au *type* de propriété : tant que le service est assuré, la question paraît secondaire. C'est d'ailleurs sans doute ce trait qui permit de remporter le vote – assez loin de toute inspiration « néolibérale », en vérité[32].

Par ailleurs, il est rare qu'une personnalisation de la politique économique se produise au Japon[33]. Les orientations des coulisses du pouvoir japonais sont le plus souvent muettes. Le fait qu'au sein des cabinets Koizumi, Takenaka devint célèbre illustre à la fois une exception « doctrinaire » et la coïncidence rare des trois niveaux distingués ci-dessus : un universitaire obtint le pouvoir politique qu'il tenta d'utiliser pour orienter l'opinion publique. L'adoption/adaptation rendit possible d'imaginer un cadre culturel où des politiques libérales audacieuses en matière économique se firent jour. Mais il y avait fallu une pression qu'un rappel d'histoire économique fera saisir : le Japon avait connu quinze ans de crise de langueur économique et de déflation, de l'éclatement de la « bulle économique » des années 80 au point particulièrement bas de la crise de 1997. Une alternative à la régulation déficiente par la législation gouvernementale sur la période était indispensable, suivant un schéma dont le paradoxe a été souvent relevé par les « critiques (autoproclamés) du néolibéralisme » pour

31. Ainsi, il va de soi, pour les Japonais, et *en premier lieu* pour les fonctionnaires eux-mêmes, qu'en tant qu'employés de la fonction publique ils ne font *pas* grève pour la raison qu'ils doivent assurer la continuité de ce service.

32. De la même manière, et sous un gouvernement beaucoup moins influencé par des idées « libérales », un demi-siècle auparavant, la compagnie japonaise nationale des chemins de fer avait été divisée en plusieurs entités et « privatisée » tandis qu'il leur fut demandé de se coordonner avec les autres entreprises privées, locales, de transport ferroviaire, qui existaient déjà, cela pour plus d'efficacité. Et personne ne se plaint du service.

33. Le contre-exemple frappant avec caractère d'exception (confirmant la règle) est la politique actuelle du Premier ministre, Shinzo Abe, nommée « *Abenomics* ». L'ensemble relativement efficace comporte trois étapes ou (« flèches ») à partir d'un fonds très éclectique de relance par l'offre, de monnaie faible, de support à l'export et d'augmentation des taxes compensée au moins en partie en apparence par des mesures redistributives ciblées.

suggérer que l'implémentation de politiques dites « ultra-libérales » demande l'intervention des autorités gouvernementales : au Japon, un ministère dont chacun s'accorda à reconnaître la force fut en mesure de mener la réforme qui devait aboutir à un retour à un marché d'« ordre spontané ». Ce terme défini par Hayek comme le résultat inattendu, ni voulu ni planifié, de la rencontre des projets individuels fut, dans le cas des politiques « néolibérales », le résultat de personnalités « prenant le taureau par les cornes » et forçant la libéralisation[34].

L'idée paraît à première vue paradoxale qu'on requière d'individus concernés au premier chef, mais en leur nom, des réformes que l'appareil d'État peut seul conduire en visant à s'auto-réduire. Ce « paternalisme libéral », source de tant de commentaires, trouverait ici une illustration supplémentaire. Mais la question est plutôt la suivante : quel est le cadre dans lequel réagir avec succès (à savoir, une sortie de crise économique) à ces situations ? L'expérience ne prépare pas les individus du Japon à des règles du jeu social qui changeraient. Mais les règles de conduite à adopter sont-elles alors neuves, autrement qu'en apparence ? La société japonaise résulte d'une quête systématique de la réduction du conflit et de l'incertitude. Une quantité de règles de conduite implicites et explicites en découle ; certes il en va ainsi dans toute société, mais cette quantité énorme de règles, quasiment pour chaque action, change la qualité même de la vie sociale : elle implique un style de vie extrêmement policé, dans nombre d'aspects très raffiné, souvent aussi très pesant (même à qui y est habitué dès le plus jeune âge). Des situations nouvelles, comme celles créées par un changement de nature de la propriété du bien privatisé, échappent-elles à ce cadre ?

Si devaient temporairement céder pragmatisme cauteleux et prudence conservatrice, qui l'emportent d'habitude quasiment toujours sur toutes les intentions réformatrices, même lorsqu'elles sont (rarement) affichées, alors sur les trois plans distingués plus haut, l'ère Koizumi donna l'impression d'un style, en effet. Il lui valut l'hommage ou l'ire, mais procéda d'un certain engouement théorique qui trouva son application pratique. Est-ce au point de parler d'un

34. Il est assez évident qu'un ordre « spontané » ne se rencontre jamais dans le réel à l'état pur. Il est donc facile de critiquer la tentation de le réaliser en remarquant que seul un processus qui l'institutionnalise peut le faire prévaloir. Pour autant, Hayek ne dit pas autre chose et la question se pose de ce qu'il convient de faire devant des crises comme celle des années 1990. « Hayek » a fourni en somme, à tort ou à raison, le nom d'une solution.

« néolibéralisme japonais », et surtout influencé par Hayek ? Sans doute est-ce trop dire. Ou plutôt, ce pourrait être en un sens, assez inattendu, que la prochaine section tentera de développer à titre d'hypothèse.

L'expérience Koizumi prit, quoi qu'il en soit, fin une fois accompli le programme des privatisations. Ce qu'illustre le nom de Hayek fut plutôt ce processus afin, comme un siècle auparavant, de mener une étape dans la modernisation (ici la « post-modernisation ») nécessaire pour le pays confronté à la concurrence internationale. Il faut rappeler que le Japon bénéficia durant cette période et depuis lors de l'essor de la demande chinoise pour ses biens de production, puis de consommation de qualité, préparant le terrain d'une politique de l'offre (le fameux *Abenomics*) qui, dix ans plus tard, allait devoir la plupart de son succès autant à des facteurs extrinsèques, dont la demande accrue du marché Asie-Pacifique, qu'aux réformes accomplies auparavant.

Nous avons suggéré un parallèle (inversé, étant donné les positions des inspirateurs) entre les rôles de Stein et de Hayek, le *Sonderweg* germanique de la seconde moitié du XIXe siècle et le néolibéralisme de style *Reaganomics*. L'influence extérieure est effectivement documentée et le Japon suit, peu ou prou, des recettes identiques dans l'adoption/adaptation des idées étrangères, sous la menace de se voir dépassé, menace nécessaire pour pousser à l'*aggiornamento* un pouvoir japonais enclin à la conservation comme à se dédouaner de ses essais en invoquant une autorité (ici, savante) extérieure. Cette attitude japonaise, une fois remise en perspective historique, rencontrait avec Hayek un tenant d'un autre classicisme, celui du libéralisme. Le Japon retrouvait-il des éléments de ses rencontres antérieures avec l'Occident à travers le penseur autrichien, expliquant son succès ?

HAYEK AU JAPON : CONGRUENCE ENTRE JAPON ET SOURCES DU « LIBÉRALISME CLASSIQUE » ?

Bis repetita placent – du moins dans le cas du Japon. Rencontrer de nouveau ce qu'on connaît, et le reconnaître, rassure. Entre les premier et troisième niveaux (académique – fondamental, et politique – orienté vers la pratique) proposés dans la section précédente, s'intercale celui de l'opinion publique. Or Hayek est le type du penseur ne laissant aucun public indifférent. La réception de *The Road to Serfdom*, non seulement aux États-Unis mais dans le monde, suffit à le montrer. Les controverses que suscite le « néolibéralisme » (ce numéro de revue en témoigne !) vont dans le même sens. Mais cette voie est semée de confusions en tous genres.

D'ailleurs, une opinion publique japonaise existe-t-elle en matière politique ? Les sondages sont les instruments usuels de mesure de cette entité. Ceux fournis à profusion au Japon sont, pour l'observateur étranger, s'il s'en réfère aux opinions tranchées de sa contrée d'origine, comme pour le Japonais, s'il est assez fin pour ne rien en montrer, la matière de plaisanteries sans fin : le fait est qu'ils ne disent rien, si l'on en attend des alternatives claires ou des positions marquées. Entre trois positions proposées, quelles qu'elles soient, la répartition frisera souvent les trois tiers – sauf sur des sujets comme la peine de mort où 90 % de la population souhaite son maintien (par pendaison). L'exercice du sondeur trouve ici ses limites car il s'agit toujours plutôt de n'embarrasser ni lui ni le sondé, et la langue japonaise, outre sa difficulté, dispose d'une richesse dans l'expression vague qui est sa marque.

Au Japon comme ailleurs, le flou permet d'éluder la confrontation (des idées comme des hommes) et on n'en sort qu'à ses dépens : on s'y complaît donc, tandis que le conflit est ce qui s'évite et ce qu'on évite. Ce n'était certes ni la manière de Hayek, ni celle des économistes autrichiens en général…

La réception des idées de Hayek par des publics distincts sous des formes variées à un moment n'en fut pas moins effective, dans les réalisations savantes comme, si on admet le rapprochement avec les nuances indiquées précédemment quant au contenu effectif du programme, dans les politiques du ministre Takenaka. Ce fait seul est déjà significatif. Le Japon eut la tentation, brève, mais porteuse de conséquences (aucun gouvernant ne songe à renationaliser la Poste), d'aller vers *plus* de marché libre et de décentralisation. La pensée autrichienne y prend-elle quelque part ? Dans la littérature des études économiques au Japon ? Une fois soulignée une dimension politique, la question renvoie à l'étude des sources textuelles dont se charge le monde académique plus qu'aux effets de préconisations pratiques.

Les traductions sont derechef un bon indicateur : celles de la plupart des auteurs « autrichiens » qu'on pourra recenser dans la littérature de langue anglaise existent, sous une forme ou une autre, en japonais, parfois plusieurs fois. Le cas du fondateur Menger l'illustre : les traductions par Yagi des *Principes d'économie politique* de 1871 sont de la plus haute exigence, et disponibles jusqu'en édition de classiques de poche. Et celle des *Recherches sur la méthode*, toujours de Menger en 1883, date des années 1930 et a été refaite récemment, quand la traduction anglaise date des années 1950 et la première en français (par l'auteur du présent article) de 2011 ! Dans quelle mesure pour autant rapporter véritablement les décisions aux théories dans un pays guère passionné des joutes politiques (en comparaison des démocraties occidentales en particulier), d'une part, et où une conception très claire de la répartition des tâches prévient le béotien de tenter de donner son avis là où il sait exister des spécialistes patentés, d'autre part ? Le rapport de l'opinion publique au savant se caractérise par le respect de ce dernier et si des versions vulgarisées d'idées devenues populaires circulent, tranchant sur la vulgate « conservatrice », elles feraient plutôt scandale – il y faut *l'imprimatur* d'une autorité pour susciter l'attention[35]. À partir de là, il convient soit d'éviter d'attirer l'attention, soit de prendre carrément la pose qu'endossa Takenaka dans le style « décomplexé » affiché par Koizumi. Et dans le milieu académique, cela se fait encore moins.

Pourtant le succès fut notable dans les études sur Hayek et l'école autrichienne. Revenons sur les difficultés mais aussi les avantages de l'étude universitaire : en premier lieu, les difficultés de traduction, grandes avec la langue japonaise, font qu'en conséquence le monde académique valorise cette tâche[36].

Donnons un exemple lié à la discussion menée précédemment sur la politique de « privatisation » : le mot se dit en japonais du terme 民営化 (*min-eika*) qui renvoie à l'anglais « *going public* » faisant référence aux émissions de capital par l'entreprise, destinées à être achetées par le public (sous forme de titres de bourse notamment). Le processus peut

35. Encore une fois, le cas de Piketty illustre ce point : son *cours* est en somme « labellisé » en étant retransmis par la chaîne nationale NHK, ce qui légitime un effet de mode dès lors estampillé « politiquement correct ».

36. Si le public anglophone dispose souvent de traductions anglaises des auteurs allemands, elles ne sont ni toujours complètes (dans le cas de Hayek des écrits allemands de jeunesse ne sont ainsi pas encore traduits en anglais) ni préférées, ni préférables, car elles obligent à passer par plusieurs cribles. Les champs sémantiques des différentes langues ne se recoupant qu'en partie, de l'allemand à l'anglais, puis de l'anglais au japonais, et tout en restant fonction de la maîtrise effective de la langue finale par le lecteur, la compréhension peut varier fort. La littérature de commentaire se ressent des effets plus ou moins malheureux de ces « doubles traductions », et les contre-sens en tous genres qu'on peut imaginer s'ensuivent.

être vu comme la mise à disposition des investisseurs privés présents dans la population et la « privatisation » signifie bien une ouverture aux particuliers dans le sens anglais. L'idée que la privatisation serait une conquête politique « néolibérale » pour bénéficier aux capitalistes a ses contempteurs chez les partisans du socialisme. Mais les Japonais, eux, achètent… de la dette publique, seul investissement vraiment apprécié des Japonais. Autrement dit, de la propagande *pro aut contra* la « privatisation », pour supporter ou faire pièce à la doctrine marxiste, de l'Après-guerre à la vulgate libérale des années 2000, l'opinion japonaise n'a que faire.

Au plan pratique, les formes de gestion visant à diminuer le contrôle de l'État furent portées par des élites, comme au sein des cabinets Koizumi, mais la résistance tint au goût pour la conservation plus qu'à tout argument théorique.Au Japon la dette souveraine dépasse les 200%, mais elle est possédée par le public japonais à plus de 97 % ! En d'autres termes, la dette met moins en danger la souveraineté qu'elle ne manifeste que les citoyens sont en même temps les créanciers de leur État. L'intérêt de tous est, non seulement moralement ou patriotiquement mais également pécuniairement, d'en prendre soin. Et surtout pas de redemander ses fonds : à titre individuel, cela pourrait inquiéter mais, confiance aveugle ou esprit de groupe, il semble que ce ne soit pas le cas – la dette souveraine y est dans tous les sens du terme, « souveraine » et (pour l'indépendance du gouvernement national, au moins) inoffensive…

D'ailleurs, toute réforme favorable au marché libre, déjà si rare, met-elle en jeu des concepts proprement « hayékiens », seulement pour cette raison ? Le nom du penseur est devenu un étendard commode et galvaudé à bien des égards. Les amalgames politiques sont nombreux et si une partie du monde académique reste très liée au pouvoir gouvernemental, une autre, la plus large, reste d'autant plus libre qu'elle est privée de toute influence sur le jeu effectif de la société ; c'est ainsi que le marxisme universitaire japonais a pu longtemps survivre, à titre de jeu de l'esprit : il resta autorisé même durant la guerre froide car sans conséquence – tandis qu'il avait été durement réprimé quand le gouvernement nationaliste d'avant-guerre avait pu y voir un obstacle effectif au totalitarisme national[37].

Un destin analogue, une sérénité sans conséquence, attend-il les représentants des études libérales (notamment sur les auteurs autrichiens) au Japon ? Tout d'abord, ils sont trop peu nombreux à se proclamer tels, nous le disions, pour que la question ait beaucoup de sens. Et quoi qu'il en soit, leur travail reste avant tout académique : outre les traductions montrant l'intérêt pour ces auteurs, la bibliographie entière (en japonais et en anglais) de Yagi (limitons-nous sciemment ici à l'article séminal sur la jeunesse de Menger, 1993) ainsi que celles de ses élèves de l'université de Kyoto : Yukihiro Ikeda (désormais à Keio, il a publié en allemand notamment), Tomo Shigeki (à Kyoto Sangyo, il a publié les cours de Böhm-Bawerk à Innsbruck 1891/2010), Chikako Nakayama, etc. manifestent des orientations diversifiées, comme Kayoko Misaki qui travaille en français à Shiga sur Walras ou l'approche structuraliste du libéralisme en Asie qu'on peut trouver chez Tsutomu Hashimoto (Université du Hokkaido, 2004). Le ton reste donné par le titulaire de la chaire de l'une ou l'autre des grandes universités du pays (*Tôdai*, l'université de Tokyo, *Kyôdai*, l'université de Kyoto étant les deux premières). Même si les doctorats les plus recherchés sont les *PhDs* d'universités américaines[38], dans la foulée des susnommés, les vocations de chercheurs sur Hayek furent nombreuses. Mais l'organisation universitaire au Japon (la détailler exigerait un long exposé) a entraîné des effets de stocks, certains assurément positifs (comme le recrutement d'experts et l'accumulation d'archives en langues européennes, dont le Japon a des réserves impressionnantes qui devraient intéresser les chercheurs occidentaux) mais d'autres néfastes – les écoles liées au sujet d'élection de tel professeur connu, le système du conseil de l'aîné (*senpai*), étant

37. Le marxisme d'avant-guerre fut combattu extrêmement brutalement par la police politique (les *toko*), mais aussi « retourné » : nombre d'érudits marxisants devinrent subitement nationalistes dans les années 1930. À la fin du XXe siècle, le marxisme recula sans être remplacé par le courant keynésien s'intégrant à l'approche standard par sa « macro » identifiée à l'« économie moderne » (*kindai-keizaigaku*) (Wakatabe Masazumi, 2016).

38. Or on sait la place réduite qu'y a la discipline d'histoire ou de philosophie économique, mais notons tout autant que le « libéralisme » souvent incriminé par ses critiques n'y est que très rarement « autrichien » (les séminaires fameux de *New York University* ou de *George Mason*, sont des exceptions).

de règle, causent des goulots d'étranglement dans le choix des sujets de thèse des étudiants[39].

Le retour aux textes et l'intérêt pour la philosophie économique, ici abordée à travers la philosophie politique libérale, sont donc marginaux dans la profession économique, au Japon comme ailleurs. Mais au-delà du monde académique, le libéralisme « version Hayek » peut-il s'y interpréter comme attaque contre le consensus rassis du conservatisme institutionnaliste et des politiques économiques inefficaces contre la crise déflationniste, comme une manifestation de « démocratie libérale » ? Seule une étude différente de celle proposée ici répondrait tout à fait. Quoi qu'il en soit, son instrumentalisation se comprend mieux si on se rapporte à l'intérêt de Hayek lui-même pour la formation des règles sociales de comportement ancrées dans la tradition, dans des habitudes culturelles (plus que religieuses) profondes quant au fonctionnement du monde social. Les effets délétères de la propriété privée comme de la gestion publique se trouveraient en quelque sorte limités par cette sagesse historique des peuples que Hayek embrasse assez volontiers dans son éloge d'Edmund Burke, contre l'école du droit naturel rationaliste française de type révolutionnaire, ou hégélien.

En conséquence, le processus de libéralisation se réduirait finalement à *susciter* le *maximum* d'inattendu possible dans le choc de la privatisation tout en s'attendant à ce que le *minimum* d'inattendu en résulte dans des interactions sociales laissées au libre jeu de leurs us et coutumes. C'est la suite de la multiplicité de règles qui s'imposent aux actions humaines dans les sociétés qu'aucun bouleversement révolutionnaire rationaliste ne viendrait déranger. Et s'il est une société qui a connu des évolutions sans révolution populaire, ni principes fondés sur la « raison constructiviste » incriminée par Hayek, c'est le Japon. Les comportements y sont par là même très prévisibles : en termes hayékiens, on est libre au Japon si l'on entend par « liberté » l'absence de contraintes fondées sur une décision où il en serait appelé à des principes de « raison », et que l'on se règle seulement sur des traditions marquées du sceau de l'histoire. Il y existe une manière de faire pour chaque action envisagée et envisageable.

39. Un collègue directeur de thèse a ainsi redirigé un étudiant vers l'étude de Frank Knight, moins compétitive que celle de Hayek en vue de débouchés déjà tous bloqués pour de longues années à venir.

Quand une action nouvelle possible se présente, le réflexe est de l'éviter ; si c'est impossible, il convient alors d'apprendre à son sujet autant que possible sans jamais décider comment s'y prendre que lorsque chacun peut suivre l'exemple d'un autre : la méthode n'est alors choisie par personne mais produite de manière endogène par un processus collectif de « discussion-mais-non-décision » (nommé *sôdan*). Dans un tel cadre, la « privatisation » ne change presque rien aux activités journalières, aux pratiques gestionnaires – à l'exception de ce qu'il devient possible d'appliquer par endroits avec une sévérité prenant les circonstances pour prétexte la fermeture de quelques bureaux structurellement déficitaires. En fait, même ces fermetures (de bureaux de poste, par exemple) sont en général évitées, comme si les externalités suscitées (désertification rurale locale) étaient intégrées au calcul des coûts, déjà et par anticipation – ce qui pourtant ne concernerait pas forcément une firme privée agissant dans une perspective différente. L'approche japonaise est alors « hayékienne » au seul sens très pragmatique d'une conformité au développement *spontané* des interactions.

Quant à la liberté, elle se trouve reconduite aux comportements culturels traditionnels. Un aspect « hayékien » consiste alors dans un processus analogue à sa louange de l'évolution des us et coutumes qu'il trouvait chez Burke ou, en contexte germanique, de l'historicisme *juridique* d'un Friedrich Karl von Savigny au début du XIXe siècle, par exemple, lui-même inspiré par Burke. Sur ce point, rappelons que, dans la quatrième partie des *Recherches sur la méthode*, Menger distinguait les écoles historicistes allemandes du droit et de l'économie[40]. Menger avait débattu les méthodes de la science. Hayek avait repris ses thèmes en ayant beau jeu, sur des positions radicalisées par sa propre lutte politique, de revendiquer le legs des juristes contre-révolutionnaires. Hayek épousait le combat *contre* la construction rationnelle du droit,

40. La première, avec pour représentants Gustav Hugo, Friedrich von Gentz ou Savigny, fut traditionaliste et conservatrice, hostile à la révolution française et à tout idéal non seulement socialiste, mais encore rationaliste, comme aux droits de l'homme et à la rédaction d'une constitution autre que celle entérinée par les âges passés. Les historicistes économistes furent à cet égard des disciples « infidèles » car réformistes, relevait Menger quant à la « jeune » école historique, celle des « socialistes de la chaire » (*Kathedersozialisten*), comme Gustav von Schmoller, plutôt que des fondateurs des années 1840 comme Wilhelm Roscher, Karl Knies ou Bruno Hildebrand.

contre l'esprit révolutionnaire et rationaliste[41]. Le Japon est un pays où le contenu conceptuel même de l'idée de révolution exigerait une telle conversion de l'esprit japonais qu'elle lui échappe le plus souvent : cette idée lui reste fondamentalement étrangère et sa réponse demeure un sempiternel « à quoi bon ? » – c'est-à-dire hormis quelques intellectuels qui se sont presque assimilés à l'Occident, en particulier à l'esprit français, à force de s'y frotter. Le véritable point de rencontre, inattendu mais très cohérent, entre la pensée de Hayek et le Japon réside peut-être là, dans un respect de la coutume avant tout et d'évolutions plus ou moins « spontanées », dans le refus de toute rupture mais pas de tout changement s'il devient absolument nécessaire.

Ce que l'on pourrait qualifier de gradualisme est-il à resituer dans la perspective d'un pragmatisme qui serait spécifique à l'Asie orientale ? Il paraît assez illusoire d'évoquer un « esprit des peuples » sans le support d'un cadre métaphysique le rendant conceptuellement adéquat (par exemple, dans l'hégélianisme). Et l'appel au « sentiment national » a déjà montré au Japon combien il est dangereux. Le constructivisme idéaliste des bâtisseurs de système réformistes ne l'est pas moins selon Hayek, qui fustige leur prétention maladroite à fonder dans la raison humaine ce qui n'y a pas de place. La question dépasse toutefois cette étude. En réalité (qu'on le juge malheureux ou pas) si un ordre du type spontané n'existe nulle part comme tel, c'est peut-être au Japon paradoxalement que l'accumulation des us a assuré la conjonction entre les tendances libérale et conservatrice. Hayek s'est défendu d'être conservateur, dans *Why I am Not a Conservative*, mais il lui a précisément fallu s'en défendre devant les convergences inhérentes aux positions du « hayékisme ». Et c'est plus dans la philosophie politique que dans la théorie économique que la convergence paradoxale de l'esprit coutumier et de la modernisation innovante s'opère.

Si l'on souhaite éviter tout « culturalisme », il reste que c'est bien là ce que la société japonaise a pratiqué – et ce qui entraîne que toutes les stratégies individuelles y soient mises au service d'un cadre social évolutif. Le mimétisme y est de règle, les innovateurs peu nombreux

41. Soit le combat de Savigny contre le juriste rationaliste, prorévolutionnaire et francophile Anton Thibaut (voir Campagnolo 2014/2004, p. 255-256). Par comparaison, Menger était au contraire de Hayek un homme des « Lumières joséphiennes », à l'époque de l'Apocalypse joyeuse de la Vienne 1900 (Campagnolo, 2008, p. 30-52).

mais promis, s'ils parviennent au succès, à ce que celui-ci réoriente la société sans qu'il ait pu paraître même pensable que quelque principe de raison supérieure que ce fût en jeu pour reconstruire cette société. C'est notamment pourquoi – ce qui est étonnant pour un peuple « politique » comme le français – dans cette société si « collective », le public s'intéresse *très peu* aux questions politiques, ou encore qu'il se montre réticent à l'impôt, tout en le payant généralement rubis sur l'ongle[42]. S'il accepte si mal et estime peu justifiée toute atteinte à la stabilité routinière des usages, c'est moins pour des raisons libérales que parce que c'est là changer le cours des choses[43]. Loin des grandes théories, proches du détail jusqu'à la pusillanimité, l'État remplit son rôle lorsqu'il fait mine de suivre l'« ordre des choses », ou mieux quand il le fait passer quasi-naturellement pour *permanent*.

CONCLUSION

Au terme de la tentative d'analyse des causes du succès ainsi que des limites de la réception des idées de Hayek au Japon reparaît donc le rapport central entre (néo)libéralisme(s) et démocratie(s), mais formulé dans un cadre fort différent. La démocratie suggère l'image de la « modernité » ; or l'ordre japonais s'appuie sur la réalité, évidemment *historique*, vécue en pratique mais ignorée comme telle dans la théorie, pour transformer chaque instant de la vie individuelle et sociale en expression d'une quasi-éternité.

À l'opposé de cette attitude, le volontarisme occidental, en particulier l'étatisme européen, surtout s'il est révolutionnaire, rationaliste et légaliste « à la française », propose de la démocratie une idée foncièrement différente. Aucune version des concepts des « Lumières » ne convient sans doute au monde japonais. Hayek porta en philosophie politique un message précisément foncièrement *non*-révolutionnaire. Et le Japon tira sa première constitution impériale du monde germanique, plus précisément encore de la Vienne qui

42. Là où, dans d'autres sociétés, on se gargarise d'un principe de « consentement à l'impôt », même devenu confiscatoire, et où l'évasion fiscale est un sport national, la critique japonaise porte sur sa variation seule, c'est-à-dire sur la dérogation aux habitudes de taxation.

43. D'où les arguties sans fin provoquées par les deux hausses de TVA prévues dans les « *Abenomics* » qui aboutissent à un maximum de 8% avec de multiples exceptions à taux *inférieurs*.

vit naître Hayek. Le droit de la coutume y dicte les rapports sous la domination d'une dynastie (quasi)ininterrompue depuis sa fondation (légendaire, quoique l'histoire confirme la pérennité de la lignée depuis ses origines historiques). Le paradoxe de la rencontre des idées de l'individualiste libéral au pays de la « vie de groupe » s'expliquerait alors par l'assurance que garantit l'« ordre spontané » d'une communauté illustrant peut-être ce à quoi songeait l'Autrichien. Hayek distinguait deux individualismes, déniant toute vérité à l'un, de nature « cartésienne » et constructiviste, « français », tandis que l'autre était authentique dans son refus de toute révolution – serait-il illustré par le Japon ? Cette conjonction, très inattendue, donnerait une clef de compréhension, moins économique que philosophique, du succès qu'y eut la réception de Hayek. Faute d'un « hayékisme japonais » improbable, elle y contribuerait.

En partant des activités académiques et de la politique économique, c'est une notion autre qui paraît finalement centrale : la nature et l'acceptation de l'ordre hérité d'une tradition. Conformité ou remise en question de l'ordre socio-politico-économique ? Là où la France se définit comme le « pays de la révolution », le Japon est celui dont l'histoire, sans avoir connu moins de luttes de pouvoir, n'a certes pas connu de « révolution ». On n'y dispose simplement pas, en quelque sorte, du concept correspondant. Bref, ce contre quoi Hayek s'élevait au fond n'y existe pas.

Le sens du terme « démocratie », une fois écartée la conception de l'événement fondateur de la république peut-il cependant rester inchangé ? La démocratie au sens des Modernes est-elle celle du droit qui en est issu ? De la France, le Japon de *Meiji* importa l'arsenal maritime et une part, somme toute restreinte, de son code familial (sous l'égide du juriste Paul-Emile Boissonnade). Mais le Japon incarne plutôt cet autre individualisme, d'esprit naturellement non-révolutionnaire qui n'est conforme, en contexte occidental, ni au cas français en Europe ni au cas américain (ancré dans la légitimité d'une quête individuelle du bonheur). Si démocratie d'un « autre » type il y a dans ce débat, il peut s'avérer utile de traiter la question que pose le cas du Japon à travers une lecture recourant à Hayek. C'est toutefois, à partir de là, un débat élargi, ouvert à d'autres horizons politiques et sociologiques que la philosophie économique, et qui exige d'autres éclairages détaillés sur les idées dans ce pays.

Est-il alors paradoxal de voir le nom de Hayek tourné en slogan d'une doctrine « néolibérale » plus incriminée qu'examinée par d'aucuns comme un « dogmatisme » ? Dans un contexte académique longtemps dominé par le marxisme, l'introduction de sa pensée à travers le succès d'un livre qui fit époque, la *Route de la servitude* (mais qui ne fut traduit en japonais que dix ans après sa parution, et dans le contexte de la guerre de Corée) conduit à renverser la charge de la preuve : le régime d'échange dans un cadre « démocratique » prend-il un sens aujourd'hui plus « libéral » et/ou « modernisateur », quant à son efficacité, que sous la révolution *Meiji* de la fin du XIXe siècle, ou que sous l'« occupation » (c'est la traduction du terme japonais) par les troupes du quartier général américain de McArthur après la guerre du Pacifique ? Autant, voire plus, que de raisonnements de théorie économique pour expliquer la posture libérale parfois dite « hayékienne » au Japon, c'est donc l'alliance de l'attitude pragmatique et de la force de la tradition, qu'on s'y abstient toujours de contester, par principe, qui peut expliquer la réception du penseur autrichien. Moins des raisons tirées de positions épistémologiques cohérentes qu'un souci très directement utilitaire de substituer la « solution des problèmes » particuliers (par exemple, les déficits de certaines branches des services postaux) aux présupposés idéologiques – principes qu'il est des toute façon peu probable de pouvoir instiller dans une civilisation qui leur reste étrangère. Mais c'est là un autre débat.

RÉFÉRENCES

Édition des œuvre de Hayek (*The collected Works of F. A. Hayek*), au Japon [44]

Ancienne édition (1988-1990) dirigée par Nishiyama, Chiaki (西山千明)

– Vol. 1. 『貨幣理論と景気循環/価格と生産』(1988), 谷口洋志・古賀勝次郎訳

Monetary Theory and The Trade Cycle, London : Jonathan Cape, 1933. *Price and Production*, 2nd edition, London : Routledge, 1935. Traduit par Taniguchi et Koga.

– Vol. 2. 『利潤、利子および投資』(1989), 加藤寛・林直嗣・細野助博訳

Profit, Interest and Investment and Other Essays on the Theory of Industrial Fluctuations, London : Routledge, 1939. Traduit par Hayashi et Hosono.

– Vol. 3. 『個人主義と経済秩序』(1990), 嘉治元郎・嘉治佐代訳

44. Pour leur aide à réunir une partie du matériel pour ce texte – nous remercions ici M. Sasaki K. et Côme C.

Individualism and Economic Order, London : Routledge, 1948. Traduit par Kaji, M. et Kaji, S.
– Vol. 4.『感覚秩序』(1989), 穐山貞登訳
The Sensory Order : an Inquiry into the Foundations of Theoretical Psychology, London : Routledge, 1952. Traduit par Akiyama.
– Vol. 5.『自由の条件１自由の価値』(1986), 気賀健三、古賀勝次郎訳
The Constitution of Liberty, Part 1, London : Routledge, 1960. Traduit par Kiga et Koga.
– Vol. 6.『自由の条件2自由と法』(1987), 気賀健三、古賀勝次郎訳
The Constitution of Liberty, Part 2, London : Routledge, 1960. Traduit par Kiga et Koga.
– Vol. 7.『自由の条件３福祉国家における自由』(1987), 気賀健三、古賀勝次郎訳
The Constitution of Liberty, Part 3, London : Routledge, 1960. Traduit par Kiga et Koga.
– Vol. 8.『法と立法と自由１ルールと秩序』(1987), 矢島鈞次、水吉俊彦訳
Law, Legislation and Liberty : vol 1, Rules and Order, Chicago : University of Chicago Press, 1973. Traduit par Yajima and Mizuyoshi.
– Vol. 9.『法と立法と自由２社会正義の幻想』(1987), 篠塚慎吾訳
Law, Legislation and Liberty : vol 2, The Mirage of Social Justice, Chicago : University of Chicago Press, 1976. Traduit par Shinozuka.
– Vol. 10.『法と立法と自由３自由人の政治的秩序』(1988), 渡部茂訳
Law, Legislation and Liberty : vol 3, The Political Economy of Free People, Chicago : University of Chicago Press, 1979. Traduit par Watanabe.

Nouvelle édition (2007-2012), dirigée par Nishiyama, Chiaki et Yajima, Kinji (西山千明、矢島鈞次)
– Vol. 1.『貨幣理論と景気循環／価格と生産』(2008)、谷口洋志・古賀勝次郎訳
Monetary Theory and The Trade Cycle, London : Jonathan Cape, 1933. *Price and Production*, 2nd edition, London : Routledge, 1935. Traduit par Taniguchi and Koga.
– Vol. 2.『利潤、利子および投資』(2008)、加賀寛・林直嗣・細野助博訳
Profit, Interest and Investment and Other Essays on the Theory of Industrial Fluctuations, London : Routledge, 1939. Traduit par Hayashi et Hosono.
– Vol. 3.『感覚秩序』(2008)、嘉治元郎・嘉治佐代訳
The Sensory Order : an Inquiry into the Foundations of Theoretical Psychology, London : Routledge, 1952. Traduit par Kaji, M. et Kaji, S.
– Vol. 4.『個人主義と経済秩序』(2008)、穐山貞登訳
Individualism and Economic Order, London : Routledge, 1948. Traduit par Akiyama.
– Vol. 5.『自由の条件１自由の価値』(2007)、気賀健三、古賀勝次郎訳
The Constitution of Liberty, Part 1, London : Routledge, 1960. Traduit par Kiga et Koga.
– Vol. 6.『自由の条件２自由と法』(2007)、気賀健三、古賀勝次郎訳
The Constitution of Liberty, Part 2, London : Routledge, 1960. Traduit par Kiga et Koga.
– Vol. 7.『自由の条件３福祉国家における自由』(2007)、気賀健三、古賀勝次郎訳
The Constitution of Liberty, Part 3, London : Routledge, 1960. Traduit par Kiga et Koga.
– Vol. 8.『法と立法と自由１ルールと秩序』(2007)、矢島鈞次、水吉俊彦訳
Law, Legislation and Liberty : vol 1, Rules and Order, Chicago : University of Chicago Press, 1973. Traduit par Yajima and Mizuyoshi.
– Vol. 9.『法と立法と自由２社会正義の幻想』(2008)、 篠塚慎吾訳
Law, Legislation and Liberty : vol 2, The Mirage of Social Justice, Chicago : University of Chicago Press, 1976. Traduit par Shinozuka.
– Vol. 10.『法と立法と自由３自由の政治的秩序』(2008)、渡部茂訳

Law, Legislation and Liberty : vol 3, The Political Economy of Free People, Chicago : University of Chicago Press, 1979. Traduit par Watanabe, S.
– Vol. 11.『隷属への道』(2008)、西山千明訳
The Road to Serfdom, édition anglaise : Routledge ; édition américaine : Chicago : University of Chicago Press, 1944. Traduit par Nishiyama.
– Vol. 12.『致命的な思いあがり』(2009)、渡辺幹雄訳
The Fatal Conceit : the Errors of Socialism (coord. Par W. W. III Bartley) édition anglaise : Routledge ; édition américaine : Chicago : University of Chicago Press, 1988. Traduit par Watanabe, M.
– Vol. 13.『経済学論集』(2009)、小浪充、森田雅憲、楠美佐子訳
Collected Works in Economics. Traduit par Konami et Morita et Kusu.
– Vol. 14.『思想史論集』(2009)、中山智香子、太子堂正称、吉野裕介訳
Collected Works in History of Thought. Traduit par Nakayama et Taishi et Yoshino.
– Vol. 15.『政治学論集』(2009)、田総恵子訳
Collected Works in Politics. Traduit par Tabusa.
– Vol. 16.『哲学論集』(2010)、長谷川みゆき[ほか]訳.
Collected Works in Philosophy. Traduit par Nagatanikawa.
– Vol. 17.『社会主義と戦争』(2010)、尾近裕幸訳
Socialism and War. Essays, Correspondence and Documents (traduction du volume colligé pour les *Collected Works of Hayek*, vol. 10). Traduit par Okon.
– Vol. 18.『資本の純粋理論』(2012)、江頭進訳
The Pure Theory of Capital : Chicago : University of Chicago Press, 1941. Traduit par Etô.
– Vol. 19.『科学による反革命』(2011)、渡辺幹雄訳
The Counter-Revolution of Science (collection d'articles des années 1940 parus en recueil dans la revue *Economica* en 1952). Traduit par Watanabe K.
– Vol. 20.『貨幣論集』(2012)、池田幸弘、西部忠訳
Collected Works in Monetary Theory. Traduit par Ikeda et Nishibe.
– Vol. 21.『ケインズとケンブリッジに対抗して』(2012)、小峯敦、下平裕之訳
Contra Keynes and Cambridge : Essays and Correspondence (traduction du volume colligé pour les *Collected Works of Hayek*, vol. 9). Traduit par Komine et Shimodaira.

Références citées

Caldwell, Bruce. 2004 *Hayek's Challenge : An intellectual biography*, The University of Chicago Press.

Campagnolo, Gilles. 2000. « La bibliothèque viennoise de Carl Menger conservée au Japon : étude des sources d'une pensée économique », *in* G. Stieg (dir.), *« Vienne 1900 », Austriaca*, n° 50, p. 173-197.

—. 2001. « Un exemple de réception de l'économie occidentale au Japon : le Fonds Carl Menger de l'Université de Hitotsubashi », in Lucas N. et Sakai C. (dir.), *Japon Pluriel 4*, Paris, Société Française des Études japonaises/Philippe Picquier, p. 211-221 (traduit en 2002 en japonais avec K. Yamazaki) : « メンガー文庫・ある経済思想の原資料 *Mengâ-bunko : aru keizaishisô no genshiryô* », *Bulletin of the Center for Historical Social Science Literature*, n° 22, p. 23-39.

—. 2004/2014 : *Critique de l'économie politique classique. Marx, Menger et l'École historique*, Paris, Presses Universitaires de France. Préface de B. Bourgeois. Version revue et augmentée au format électronique (*E-book*) et papier. Paris, Editions Matériologiques. Préface à la version parue en anglais de B. Schefold. Postface de J.-F. Kervégan.

—. 2008. *Carl Menger, Entre Aristote et Hayek : aux sources de l'économie moderne*. Paris : CNRS Éditions.

—. 2011. *Recherches sur la méthode dans les sciences sociales et en économie politique en particulier*, présentation, traduction intégrale et commentaire des *Untersuchungen über die Methode der Socialwissenschaften und der politischen Ökonomie insbesondere* de Carl Menger (1883, Leipzig, Duncker und Humblot, 288 p.) Paris, Éditions de l'EHESS, coll. « EHESS-translations ».

Campagnolo, Gilles et Jean-Pierre Grossein. 2005. Lettre à Liefmann (1908) de Max Weber, *Revue française de sociologie*, 46/4, p. 923-926.

Dalissier, Michel et Shin Nagai, Yasuhiko Sugimura (dir.) 2013. *Philosophie japonaise*, Paris : Vrin, collection « Textes clefs ».

Hashimoto, Tsutomu. 2004. « Discourses on Neoliberalism in Japan », *Eurasia Border Review*, 5/2, p. 99-119.

Hayek, Friedrich von. 1944. *The Road to Serfdom*. Londres, Routledge (édition anglaise)/The University of Chicago Press (édition américaine), rééd. 1956, 1976, 1995.

Hayek, Friedrich von / Caldwell, Bruce (ed.), 2008. *The Road to Serfdom – Texts and Documents : The Definitive Edition*, volume II des *Collected Works of F. A. Hayek*, Londres/New York : Routledge. Introduction de Bruce Caldwell, p. 1-33.

Hayek, Friedrich von, *Collected Works of F. A. Hayek*, Londres/New York : Routledge. General Editorship : W. W. Bartley, Stephen Kresge, Bruce Caldwell (depuis 1988).

—. *Œuvres complètes* en langue japonaise (voir la bibliographie attachée ci-dessus des deux éditions intégrales achevées : 1988-1990, par Nishiyama et 2007-2012, par Nishiyama et Yajima).

Ikeda Yukihiro, *Die Entstehungsgeschichte der „Grundsätze" Carl Mengers*, Sankt Katharinen, Scripta Mercaturae Verlag, 1997.

Maruyama, Masao (1974a) "Japanese Thought", *in* I. Scheiner (ed.) *Modern Japan : an interpretive anthology*, London/New-York : Macmillan, p. 208-215.

Maruyama, Masao (1974b), *Studies in the Intellectual history of Tokugawa Japan*, Tokyo : Tokyo University Press.

Menger Carl. 1871. *Grundsaetze der Volkswirtschaftslehre*, Vienne : Wilhelm Braumueller (deuxième édition transformée éditée par Karl Menger (fils) en 1923).

—. En traduction japonaise :

– édition de 1871 : 「一般理論経済学」 ((Ippan Riron Keizai-gaku)(1 ～ 2 巻) [Théorie économique générale], Tokyo, Maison d'édition みすず書房(Misuzu Shobô) [éd. Misuzu], 1982, 1984. Trad. 八木紀一郎、中村友太郎訳 (Kiichirô Yagi et Tomotarô, Nakamura)

– édition de 1923 「国民経済学原理」(Kokumin Keizai-gaku Genri) [Principes d'économie politique] publié comme volume des（近代経済学古典選集）(Kindai Keizai-gaku Koten Senshu) [Œuvres complètes en économie contemporaine], Tokyo, 日本経済評論社 (éd. Nihon Keizai Hyôron sha) [Editions économiques du Japon], 1999. Trad. 安井琢磨八木紀一郎訳 (Takuma Yasui et Kiichirô Yagi).

—. 1883. *Untersuchungen ueber die Methode der Socialwissenschaften und der politischen Oekonomie Insbesondere*. Leipzig : Duncker und Humblot.

En traduction japonaise :

– 「社会科学の方法に関する研究」 (Shakai Kagaku no Hôhô ni kansuru Kenkyu) [*Recherches concernant la méthode des sciences sociales*], par 戸田武雄訳 (Takeo Toda), éditée par 日本評論社 (Nihon Hyôron sha), 1937

– 「経済学の方法に関する研究」 (Keizaigaku no Hôhô ni kansuru kenkyu) [*Recherches concernant la méthode de l'économie*], nouvelle traduction par福井孝治、吉田昇三訳 (Kôji Fukui, Syôzo Yoshida), éditée par 岩波文庫 (Iwanami Bunko), 1988.

SCHIERA, Pierangelo. 1968. *Il Cameralismo e l'Assolutismo tedesco*, Milano : Giuffrè.

STEIN Lorenz von/ MENGELBERG Kaethe. 1842/1964. Introduction de la traduction anglaise, de l'ouvrage de Lorenz von Stein, *History of the Social Movement in France, 1789-1850*, Totowa, N. Jersey, Bedminster Press, 1964, rééd. 1989.

TAKII, Kazuhiro. 2007a *The Meiji Constitution : The Japanese Experience of the West and the Shaping of the. Modern State.* Tr. David Noble. Tokyo : International House of Japan.

TAKII, Kazuhiro. 2007b. « Lorenz von Stein und Japans Konstitutionalisierung », *Wilhelm Brauneder/Kazuhiro Takii (Hrsg.), Die österreichischen Einflüsse auf die Modernisierung des japanischen Rechts*, Frankfurt am Main u.a., Peter Lang, 2007, p. 19-29.

TAKII, Kazuhiro et Wilhelm BRAUNEDER. 2007. *Die österreichischen Einflüsse auf die Modernisierung des japanischen Rechts*, Frankfurt am Main : Peter Lang.

TOMO, Shigeki (ed.) / BÖHM-BAWERK, Eugen. 1891/2010. *Böhm-Bawerk Innsbruck Vorlesungen*, Innsbruck-Wien : Peter Lang Verlag.

WAKATABE, Masazumi (2016) « Keynesianism in Japan » (présenté à la conférence annuelle de la Société japonaise d'histoire de la pensée économique, Shiga, Mai 2015).

WASZEK, Norbert. 2001. « Aux sources de l'État social à l'allemande - Lorenz von Stein – Hegel » *Revue Germanique Internationale*, n° 15, p. 211-238

WATSUJI, Tetsurô, 2011. *Fûdo : le milieu humain.* Tr. Augustin Berque (avec P. Couteau et A. Kuroda), Paris : CNRS Editions.

YAGI, K. (1993) « Carl Menger's Grundsätze in the making », *History of Political Economy*, n° 25/4, p. 697-724.

YOSHINO, Yusuke. 2012. 東アジアでハイエクはどう読まれてきたのか。« *TôAjiade Hayekha dôyomaretekitanoka* (Comment Hayek fut-il lu en Asie orientale ?) » 春秋revue *Shunjû*, n° 2012/12, p. 1–4 (en japonais).

JAIME GUZMÁN : UNE SYNTHÈSE LIBÉRALE-CONSERVATRICE

DANIEL MANSUY *

Résumé

L'article ici présenté essaye de reconstituer l'itinéraire intellectuel de Jaime Guzmán, architecte de l'ombre de la dictature de Pinochet, qui a élaboré une synthèse libérale-conservatrice pour essayer de justifier le libéralisme économique à partir du principe de subsidiarité. L'article interroge notamment la cohérence interne d'une telle synthèse, et par son caractère polémique.

Mot-clés : Chili, libéralisme économique, subsidiarité, Jaime Guzmán.

Abstract

This article attempts to rebuild the intellectual itinerary of Jaime Guzmán, architect in the shadows of Pinochet's Dictatorship. Guzmán produced a liberal-conservative synthesis in an effort to justify the economic liberalism as derived from the principle of subsidiarity. The article questions mainly the internal coherence of such a synthesis, as well as its polemic features with regard to Marxism.

Keywords: Chile, Economic Liberalism, Subsidiarity, Jaime Guzmán.

Classification JEL : A13 – B31 – N46 – O54

Suite au coup d'État du 11 septembre 1973, le Chili a adopté un politique économique libérale, avec une stratégie de choc à partir de 1975, inspiré par la pensée de Milton Friedman et ses disciples. Ceci pose un problème, parce que les militaires chiliens n'étaient pas destinés, loin s'en faut, à appliquer un programme de cette nature. En effet, ils savaient peu d'économie, et leur tendance était davantage étatiste et centralisatrice qu'orientée vers la libre entreprise et l'économie de

* Universidad de los Andes (Santiago du Chili). Courriel : dmansuy@uandes.cl

marché[1]. Avant le 11 septembre 1973, ils n'avaient pas élaboré de programme, ni n'avaient conclu d'accord entre eux sur la politique à suivre[2]. Comment expliquer alors qu'ils aient opté pour un modèle libéral ? Pourquoi les militaires chiliens n'ont pas agi plutôt comme leurs voisins latino-américains, en mélangeant populisme, socialisme et politique de substitution d'importations ?

Bien sûr, la question n'appelle pas de réponse unique. Plusieurs facteurs ont joué dans cette décision. D'abord, il y a le fait que les économistes libéraux proposaient un programme élaboré et cohérent, ce que la droite traditionnelle – retranchée dans une position purement réactive – n'était pas en mesure de faire. Ensuite, les *Chicago boys* n'étaient pas contaminés par la vieille politique : ils se considéraient plutôt comme des technocrates, et étaient disposés à travailler dans la fonction publique. De surcroît, ils ne semblaient pas avoir d'ambitions politiques, et ils étaient jeunes, ce qui n'était pas pour déplaire au Général Pinochet, qui a toujours cherché à s'entourer de sang neuf (Mansuy, 2012 et Valdes, 1995).

Tous ces facteurs sont certes très importants, mais ne suffisent pas à expliquer cette étrange affinité. Si les militaires (et notamment le Général Pinochet) ont noué une alliance avec les économistes libéraux formés pour la plupart à Chicago, cela est dû dans une large mesure à l'influence décisive de Jaime Guzmán, l'homme qui a permis la synthèse politique entre deux mondes qui, auparavant, avaient peu en commun. Sans l'action politique de Guzmán, il serait difficile d'expliquer le choix constant et obstiné du régime, pendant 17 ans, en faveur des *Chicago boys*. C'est pourquoi l'on s'accorde à considérer que Guzmán a été l'un des hommes les plus influents du régime militaire, et peut-être l'homme politique le plus important de la droite chilienne de la deuxième moitié du XXe siècle. Si l'on voulait résumer en quelques mots l'importance de Guzmán au sein du régime, on pourrait dire qu'il a été la caution intellectuelle et politique, voire religieuse, du libéralisme économique. Autrement dit, il a proposé une justification du libéralisme capable de converger avec la droite politique, avec le conservatisme et surtout avec le désir des militaires

1. La seule exception était la marine, où le discours de Chicago avait eu un certain retentissement (voir Arancibia et Balard, 2007 : 159).

2. Il semble à peu près clair que les militaires se sont emparés du pouvoir sans accord ni clarté quant au chemin à suivre après le coup d'État. Voir, par exemple Valdivia, 2003 et Gárate, 2012 : 181-195. Pour un avis différent, voir Garreton, 2008 : 40.

d'effectuer une véritable refondation nationale (idée que, comme nous le verrons, appartient aussi à Guzmán). De surcroît, il a réussi en même temps à imposer un modèle politique : la « démocratie protégée » qui, combinée avec le libéralisme économique, devait éloigner durablement le danger marxiste du pays. Dans les pages qui suivent, nous tenterons de rendre compte de cette synthèse, en nous référant d'abord au parcours de Guzmán. Ensuite, nous explorerons sa lecture du principe de subsidiarité, qui est la pièce maîtresse de sa synthèse mais qui n'est pas exempte de tensions internes. Enfin, nous ferons allusion à certaines questions et difficultés.

JAIME GUZMÁN : L'ITINÉRAIRE D'UN ANTICOMMUNISTE CATHOLIQUE

Guzmán est né en 1946, il n'avait donc que 27 ans le 11 septembre 1973. Cependant, son parcours antérieur révèle déjà une certaine précocité politique. Catholique fervent tout au long de sa vie, il a reçu sa première formation intellectuelle au sein des cercles traditionalistes et thomistes. Dans les années 1960, en tant qu'étudiant en droit à l'Université Catholique de Santiago, il fonda un mouvement étudiant (*El gremialismo*) qui remporta des succès importants lors des élections universitaires, face à une gauche montante (Fermandois 2013, p. 496-497). L'idée centrale de Guzmán, en tant que dirigeant étudiant, consiste à protéger les corps intermédiaires (dont les unions des étudiants) de toute politisation qui lui soit étrangère. À ses yeux, si les corps intermédiaires se laissent instrumentaliser par des idéologies politiques (et, en particulier, par la gauche), ils ne sauraient accomplir les fonctions qui leurs sont propres. Ils peuvent alors devenir de simples annexes des partis politiques, très éloignés de leur vocation initiale. On verra par la suite que cette notion d'autonomie des corps intermédiaires jouera un rôle très important dans la configuration de sa pensée. Plus tard, sous le gouvernement socialiste de S. Allende, Guzmán fut, malgré sa jeunesse, l'une des figures les plus marquantes de l'opposition. Il écrivit de nombreux articles dans la presse, participa à des émissions télévisées et conseilla les grévistes du transport et ceux du cuivre qui ont fragilisé le gouvernement dès octobre 1972. En janvier 1973, il estime déjà que la crise chilienne est d'une telle ampleur qu'elle n'a d'autre issue que militaire[3]. Il ne pouvait donc que se réjouir du coup d'état du 11 septembre, et des nouvelles perspectives qu'il ouvrait.

Dès lors, Guzmán va devenir un véritable architecte de l'ombre. En effet, il gagne très vite la confiance du Général Pinochet, et collabore avec le régime dans plusieurs domaines. En fait, il ne s'agit pas d'un simple conseiller juridique ou politique, mais d'un véritable homme d'État capable de fournir aux militaires un discours politique et, surtout, un projet sur le long terme (Cristi 2001, p. 47 et Moncada, 2006, p. 120). Il est difficile de sous-estimer son importance dans la configuration de la dictature, puisqu'il a joué un rôle éminent dans toutes les grandes décisions des premières années, soit directement, soit indirectement par le biais de ses hommes de confiance qu'il a su placer à des postes stratégiques. En tout cas, son action se fera presque toujours dans l'ombre : il n'a jamais été ministre ni exercé de charge exécutive. Cela ne l'a pas empêché d'avoir une influence tout à fait décisive, à plusieurs niveaux. Limitons-nous à deux exemples. D'abord, il a adressé un mémorandum à la Junte quelques semaines après le coup d'État, où il tente de montrer, en une argumentation extrêmement précise, que le gouvernement militaire n'a pas vocation à rendre le pouvoir à la classe politique dans le court terme, en tout cas pas avant d'avoir impulsé une transformation profonde au pays. Le suicide d'Allende, dit-il, oblige les militaires à mettre en marche une véritable refondation nationale après une rupture si violente de l'ordre. Il faut bien rappeler à nouveau que les militaires, après le coup d'État, étaient plutôt dans l'incertitude de leurs choix. Bien entendu, ces derniers ont suivi, après quelques hésitations, le conseil de Guzmán (Moncada 2006, p. 75). Puis, avant la fin du mois de septembre 1973, Guzmán a été nommé membre de la Commission d'études pour une nouvelle Constitution, qui est à l'origine de la charte de 1980. Guzmán n'a pas seulement convaincu les militaires de refonder la démocratie chilienne, mais aussi de s'engager à rendre le pouvoir suivant un itinéraire constitutionnel fixé au préalable. D'ailleurs, les nationalistes, qui n'étaient pas peu nombreux, privilégiaient un régime durablement militaire, sur le modèle espagnol, et s'opposèrent donc

3. Voir son intervention, de janvier 1973, dans le lien suivant : https://www.youtube.com/watch?v=iF-1D2QZq6Q. Voir aussi son intervention en français pour justifier le coup d'état : https://www.youtube.com/watch?v=lFFn6yK9ugs (entre les minutes 1:09 et 1:43, liens consultés le 3 avril 2015).

farouchement au projet de Guzmán. Quoi qu'il en soit, ce dernier gardera une position privilégiée au moins jusqu'à la promulgation de la constitution de 1980. À partir de ce moment, il décide de fonder un parti politique pour participer à la transition, et s'éloigne donc du rôle de conseiller, même s'il soutiendra toujours le régime. Dans les premières élections libres, en décembre 1989, il est élu sénateur. Plus tard, en avril 1991, il est assassiné par un commando terroriste d'extrême gauche.

En ce qui concerne notre sujet, le paradoxe central réside dans le fait suivant : Guzmán était un catholique pratiquant et célibataire, qui n'a jamais caché son intention de devenir prêtre. Formé dans un thomisme orthodoxe, étant jeune il a formé parti des cercles très conservateurs proches de l'Église. Il a été, de ce fait, très critique à l'égard du libéralisme en général, et du libéralisme économique en particulier. Cependant, au cours des années 1970 il soutient sans faille les économistes libéraux et, devient en fait, le principal soutien du programme économique vis-à-vis de la droite catholique et conservatrice, plutôt méfiante à l'égard de la politique du gouvernement. Guzmán prétend en cela rester fidèle aux enseignements ecclésiaux. Autrement dit, il tente d'élaborer une véritable synthèse libérale-conservatrice, où le catholicisme orthodoxe peut être concilié avec un libéralisme économique assez marqué. L'étude de ces questions est importante parce qu'elles permettent de suivre le fil des rapports entre le programme libéral d'un côté, et ses soutiens politiques de l'autre. Il est naturel alors, que les regards se tournent vers celui qui a tenté de le justifier, et qui a beaucoup fait pour convaincre les militaires de l'adopter et la droite de le soutenir.

Cependant, l'étude de la pensée de Guzmán n'est pas exempte de difficultés. Même si la question est débattue, Guzmán a été plus un homme politique qu'un intellectuel[4]. En effet, son intelligence était systématiquement portée vers des problèmes pratiques : Guzmán cherche toujours – à partir de certains principes – la meilleure solution à des questions contingentes et les idées qui peuvent lui être utiles, en

4. Pour Renato Cristi, il est possible de trouver chez Guzmán une élaboration intellectuelle cohérente et valable en tant que pensée politique. Pour d'autres commentateurs (qui nous semblent plus convaincants), sa pensée ne saurait pas être comprise sans tenir compte du contexte politique puisque Guzmán aurait été un homme politique plus qu'un intellectuel (voir Cristi 2001, p. 17 ; Moncada 2006, p. 30 et Hunneus 2000, p. 335). Ceci explique pourquoi le caractère critique du marxisme paraît aussi peu dans les travaux de Cristi : il tend à sous-estimer le caractère contingent d'une bonne portion de la pensée de Guzmán.

fonction du contexte. C'est pourquoi il est difficile de reconstruire sa pensée sans se référer aux différents moments qu'a dû affronter l'homme politique lors de sa carrière. Les problèmes intellectuels l'intéressent, et il est très loin d'être l'archétype du politique éloigné du monde des idées. Cependant, c'est souvent en fonction de scénarios politiques mouvants qu'il fixe sa doctrine. Par ailleurs, il a écrit relativement peu, son enseignement étant plutôt oral.

Une des intuitions durables chez Guzmán n'est pas une idée positive à proprement parler, mais plutôt un rejet. Cette négation jette une lumière particulièrement vive sur son action et sa pensée. En effet, Guzmán a été tout au long de sa vie anticommuniste et antimarxiste, comme l'admet sa sœur dans son livre de souvenirs (Guzmán, Rosario 1991, p. 115). Il nous semble que cette dimension de sa pensée est constante, et ne s'atténue pas avec le temps : à ses yeux, le marxisme incarne un mal qui doit être combattu ; le communisme représente une menace très sérieuse pour l'Occident. Guzmán considère que ce dernier mérite d'être défendu, et il ne manque pas de bonnes raisons pour le penser. Autrement dit, sa négation du communisme ne répond pas à une pathologie obsessionnelle, mais à une conviction intellectuelle assez profonde. En un sens, on peut dire que Guzmán fut un homme de la Guerre froide qui n'a jamais douté de ses choix.

Un premier symptôme de cette posture apparaît dès les années 1960. Son rejet du communisme l'amène à critiquer ouvertement toute recherche d'une troisième voie entre capitalisme et socialisme, prônée souvent par les catholiques. Même dans ses premiers textes (qui sont ouvertement critiques du libéralisme philosophique ; Guzmán 1991, p. 256), il écarte pour de bon toute voie intermédiaire. Par conséquence, Guzmán condamne sans ambiguïtés ni concessions, le parti démocrate-chrétien chilien. À ses yeux, ce dernier, même s'il n'est pas marxiste, ouvre la voie à la gauche la plus radicale en faisant son jeu. Rappelons que la Démocratie chrétienne gouverna le Chili entre 1964 et 1970, avec l'appui d'une écrasante majorité parlementaire, et aussi avec le franc soutien d'une grande partie de la hiérarchie catholique. Bien entendu, cela n'a pas empêché la gauche de remporter les élections de 1970, le candidat démocrate-chrétien ayant été éliminé au premier tour. Guzmán pense (et il argumente soigneusement pour le prouver) que la tendance gauchisante des démocrates-chrétiens nourrit la gauche radicale parce que, en cédant sur des questions fondamentales, elle permet au marxisme de devenir de plus en plus plausible (Guzmán 1991, p. 377). Á ses yeux, la recherche de la démocratie chrétienne d'un équilibre entre socialisme et capitalisme ne fait que radicaliser la dynamique marxiste. En toute logique donc, il considère que la seule stratégie politique efficace face à une gauche montante n'est pas de se rapprocher d'elle pour tenter de trouver une improbable troisième voie qui incorporerait des éléments du marxisme, mais de s'y opposer de front pour défendre un certain nombre de principes qu'il considère comme étant centraux. La vie et l'action de Guzmán s'expliquent, dans une grande mesure, à partir de cette tentative.

Ainsi, Guzmán s'éloigne des décisions contingentes de la hiérarchie ecclésiastique chilienne au cours des années 1960, et il prend ses distances avec une bonne partie de l'enseignement catholique qui, tout en condamnant fermement le marxisme, condamne aussi les dérives du capitalisme libéral (et ne condamne pas, en tout cas pas au Chili, la recherche d'une troisième voie). Guzmán considère extrêmement dangereuse la voie de ceux qui voudraient maintenir une position équidistante entre les deux programmes. Cela implique, bien entendu, que les condamnations des deux systèmes ne peuvent être, dans son esprit, équivalentes : il n'accepte jamais de transiger avec le marxisme, ni en termes intellectuels ni en termes politiques. C'est pourquoi la troisième voie lui paraîtra toujours suspecte de communisme ou, au moins, suspecte de favoriser le communisme. On voit bien que Guzmán préfère rester dans un positionnement très droitier sur le sujet, en accusant les démocrates-chrétiens et l'Église chilienne de naïveté, face à une gauche de plus en plus radicalisée à partir de l'exemple cubain.

Cependant, on ne peut pas dire que Guzmán ait été un homme de droite typique : il n'était ni un conservateur à l'ancienne ni un réactionnaire. Son originalité réside précisément dans le fait d'avoir été capable d'élaborer un programme politique et économique à partir de son catholicisme et de son rejet du marxisme ; c'est-à-dire d'avoir su proposer un plan d'action. Cela lui donnera une voie d'opposition originale pendant l'UP et un modèle de rupture attrayant pour Pinochet, contrairement aux conservateurs chiliens dont une des caractéristiques est de camper très souvent sur des positions purement réactives ou défensives (Correa 2005).

En termes intellectuels, ce positionnement se décline de plusieurs façons. Guzmán affirme d'abord la priorité de l'homme sur la société. C'est un topique de l'enseignement catholique, mais Guzmán se permet certaines licences. Ainsi, il affirme une priorité ontologique et téléologique de l'homme par rapport à la société. Ontologique, parce que l'homme est antérieur à la société ; et pour le prouver Guzmán affirme qu'il est possible de concevoir un homme sans société, mais point une société sans hommes. Priorité téléologique ensuite parce que la société est faite pour l'homme, mais pas l'homme pour la société. Rappelons un texte qu'il écrivit très jeune, en 1965, mais dont les axes centraux vont perdurer :

> L'homme a été créé à l'image et à la ressemblance de Dieu (…) Il a, donc, priorité ontologique et de finalité par rapport à la société et à l'État. L'homme est un être substantiel à destinée éternelle, tandis que l'État est un être relationnel, qui dérive de la dimension sociale de l'homme, et périssable. Il peut y avoir des hommes sans États, mais il ne peut pas y avoir d'États sans hommes (Guzmán 1965, p. 4)[5].

Guzmán semble assumer ici certaines prémisses individualistes, plus proches de Locke que de la tradition thomiste. Il conçoit la société comme une entité de relation, donc purement accidentelle. Il utilise une terminologie thomiste, sans mentionner la distinction, très importante, entre accidents nécessaires et contingents (Cristi 2001, p. 88). Il parle de la société comme si elle n'était qu'un accident contingent[6], mais elle est plutôt, à l'intérieur de la tradition à laquelle il prétend appartenir, un accident nécessaire. La nuance est loin d'être négligeable, parce qu'avec cette modification subtile Guzmán suggère que la société a un caractère purement instrumental, et extérieur à la constitution de la personne humaine. Dans un texte publié en 1969, par exemple, il affirme que les groupes humains « n'ont pour champ spécifique d'action celui que l'homme ne peut pas développer seul » (Guzmán 1991, p. 256). Mais, quelles actions véritablement humaines peuvent être accomplies par un homme solitaire ? Dans quel domaine d'activités l'homme peut s'abstenir du recours aux autres ? Dans ce

5. La déclaration des principes de la Junte de mars 1974, rédigé par Guzmán, dit à peu près la même chose, en remplaçant « État » par « Société » (le texte es disponible en ligne, à l'adresse suivante : http://www.archivochile.com/Dictadura_militar/doc_jm_gob_pino8/DMdocjm0005.pdf[; lien consulté le 3 avril 2015).

6. Dans un texte écrit peu avant sa mort, il dit que « la société constitue seulement un être accidentel de relation » (Guzmán, 1992 : 46).

sens, il faudrait peut-être relativiser la priorité affirmée par Guzmán, parce que la société est une condition nécessaire, et non contingente, du bien humain[7]. Autrement dit, les hommes pour l'être vraiment, ont besoin de la présence d'autrui, et non d'une façon accidentelle. Au moins dans la tradition catholique inspirée d'Aristote, la société n'est pas un instrument du bien individuel. Guzmán développe ici une thèse proche de l'individualisme, selon laquelle l'individu a une primauté très marquée par rapport à la société : l'homme n'est pas un animal politique, mais plutôt un individu indépendant de la société. Ce faisant, Guzmán se rapproche des thèses qui sont au fondement d'un certain libéralisme, selon lequel la compréhension de la société doit se faire à partir de la considération des individus[8].

Comment interpréter ces prises de distance avec la tradition catholique, tout en prétendant rester fidèle à son enseignement ? Il nous semble que, au moins en principe, elles s'expliquent par son souci de rejeter fermement le communisme : il ne veut pas céder aux thèses marxistes ; toute concession peut être lue comme une défaite. Notons encore qu'à l'époque où il a écrit ces lignes, il n'a certainement aucune connaissance des doctrines néolibérales (Arancibia et Balart 2007, p. 156 ; et Gárate 2012, p. 144-154). En fait, il ne connaîtra ces dernières sous leurs formes élaborées que pendant le gouvernement de S. Allende, où il rejoindra les économistes formés à Chicago dans son effort de réunir l'opposition au gouvernement socialiste.

AU CŒUR DE LA « DÉMOCRATIE PROTÉGÉE » : UN USAGE STRATÉGIQUE DU CONCEPT DE SUBSIDIARITÉ

La critique du marxisme représente certes un versant très important de la pensée de Guzmán, mais il n'aurait pas suffi seul à inspirer son action et son programme. Pour essayer d'élaborer un discours ayant un versant positif, il sert d'une autre notion, qui restera au centre de sa pensée tout au long de sa vie, un concept qu'il emprunte directement à l'enseignement catholique. Il s'agit du principe de subsidiarité, qui avait été formulé par Althusius au XVIIe siècle, mais

7. Sur la façon dont Aristote affronte ce problème, voir Kraut 2002, p. 247-276.

8. Sur cette question épineuse, voir la critique qu'Aron adresse à l'individualisme méthodologique de Friedrich Hayek (Aron 1989, p. 271-279).

dont on peut trouver la trace chez Aristote. Ce principe est très présent au sein de l'enseignement catholique : il est explicitement formulé dans l'encyclique *Quadragesimo anno*, rédigée par Pie XIII à l'occasion du quarantième anniversaire de *Rerum novarum* ; et il est repris par Jean XXIII dans son encyclique intitulée *Mater et Magistra*, publiée en 1961. En termes simples, le principe de subsidiarité (si important d'ailleurs dans la construction européenne) indique que les sociétés majeures ne peuvent ni ne doivent se substituer sans motif aux sociétés mineures. Cela implique que l'État n'a pas vocation à remplacer les sociétés intermédiaires. Si ces dernières accomplissent de manière adéquate leurs finalités propres, alors il ne faut pas que l'État intervienne. Les papes en appellent à ce principe pour critiquer le socialisme étatique : il ne faut pas que l'État fasse tout, parce qu'il pourrait facilement asphyxier la vie propre à la société civile. Mais le principe, dans sa version originale, comprend un deuxième volet, directement déduit du premier : l'intervention des sociétés majeures. Ainsi, s'il y a des objectifs que les sociétés intermédiaires n'arrivent pas à accomplir, alors il faut que l'État agisse en recours, de façon subsidiaire. L'action privée a des limites implicites, et si elle n'est pas suffisante, ou satisfaisante, il faut qu'une société majeure intervienne. Au fond, le principe cherche à protéger la sociabilité humaine et ses multiples manifestations.

Dans le texte de Pie XII, la défense des sociétés intermédiaires semble être liée à la défense d'une organisation corporative de la société, idée en vogue dans les années 30. Ce trait est absent de *Mater et magistra*, dont le but explicite est de rejeter un étatisme excessif qui pourrait mettre en péril l'ordre social en s'attaquant au tissu des sociétés intermédiaires. Pourtant, le rejet du socialisme ne vaut pas adhésion totale au libéralisme. C'est justement ici que réside tout l'intérêt du principe, qui se tient à distance tant du socialisme que du libéralisme : on ne saurait fixer dans l'abstrait la quantité adéquate de participation étatique. Autrement dit, il n'y a pas de règle ni de solution magique au problème politique. De surcroît, si le principe de subsidiarité peut orienter les rapports entre l'État et le marché, il va bien au-delà de cette question. Le principe peut s'appliquer même à l'État et au marché séparément, puisque chacun d'eux possède plusieurs niveaux d'action qui sont susceptibles d'être absorbés les uns par les autres.

Bien entendu, reste à savoir qui juge de la pertinence de l'abstention ou de l'intervention. On peut supposer que les encycliques attribuent, même de façon implicite, un certain pouvoir au politique, non pour se substituer à la société civile, mais pour apprécier la pertinence des interventions. Ceci, bien sûr, nous ramène à l'enseignement politique d'Aristote, ou du moins à l'interprétation de celui-ci proposée par Vincent Descombes. La primauté du politique, telle qu'elle est comprise par Aristote, implique que le politique n'a pas vocation à se substituer à tout, mais « seulement » une vocation architectonique : il doit indiquer à chacun sa place dans le tout (Descombes 2008, p. 41). Ceci suppose que le principe ne peut pas se comprendre sans faire référence à un équilibre général, au sein duquel doit être comprise l'autonomie des sociétés intermédiaires.

Guzmán fait sien ce principe ancré dans la tradition, tout en suggérant une lecture singulière : ici réside son véritable tour de force. En effet, il propose une interprétation libérale du principe, en mettant plutôt l'accent sur son aspect négatif (non-intervention de l'État), et en minimisant son volet positif (intervention de la société majeure si besoin), tout en passant sous silence les autres dimensions propres à la subsidiarité. En outre, il fait très peu mention du contexte général qui entoure le principe dans l'enseignement catholique : fonction sociale de la propriété, rejet du libéralisme extrême, prise en compte des risques d'une exacerbation de la logique marchande. Ceci s'explique par le fait que, à ses yeux, le principe de subsidiarité est susceptible d'offrir une réponse vigoureuse face aux prétentions étatiques de la gauche. Ainsi, l'État ne doit, en aucun cas, étouffer la société civile ; et tout projet de substitution de la société par l'État comporte des risques totalitaires. Par ailleurs, ce principe le met en accord avec les économistes libéraux formés à Chicago, dans la mesure où il l'interprète de façon à laisser jouer librement les acteurs privés dans le marché.

Il faut rappeler encore que, dans sa version originale, le principe ne comporte pas seulement une dimension économique : les sociétés intermédiaires ne sauraient se réduire aux agents du marché. Guzmán ne s'embarrasse pas de ce point et identifie progressivement, et sans états d'âme, « sociétés intermédiaires » et « marché », ou agents économiques. Il est indéniable que dans les années 1960 son discours révèle une certaine ambiguïté à ce sujet, puisqu'il critique ouvertement le libéralisme, et que sa défense de la subsidiarité comporte encore une dimension organique. Ainsi, il pouvait écrire en 1969 : « Ce n'est que dans le respect et l'adhésion à ce principe [de subsidiarité] que réside la seule possibilité de constituer une société réellement organique » (Guzmán 1991, p. 256). Autrement dit, au cours des années 1960, la notion de subsidiarité de Guzmán conserve un accent proche du corporativisme. Un peu plus tard, en 1972, en plein gouvernement socialiste, il écrit un texte ou il critique sévèrement la structure traditionnelle de l'entreprise capitaliste, parce qu'elle ne donne pas une place suffisamment importante aux travailleurs, qui sont exclus de décisions les plus importantes. Il appelle, toujours dans le même texte, à repenser le gouvernement de l'entreprise, de façon à mieux intégrer tous ses membres, et à dépasser l'organisation verticale et hiérarchique (Guzmán 1972[9]). Ces textes montrent bien que ce qui le tient à cœur est la recherche d'une voie effective pour contrer le marxisme. Il ne s'agit pas bien sûr d'une obsession sans fondements : à ses yeux, le marxisme incarnait à l'époque une menace bien réelle.

Cependant, toutes ces ambivalences vont disparaître, jusqu'à l'effacement total, au cours des années 1970 et notamment après le coup d'État. En effet, Guzmán va adhérer au discours économique libéral, en abandonnant les éléments susceptibles d'ouvrir une tension trop marquée avec celui-ci. Par exemple, il va même défendre – contre l'avis d'une partie de la droite catholique – la libéralisation complète des ordres professionnels, incarnation éminente des sociétés intermédiaires traditionnelles. Guzmán renonce ainsi définitivement à la recherche d'une société organique ; et rompt en même temps avec les groupes les plus attachés au traditionalisme catholique[10]. L'enjeu est intéressant, parce qu'il met en contradiction les principes de la société organique (qui s'ordonne à partir des ordres professionnels), et le système libéral, qui voit dans la protection à ces groupes un privilège indu qui entrave la liberté des agents économiques. De cette

9. Comme on le verra par la suite, Guzmán ne reviendra jamais sur ces thèses, qui mettent sérieusement en question le libéralisme orthodoxe. On peut penser que son discours de 1972 comporte une dimension tactique, à un moment ou les syndicats du cuivre et du transport fragilisaient sérieusement le gouvernement de S. Allende.

10. Voir les actes de la Commission d'Études pour une nouvelle Constitution, séance n. 27 du 28 mars 1974 et n. 127 du 5 juin 1975 (ces document sont disponibles à l'adresse suivante : http://www.bcn.cl/lc/cpolitica/actas_oficiales-r, lien consulté le 3 avril 2015).

façon, le principe de subsidiarité commence, peu à peu, à prendre une tournure un peu différente.

En effet, Guzmán subvertit quelque peu la signification du principe de subsidiarité. Dans sa pensée, celui-ci va impliquer tout simplement la liberté de l'individu dans le domaine économique, en tant qu'entrepreneur ou en tant que consommateur, et cela appliqué à tous les domaines de la vie sociale. Cela comprend même les domaines de la santé et de l'éducation, où l'État ne doit intervenir que si et seulement si les privés rencontrent des difficultés ; et de prendre congé au moment où ces difficultés aient été surmontées. Guzmán critique ouvertement, par exemple, l'idée selon laquelle une des fonctions primordiales de l'État serait celle d'agir dans le domaine de l'éducation, puisque ceci impliquerait une certaine priorité de la puissance publique par rapport aux particuliers. À ses yeux, la participation de l'État dans le domaine de l'éducation est toujours subsidiaire, dans ce sens où il y a des droits qui lui sont nécessairement antérieurs : le droit des parents à éduquer ses enfants, mais aussi « le droit des particuliers à ouvrir des établissements d'enseignement, et à être des sujets actifs à ce sujet »[11]. On peut noter ici que le principe de subsidiarité est utilisé non seulement pour justifier le droit des parents à éduquer, mais aussi pour justifier le droit des particuliers à entreprendre.

En ce qui concerne la santé, Guzmán propose une argumentation analogue. Tout en admettant que l'État doit être présent en ce domaine, il faut que cette présence soit harmonisée avec « le droit des citoyens à participer en tant que particuliers dans cette activité ». Ce dernier droit est, pour lui, « prioritaire, même du point de vue de la liberté, à l'action étatique », puisque celle-ci n'a qu'un caractère subsidiaire[12]. La subsidiarité est pensée de façon progressive à défendre les agents économiques, et leur libre activité au sein du marché, et il faut bien remarquer comment Guzmán transforme discrètement le citoyen titulaire de droits civiques, en particulier qui a le droit d'entreprendre. Ainsi, le principe de subsidiarité n'est plus orienté en vue de protéger le tissu complexe des sociétés intermédiaires, mais plutôt les agents du marché, ce qui fait une différence assez importante[13]. Bien entendu, une certaine liberté économique reste indispensable pour permettre

11. *Ibid.*, séance n. 143, 4 août 1975.

12. *Ibid.*, séance n, 187, 10 mars 1976.

13. Guzmán, par exemple, est très critique à l'égard du droit de grève (voir la séance n. 209 du 11 mai 1976).

la vitalité de la société civile, mais elle n'est pas la seule, et se doit d'être équilibrée avec d'autres principes. De surcroît, Guzmán ne réfléchit jamais aux conflits que peut produire son système : une liberté économique trop poussée, et non régulée, peut bien finir par mettre en péril cette vitalité sociale (il suffit de penser, par exemple, aux effets de la concentration économique). Comme on le verra, ces arguments feront l'objet de critiques au sein de la Commission d'études pour une nouvelle Constitution, parce qu'on peut penser qu'il y a des domaines où la disposition de l'État doit peut-être avoir une orientation différente[14].

La subsidiarité défendue par Guzmán suppose que l'action étatique est, par définition, une action qui cherche à suppléer une insuffisance des particuliers, mais une insuffisance qui est toujours conçue comme étant contingente et passagère. Cette thèse ne va pas sans conséquences, puisque dans cette logique les interventions de l'État ont forcément un caractère temporaire, dans la mesure où il intervient dans l'attente que les particuliers puissent accomplir leurs fonctions. En effet, les problèmes devraient être toujours résolus par les particuliers, l'activité de l'État ne représentant qu'une contingence plus ou moins fâcheuse. Chantal Delsol explique cet aspect de la subsidiarité libérale en la rapprochant de Locke, qui considère que le rôle de la personne publique est analogue à celui du père de famille. Ce dernier doit seulement suppléer une insuffisance qui reste temporelle par définition (Delsol 2103, p. 84-87 ; et Locke 1984, n. 74, 75 et 173[15]).

Guzmán utilise ainsi une notion présente dans l'enseignement catholique pour proposer une justification du libéralisme économique. En outre, s'il insiste très souvent sur les devoirs d'abstention des sociétés majeures à l'égard des sociétés intermédiaires, il fait rarement mention de la proposition inverse : les devoirs des sociétés intermédiaires vis-à-vis du tout (Moncada 2006, p. 84). Il semble que ceci implique une certaine dépolitisation de la société, puisque les individus et les sociétés intermédiaires sont considérés comme relativement autonomes face au tout. Dans ce contexte, il y a peu de place pour la dimension architectonique du politique, qui est vécue

14. Ce dernier point est admis par l'enseignement catholique (Jean XXIII 1962, n. 59-60).
15. À ce sujet, voir les remarques d'Yves Simon 2015, p. 164-169..

comme un risque plutôt que comme une élévation. En fait, Guzmán va même jusqu'à dévaloriser le suffrage en tant qu'instance politique :

> Il y a un autre moyen plus élémentaire de participer socialement, mais qu'on ne valorise pas comme tel. Je pense à la participation individuelle ou familiale, et aux multiples décisions que chaque personne adopte quotidiennement sur sa propre destinée personnelle et familiale (Guzmán 1981).

En tout état de cause, cet effort de Guzmán a un sens bien précis : il cherche à se prémunir contre toute tentative de retour du socialisme étatique. Au fond, il cherche un système capable de fournir une protection contre toute tentation marxiste. Ce système a deux volets. D'un côté, Guzmán prône l'instauration d'une démocratie protégée (dont la Constitution de 1980 est le reflet), c'est-à-dire, une démocratie qui accepte le suffrage universel comme un fait inévitable. Cela peut paraître une évidence aujourd'hui, mais il ne l'était pas à l'intérieur de la dictature dans les années '70. À cette époque, les partisans du régime étaient farouchement divisés sur ce point, et le courant nationaliste prônait un système plus proche de l'Espagne franquiste. Guzman défend (dès 1973) l'institution du suffrage universel pour revenir à la normale : à ses yeux, la lutte contre le marxisme doit accepter cette règle de base (et cela l'oblige, en 1988 et 1990, à accepter la défaite, tout en sachant qu'il s'agit d'une *défaite contrôlée*). Cependant, le système doit essayer de limiter et contrecarrer les effets du suffrage à partir d'une multiplicité de mécanismes contra majoritaires. Le but consiste à empêcher institutionnellement que la gauche puisse démanteler le système instauré par la dictature, même si elle remporte les élections. C'est pourquoi il y avait un nombre important des sénateurs désignés non issus du suffrage populaire ; un système électoral qui tendait systématiquement à attribuer une moitié des sièges à la gauche et une moitié à la droite ; et l'exigence d'une majorité des trois cinquièmes pour modifier les lois organiques constitutionnelles. Guzmán essaye ainsi de combiner le suffrage universel avec des mécanismes qui permettent à la minorité d'exercer un puissant droit de blocage. Le deuxième volet réside donc, comme nous l'avons vu, sur la confiance accordée à l'exercice des libertés économiques. Aux yeux de Guzmán, le meilleur remède contre le socialisme est une large liberté économique. Son pari est qu'une fois ce système intégré dans les mœurs et dans la culture, tout recul devienne impossible. En effet, pour Guzmán,

> l'exercice pendant plusieurs années de ces espaces de liberté croissante que le gouvernement actuel a généré dans le domaine de l'éducation, de la santé, de la liberté de travail et de syndicalisation, de la prévision sociale et, en général, de toutes les activités économiques ou patronales, est indispensable pour que celles-ci s'incarnent en tous les Chiliens, de sorte qu'il soit très difficile de revenir vers des schémas étatistes qui supposent l'amputation des libertés qui déjà auront été appréciées et incorporées par chacun (Guzmán 1991, p. 438).

Ce texte montre bien le dessein de Guzmán. D'une certaine façon, l'exercice de la liberté économique permet de suppléer la liberté politique. La démocratie protégée n'a un sens que si l'on institue en même temps des marges amples de liberté pour les agents économiques. Autrement dit, la liberté économique est si puissante qu'elle peut remplacer la liberté politique, au moins dans une certaine mesure.

En même temps, il faut bien dire que c'est la notion d'État subsidiaire qui permet à Guzmán de fonder la liberté économique sur un concept présent dans les enseignements pontificaux. En cela réside peut-être son effort le plus profond et le plus systématique pour concilier catholicisme et libre marché : il pense que c'est à partir du principe de subsidiarité que cette convergence peut être envisagée. Il faut noter aussi que cette conciliation donne au discours du régime un caractère novateur et de rupture avec le passé socialisant. Guzmán va ainsi offrir à la droite un discours positif et la possibilité d'incarner l'idée de progrès (pour plus de détails sur Guzmán et la subsidiarité, voir Mansuy 2016).

UNE SYNTHÈSE PROBLÉMATIQUE

Cependant, la synthèse proposée par Guzmán n'a pas toujours fait, loin s'en faut, l'unanimité à l'intérieur du régime. Au sein de la Commission d'Études pour une nouvelle Constitution, par exemple, sa lecture de la subsidiarité a fait l'objet de critiques assez sévères. Sergio Diez, homme politique issu du conservatisme et membre de la Commission, s'y est opposé à maintes reprises. À ses yeux, la subsidiarité de Guzmán est trop abstraite pour s'appliquer à la réalité sociopolitique du Chili. L'objection récurrente de Diez est que la subsidiarité prônée par Guzmán prétend fonder un État libéral, un

État passif face aux urgences sociales d'un pays très pauvre. Pour lui, et étant donné les caractéristiques du Chili des années 1970, l'État ne peut surtout pas se mettre en retrait et devenir spectateur des faits sociaux. Bien au contraire, il doit adopter une posture active sur des sujets aussi sensibles que la santé et l'éducation, faute de quoi des pans entiers de la population seraient condamnés à la misère.

L'objection est suffisamment sérieuse pour que Guzmán prenne le temps de la réfuter en plusieurs occasions. Selon lui, le principe de subsidiarité ne revient pas à défendre un État minimal ni un État libéral, mais seulement un État suffisant. La règle subsidiaire, affirme-t-il, va dans un sens tout à fait différent, puisqu'elle est qualitative et non quantitative. Le critère de la subsidiarité indique seulement que l'État doit intervenir là où les particuliers ne peuvent pas accomplir convenablement leurs fins, et s'abstenir là où ils y parviennent. Cela peut supposer un État très actif si les privés sont absents d'un certain domaine de la vie sociale, mais l'important ne réside pas dans la quantité d'État, mais seulement dans le critère qui justifie la présence étatique. Guzmán se défend donc de souscrire à la thèse d'un État minimal : sa subsidiarité se limite à exiger des conditions strictes pour l'intervention de la puissance publique. Si ces conditions sont remplies, l'État peut – et doit – s'impliquer. Diez rétorque que ce principe est peut-être correct dans l'abstrait, mais très éloigné de la réalité chilienne, où les besoins sont très importants, et où on ne peut imaginer – même de manière purement hypothétique – que l'État puisse se retirer, où adopter une attitude passive. Pour Diez, il est impérieux de rédiger une Constitution susceptible de s'appliquer à la réalité sociale d'un pays pauvre du tiers-monde, qui ne soit pas une déclaration de principes peu en phase avec la situation sociopolitique. Pour Diez, un État dont l'action est toujours envisagée de manière temporaire n'est pas adapté à la réalité[16].

En tout état de cause, Guzmán était parfaitement conscient des distances qu'il affichait par rapport à l'enseignement catholique traditionnel. D'abord, il ne prend jamais au sérieux les critiques non marxistes adressées au système capitaliste. Il y a en effet une longue réflexion autour des effets pervers du marché sur l'ordre social, réflexion qui ne débouche pas nécessairement sur une politique de

16. Sur cette discussion, voir notamment les séances n. 45 (13 juin 1974), 143 (5 août 1975), 192 (23 mars 1976) et 205 (28 avril 1976)

gauche, ou étatiste. L'école ordolibérale est un bon exemple de cette mouvance (Audier 2012), partagée par des auteurs tels que Daniel Bell, et par la Doctrine sociale de l'Église (Bell 1979 ; et Kristol 1987). Guzmán n'a jamais discuté sérieusement, du moins publiquement de ces réserves, et les a toujours écartées d'un geste rapide, en excusant le marché, et en accusant soit la nature humaine, soit les mauvaises applications des certains principes (Guzmán 1991, p. 297, 300 et 460). Bien sûr, on peut supposer que ce silence est motivé par son anticommunisme : il semble considérer que toute critique du marché équivaut à un renforcement de l'ennemi, et il préfère donc passer sous silence toute critique ouverte du libéralisme. En même temps, il est parfois très confiant quant aux bienfaits économiques du libéralisme, comme si la liberté dans ce plan pouvait instituer à terme une société pacifiée.

Il y a même un moment où son libéralisme se déploie de façon très libre. Dans un article publié en 1983, il se permet de critiquer l'enseignement social de l'Église, ce qu'il n'avait jamais fait ouvertement. Dans ce texte, Guzmán se demande quelle place la doctrine sociale doit donner au lucre et à l'appât de gain :

> L'envie de gagner de l'argent appartient à l'essence de l'homme d'entreprise, et on ne saurait attendre une croissance rapide et soutenue de l'économie sans stimuler le gain individuel. Je dis ceci d'une façon très taxative et crue parce que, à mon avis, ce point de vue (…) n'a pas été bien repris par la Doctrine sociale de l'Église. Je pense qu'il va être indispensable que la Doctrine sociale de l'Église approfondisse ce sujet, à la lumière de la science économique et de l'expérience contemporaine (Guzmán 1991, p. 482).

Il y a dans ce texte une critique assez profonde de la tradition, qui n'a jamais accepté de bon gré que la recherche du profit puisse constituer, à elle seule, un motif valable pour l'action humaine. Il s'agit bien sûr d'une grande question de philosophie morale et politique (pour ce problème, voir Hirschman 2014) ; mais Guzmán semble pencher clairement pour une solution selon laquelle les vices privés peuvent effectivement produire des vertus publiques, et qu'il faut l'encourager au lieu de le déplorer. Autrement dit, sa doctrine de la subsidiarité, et la place qu'il fait dans ce cadre à la figure de l'entrepreneur, n'est pas aisément compatible avec les enseignements ecclésiaux, ce dont il est pleinement conscient. Il appelle donc l'Église à modifier ses enseignements pour les rendre totalement compatibles avec les prémisses de l'économie politique moderne.

***

En termes politiques, il est indéniable que Guzmán a réussi un exploit assez difficile : faire converger les militaires, les économistes libéraux, les catholiques conservateurs et la droite dans un même programme politique et économique. Malgré les remous et les objections qui n'ont pas manqué, il est parvenu à offrir une articulation politique opérationnelle au régime. D'un côté, les *Chicago boys* avaient besoin du soutien des militaires pour mener à bien leur programme ; d'un autre, les militaires avaient besoin de soutien politique. Guzmán a fait la synthèse entre tous ces mondes, pour permettre au régime de déployer un projet. C'est dans ce sens qu'on peut dire qu'il est le véritable architecte des transformations effectuées par la dictature.

Si la synthèse semble politiquement irréprochable (et, à certains égards, géniale), intellectuellement la question semble plus discutable. En effet, sa synthèse acquiert tout son sens dans un contexte de guerre froide, et son succès peut s'expliquer à partir de ce phénomène historique. C'est sous la menace pressante du marxisme que la combinaison de libéralisme économique et de démocratie protégée peut se comprendre ; en fait, il s'agit d'un instrument extrêmement utile et maniable pour éviter le triomphe de son adversaire. Le modèle pensé par Guzmán, dans ses dimensions politique et économique, se veut un rempart contre ce socialisme. En effet, il est entièrement conçu pour s'assurer que, même en cas de retour de la gauche au pouvoir, elle ne pourra pas appliquer un programme radical parce que, d'un côté, la démocratie est protégée par une série de mécanismes constitutionnels non majoritaires et, d'un autre, l'exercice des libertés économiques aura consolidé le système de marché dans la société chilienne. Bien entendu, cela pose un certain nombre de problèmes : la conviction de Guzmán, ou son postulat, est que la combinaison d'État subsidiaire – qui tend au minimum –, de liberté économique très marquée et de « démocratie protégée » serait capable, dans une certaine mesure, de pacifier une société ; ou, en tout cas, de la prémunir contre toute tentation marxiste. Il est indéniable que cette synthèse a eu un certain succès politique pendant une bonne quinzaine d'années après la chute de Pinochet. Cependant, la Constitution de 1980 n'a pas obtenu la légitimité escomptée : le débat actuel autour de la Constitution a bien sûr des raisons symboliques (on veut rompre avec tout l'héritage de la dictature), mais la question ne s'épuise pas là. En effet, le système économique et politique n'emporte pas l'adhésion que Guzmán supposait, ce qui ne doit pas surprendre. Si sa synthèse est liée à un contexte donné, il n'est pas étonnant qu'au bout de deux décennies et demi les pays se pose d'autres questions. Au fond, chez Guzmán le politique l'a toujours emporté sur l'intellectuel.

RÉFÉRENCES

Actes de la Commision d'Études pour une nouvelle Constitution, disponibles à l'adresse suivante : http://www.bcn.cl/lc/cpolitica/actas_oficiales-r, lien consulté le 3 avril 2015.

Arancibia, Patricia et Balart, Francisco. 2007. *Sergio de Castro. El arquitecto del modelo económico chileno*, Santiago, Biblioteca Americana.

Aron, Raymond. 1989. *Leçons sur l'histoire*, Paris, Fallois.

Atria, Fernando. 2013. *Neoliberalismo con rostro humano (veinte años después)*, Santiago, Catalonia.

Audier, Serge. 2012. *Néolibéralisme(s). Une archéologie intellectuelle*, Paris, Grasset.

Bell, Daniel. 1979. *Les contradictions culturelles du capitalisme*, Paris, PUF.

Correa, Sofía. 2005. *Con las riendas del poder. La derecha chilena en el siglo XX*, Santiago, Sudamericana.

Cristo, Renato. 2001. *El pensamiento político de Jaime Guzmán. Una biografía intelectual*, Santiago, Lom.

Delsol, Chantal. 2013. *L'État subsidiaire : ingérence et non ingérence de l'État. Le principe de subsidiarité aux fondements de l'histoire européenne*, Paris, Karéline.

Descombes, Vincent. 2008. *Philosophie du jugement politique*, Paris, Seuil.

Fermandois, Joaquín. 2013. *La revolución inconclusa*, Santiago, CEP.

Garate, Manuel. 2012. *La revolución capitalista de Chile*, Santiago, Universidad Alberto Hurtado.

Garreton, Manuel Antonio. 2008. "La crisis de la democracia, el golpe militar y el proyecto contrarrevolucionario", *in* G. Vial (ed.), *Análisis crítico del régimen militar*, Santiago, Universidad Finis Terrae, pp. 33-41.

Guzmán, Rosario. 1991. *Mi hermano Jaime*, Santiago, V[er].

Guzmán, Jaime. 1991. "El miedo y otros escritos", *Estudios Públicos* 42, 251-570.

—. 1965. "El Capitalismo y los católicos de tercera posición", *Revista Fiducia*, Santiago.

—. 1992. *Escritos personales*, Santiago, Zig-Zag.

—. 1981. "Participación. ¿Cuál es su expresión básica", *La Segunda*, 3 avril 1981.

Hirschman, Albert O. 2014. *Les passions et les intérêts. Justifications politiques du capitalisme avant son apogée*, Paris, PUF.

Hunneus, Carlos. 2000. *El régimen de Pinochet*, Santiago, Sudamericana.

Jean XXIII. 1962. *Mater et Magistra*, Paris, Spes.

Kraut, Richard. 2002. *Aristotle. Political Philosophy*, Oxford University Press.

KRISTOL, Irving. 1987. *Réflexions d'un néo-conservateur*, Paris, PUF.

LOCKE, John. 1984. *Deuxième traité sur le gouvernement civil*, Paris, Flammarion.

MANSUY, Daniel. 2012. « Les intellectuels libéraux au sein d'un régime autoritaire : le cas chilien », *in* F. HOURMANT et A. LECLERC (éd.), *Les intellectuels et le pouvoir. Déclinaisons et mutations*, Presses Universitaires de Rennes, pp. 251-265.

—. 2016. « Notas sobre política y subsidiariedad en Jaime Guzmán », *Revista de Ciencia Política* (à paraître).

MAYOL, Alberto. 2012. *El derrumbe del modelo. La crisis de la economía de mercado en el Chile contemporáneo*, Santiago, Lom.

MONCADA, Belén. 2006. *Jaime Guzmán. Una democracia contrarrevolucionaria. El político de 1964 a 1980*, Santiago, RIL.

SIMON, Yves. 2015. *Philosophie du gouvernement démocratique*, Paris, Desclée de Brower.

VALDÉS, Juan Gabriel. 1995. *Pinochet's economists : the Chicago school in Chile*, Cambridge University Press.

VALDIVIA, Verónica. 2003. *El golpe después del golpe. Leigh vs Pinochet*, Santiago, Lom.

RECENSION D'OUVRAGE

Inequality
Anthony B. Atkinson
Cambridge (Ma), Harvard University Press, 2015

SERGE-CHRISTOPHE KOLM *

Quand une différence est-elle une inégalité ?

Quand une inégalité est-elle une injustice ?

Atkinson (dans son ouvrage récent *Inequality*, trad. fr *Inégalités*, Paris, Seuil, 2016, qui va attirer beaucoup de lecteurs) esquive cette analyse philosophique par l'hypothèse sémantique qu'une inégalité est toujours injuste. Il s'intéresse alors à la distribution du revenu global, tout compris (revenus d'activité et de la fortune, loyer implicite pour les propriétaires de leur logement, net des impôts, plus aides et prestations des services publics, dons reçus et héritages, etc.). Logiquement, il devrait aussi (mais ne le fait pas) s'intéresser aux prix des biens de consommation pour obtenir le revenu "réel" ou pouvoir d'achat, avec des biens achetés dépendant du niveau de revenu. Une moindre inégalité semble souhaitable : certes moins de misère l'est, et moins d'inégalité favorise sans doute souvent la convivialité sociale (et la démocratie moderne). Il n'est pas tenu compte des différences entre capacités à jouir de son revenu et à l'utiliser. Il s'agit donc au total d'un genre de moindre « inégalité des chances » (partielle). Le revenu

* Écoles des hautes études en sciences sociales (EHESS).

de chaque ménage est traduit en celui de chacun de ses membres en le divisant par la racine carrée du nombre de ceux-ci. L'inégalité totale dans la société est alors mesurée par des indices qui ne varient pas quand tous les revenus sont multipliés par le même nombre (propriété qui a fortement choqué les instigateurs des "évènements" de Mai 1968 en France quand ceux-ci se sont soldés par les « accords de Grenelle » unanimes augmentant de 10% tous les salaires, donc donnant beaucoup plus aux cadres dirigeants déjà grassement payés qu'aux salariés de base – si l'on voulait un tel indice mais de plus ne changeant pas quand tous les revenus sont accrus d'un même montant, c'est à une fonction exponentielle du revenu qu'il faut l'appliquer, ce qui augmente beaucoup les inégalités et leurs variations car, alors, une même augmentation de revenu accroit d'autant plus cette nouvelle "mesure" de celui-ci qu'elle s'applique à un revenu plus élevé).

On constate en tout cas que l'inégalité a décru pendant la seconde guerre mondiale et les « trente glorieuses » qui l'ont suivie (même depuis 1914) grâce bien sûr à la fiscalité progressive et aux divers aspects de l'« État social » s'ajoutant aux conflits salariaux, suivant les destructions, isolations, coupures, spoliations et chaos des guerres, mais qu'elle a presque partout crû à partir du « tournant inégalitaire » des années 1980 sous l'effet des allègements d'impôts, de la spéculation financière et de la mondialisation de l'économie. Peut-on inverser cette tendance ? Atkinson pense que cela est possible puisqu'il y a déjà eu des périodes de baisse (mais les guerres et les crises ont joué un rôle important en détruisant du capital et des profits, et en permettant des impôts élevés et progressifs pour les dépenses militaires – l'impôt sur le revenu en France a été voté le 15 juillet 1914 – réaffectables aux dépenses sociales plus tard), mais ne peut s'obtenir qu'en s'attachant (s'attaquant) à tous les faits qui influencent les revenus finals, et non seulement à la redistribution par la fiscalité et les services publics. Il faudrait en particulier contrôler la formation "primaire" des revenus dans le système de production et sur les marchés du travail et des capitaux. L'auteur pense que ceci est sa contribution à la question. Par exemple, le progrès technique doit être contrôlé selon son effet sur les divers revenus (son effet distributif dépend de qui possède les robots). Certains sujets sont cependant absents de façon surprenante, comme par exemple le choix de la rémunération des dirigeants par des conseils d'administration entre amis s'aidant mutuellement.

Le résultat est que tout fait économique ou social n'est jugé que par son effet sur les revenus personnels finals. Cette position fut classiquement celle de l'extrême-gauche française (notamment à l'époque du parti communiste très puissant et bien intégré, bien que Marx lui-même fustige l'« égalitarisme petit-bourgeois »). Bien des points font souvent l'objet de discussions dans les média, le public et la vie politique, mais on peut y ajouter les nombreuses analyses apportées par les diverses parties de la pensée et de la recherche économiques. L'ouvrage débouche sur une série de 15 préconisations spécifiques (et 5 « idées à poursuivre ») réformistes, surtout pour le Royaume-Uni – certaines existent déjà là ou ailleurs comme, en France, le Conseil Economique et Social (existe dans 22 pays de l'Union Européenne), le salaire minimum (existe maintenant dans la plupart des pays de l'OCDE) et un genre d'« échelle mobile », les allocations familiales (par enfant et de préférence au niveau européen), des impôts locaux proportionnels à la valeur de la propriété (la Council Tax anglaise est régressive), un impôt sur le revenu progressif avec un taux marginal supérieur élevé (65% pour Atkinson), un impôt sur les héritages et dons reçus cumulés, un impôt sur la fortune (mais seulement comme « idée à poursuivre »), le Fonds Stratégique d'Investissement, et le « livret A ».

Par ailleurs, l'État pourrait être « employeur de dernier recours » assurant l'emploi direct ou par d'autres voies de tous ceux qui le demandent au salaire minimum et jusqu'au temps de travail total officiel, systématisant ainsi l'emploi public palliatif ancien et courant. Les personnes peuvent recevoir une allocation forfaitaire égale pour tous en revenu annuel (« de participation », pour tous ceux qui "contribuent" à la société comme ils le peuvent – c'est par contre sans condition que chaque citoyen de l'Alaska reçoit un chèque annuel de quelques milliers de dollars) et en capital à leur majorité (un genre d'héritage social financé à partir de l'impôt sur les successions et dons reçus).

Conséquence de son hypothèse de base qu'il faut agir partout, la principale vertu de cette étude est son étendue. Pour presque chaque fait qui affecte les revenus et leur distribution, elle rappelle une bonne partie des politiques et des discussions qu'il a suscitées, et des points pertinents de la pensée et de la littérature économiques. Il reste cependant quelques sujets de perfectibilité. L'un concerne l'ensemble des critères à prendre en compte, plus riche et raffiné que simplement la mention de l'inégalité du revenu final étendu (par exemple consommation, bien-être, bonheur, vertu, faute, la vie bonne et la bonne vie, pénibilité, compensation, mérite – pour le choix, l'effort ou les capacités –, responsabilité, exploitation, autonomie, conformité, distinction, réalisation, contribution, identité, communauté, intégration, solidarité, dévouement, réciprocité, dignité, universalisation, etc.). Il y a quelques allusions ad hoc à certains (droit aux fruits de son travail – critère libéral et marxiste –, participation, soins prodigués, relations personnelles, etc.) parce qu'ils sont dans l'esprit public, mais on pourrait faire usage des analyses bien développées depuis quelques décennies par l'économie normative et l'éthique sociale. En fin de compte, cette étude se lit avec beaucoup plus d'intérêt que de surprises et peut être utile pour établir un programme social en d'autres lieux et avec des critères de justice plus complets et analysés.

RECENSION D'OUVRAGE

Le secret du droit naturel ou Après Villey
Pierre-Yves Quiviger
Paris, Classiques Garnier, 2013

GUILLAUME DROUOT *

L'ouvrage de M. Quiviger s'inscrit nettement dans les sillons tracés par la pensée de Michel Villey, une telle démarche étant revendiquée dès l'introduction. Renvoyant dos à dos les positivistes et les tenants du droit naturel moderne, l'auteur prend le parti de défendre le droit naturel classique, celui d'Aristote. Rappelons que d'après le droit naturel classique, le droit est dans les choses, dépend de l'ordre du cosmos, tandis que pour le droit naturel moderne, le droit naturel est un ensemble de règles éternelles déduites par la raison au regard d'une nature humaine immuable.

Ainsi, M. Quiviger fait preuve d'une lucide bienveillance à l'égard de l'œuvre de Villey, estimant que, malgré certaines imperfections historiques, ses travaux demeurent porteurs d'enseignements dans le champ de la philosophie (comp. S. Piron, « Congé à Villey », *L'Atelier du Centre de recherches historiques*, http://acrh.revues.org/314).

Les propos de l'auteur viseront donc à démontrer quatre idées que l'on peut tenter de présenter ainsi :

1) rejet du droit naturel moderne : le droit naturel doit s'appuyer sur l'ensemble du monde, non uniquement l'être humain ;

* Maître de conférences en droit privé à l'Université Panthéon-Assas.

2) rejet de la confusion entre le droit naturel et la morale (l'articulation avec la morale étant brièvement exposée p. 20, puis plus longuement p. 142 *sq.*) ;

3) rejet de l'intégration du droit naturel au droit positif sous la forme d'une norme, sans que, pour autant, toute inspiration du droit positif par le droit naturel soit exclue (*cf.* conclusion, p. 181) ;

4) rejet de tout idéalisme : l'auteur revendique un jusnaturalisme qui serait un réalisme dans la mesure où il refuse d'isoler arbitrairement une partie de la réalité.

La définition du droit naturel est précisée dans la première partie, les deux autres étant consacrées respectivement à une analyse de la propriété et de l'obligation.

La première partie de l'ouvrage, intitulée « Le droit n'est pas la loi », permet à l'auteur de revenir sur le critère du droit, critère qui serait l'intervention du juge, d'un tiers impartial. Nous reconnaissons là, peu ou prou, le critère dit de la justiciabilité, tel qu'il a pu être mis en avant, notamment, mais de manière particulièrement approfondie, par Kojève (*Esquisse d'une phénoménologie du droit*). L'intervention du juge est finalisée : il s'agit de rendre à chacun le sien.

Le chemin qu'emprunte M. Quiviger pour affirmer que le droit est lié à l'intervention du juge suit les traces d'Aristote et passe par l'opposition entre la justice particulière et la justice générale présentée dans l'*Éthique à Nicomaque* : seule la première, la justice particulière, fait « nécessairement appel à un tiers neutre » (p. 21), la seconde, la justice générale, désignant le portrait moral de l'homme juste, sinon au sens de saint, du moins d'honnête homme.

Puis, se concentrant sur la justice particulière, M. Quiviger reprend la distinction artistotélicienne de la justice distributive et de la justice corrective. Considérant ces deux figures de la justice comme des techniques pour parvenir à une fin, il nous livre le secret du droit naturel : « parvenir à l'équilibre, en considérant que cet équilibre est source de paix sociale » (p. 27). La raison d'être d'une décision de justice, la raison d'être du droit, est cet équilibre. La présentation du droit naturel sera étoffée en conclusion de l'ouvrage grâce à la mention, entre autres, d'un autre extrait de l'*Éthique à Nicomaque*, à savoir le passage où Aristote oppose clairement le juste naturel et le juste conventionnel (Livre V, 1134b18, sur lequel voir le profond article de V. Descombes, « Aristote, la justice naturelle et la justice positive », dans *Le raisonnement de l'ours*, Seuil, p. 361 *sq*.).

On comprend dès lors que le titre de cette première partie doit être saisi dans son sens le plus complet. D'une part, le droit n'est pas que la loi, d'autre part, toute loi n'est pas du droit.

Si la première assertion est aisément acceptable, la sociologie juridique ayant montré que le « droit est plus grand que l'ensemble des sources formelles du droit » (J. Carbonnier, *Sociologie juridique*, PUF, 2e éd., 2004 [1978], p. 333), la seconde est moins intuitive, tant la loi fait figure de règle juridique par excellence[1].

Afin de concrétiser son projet de présentation du droit naturel, l'auteur propose de revenir sur deux notions au cœur du droit, à savoir la propriété et l'obligation, la propriété faisant figure d'une « certaine impasse subjectiviste du droit contemporain » (p. 35) et l'obligation de voie royale pour bâtir une théorie générale du droit.

La deuxième partie de l'ouvrage (« La question de la propriété ») vise ainsi à démontrer que la propriété ne concerne pas l'appropriation des choses, mais constitue un lien d'exclusivité entre un point d'imputation – un sujet de droit – et une chose. En d'autres termes, la propriété sert à désigner un lien spécifique entre une chose et un propriétaire. Ainsi, la propriété vise au propre, quand la possession vise à l'appropriation[2].

L'auteur parvient à ce constat en s'interrogeant au préalable sur la notion de propriété, sur ses sens métaphysiques et logiques avant de s'interroger sur son sens juridique.

Au terme d'un itinéraire particulièrement riche consacré au concept de propre, celui-ci apparaît comme désignant ce qui est propre à quelqu'un, ce qui permet de dire qu'il s'agit de tel individu et non de tel autre (pour grossir le trait). C'est le caractère distinctif de la propriété qui est ainsi mis en avant.

1. Remarquons cependant que la différence entre la positivité (ce qui est voté par le parlement) et la juridicité (ce qu'est le droit) est désormais généralement admise y compris chez les juristes (*cf.* not. R. Libchaber, *L'ordre juridique et le discours du droit. Essai sur les limites de la connaissance du droit*, LGDJ, Lextenso éditions, 2013, n° 18, p. 20 *sq*., n° 213, p. 282-283).

2. P. 123 : « Si l'on veut construire une théorie générale de la propriété, qui ne néglige aucun des visages que le droit en connaît, il faut l'inscrire dans le concept du propre comme *lien spécifique*, qui ne signifie ni un pouvoir particulier sur la chose, ni ne consacre l'impossibilité de plusieurs liens spécifiques *de nature différente* entretenus par la chose avec des propriétaires distincts. Le lien de propriété est avant tout un lien de *désignation*, il permet de donner le nom de celui est en mesure d'accomplir, conformément au droit, un certain nombre d'actions. »

Le concept de propriété est ensuite affiné au regard de la distinction entre la propriété-état (*hexis*, *habitus* : on possède ainsi une vertu) et la propriété-possession (*ktêsis* : on possède ainsi un vêtement). Selon l'auteur, si seule la propriété-état est une propriété distinctive, la distinction *hexis/ktêsis* doit être pensée au regard d'une autre opposition, celle de l'être et de l'avoir, puisque c'est à partir de ces deux couples, de ces quatre variables, que va pouvoir se poser la question de l'appropriable : l'acquisition de possessions, de choses, ne permet pas d'acquérir plus d'être, de se perfectionner.

Or, s'interroger sur l'appropriable c'est ouvrir la porte au mouvement qui précède la propriété, à savoir l'appropriation. L'auteur rappelle ici que selon Locke, le besoin d'appropriation découle du désir de domination : l'exemple est celui de l'enfant qui cherche à prendre au-delà de son besoin, le rôle de l'éducateur étant alors de porter une limite au désir, la limite du besoin.

Le thème de l'appropriation est important car il invite à envisager l'approprié, dont la polysémie est extrêmement riche. L'approprié renvoie ainsi tant à la possession qu'à la parenté, à la complémentarité et à ce qui est adapté. La pointe de la démonstration peut alors surgir : l'appropriation permet la distinction. Pour reprendre les termes de l'auteur : « on peut alors comprendre la notion de propriété, comme propre-ité, comme le fait de s'approprier le propre, et en particulier, son propre propre ».

La propriété renferme donc en elle ces deux éléments de distinction et de possession.

Fort de cet important travail préalable, l'auteur peut alors rechercher ce qu'est la propriété au sens du droit, prenant comme point de départ les articles 544 et 545 du Code civil. Afin de montrer que la propriété juridique est la distinction, et non l'appropriation qui renvoie à la possession, M. Quiviger va se fonder sur différents éléments comme le démembrement de propriété (qui est véritablement propriétaire si ni l'usufruitier ni le nu-propriétaire n'ont l'*abusus* ?), l'abus de droit (comment dire qu'une personne n'a pas d'intérêt sérieux dans tel ou tel usage de la chose si on se contente de voir la propriété comme une souveraineté ?) et la distinction du *jus* et du *dominium*, le *jus* étant ce qui m'est propre puisque cela m'a été approprié justement, le *dominium* étant le pouvoir, la maîtrise de la chose. Le *jus* relève du droit, c'est la propriété, distinctive, le *dominium* relève du fait, c'est la possession, l'appropriation.

Sont alors proposées des pistes de réflexion au juriste et à l'économiste quant à la question de la propriété ainsi comprise. L'auteur, soulignant la nécessité de prendre en compte la propriété commune à côté de la propriété privée et de la propriété publique, invite à s'interroger, notamment, sur le sort des choses communes (*res communes*), comme le problème de la pollution de l'air ou du gaspillage des ressources (thèmes envisagés notamment, sauf erreur de notre part, par les économistes *via* le théorème de Coase[3]).

Ces éléments, ces propositions de réflexion ne sont cependant soumis au lecteur qu'après qu'un détour a été effectué pour cerner la notion d'appropriation et mener une réflexion sur la valeur. La pensée de Locke est à nouveau invoquée pour rappeler qu'une des manières de justifier l'appropriation est le travail. En cela, Locke conduit à Marx et à la valeur travail : ce qui était un critère de propriété pour le premier devient un critère de valeur pour le second. Pourtant, ce que Marx, malgré lui, mettrait réellement en avant, n'est pas le fait que la valeur soit liée au travail, mais à la circulation de la chose. Selon les termes de M. Quiviger, « si la propriété est valeur, si la propriété dégage de la valeur, c'est parce qu'elle est dépassement (par le droit, par l'économie) de l'*être-là*, de la chose : elle fait de la chose “matière à dépense”, et la quête d'une valeur *intégrée objectivement à la chose par le travail* est économiquement peu heuristique (même si elle est politiquement utilisable) » (p. 115).

Pour parfaire sa démonstration, c'est enfin à Nozick que M. Quiviger va recourir afin de montrer que l'appropriation ne peut pas être justifiée en droit, ne peut pas être justifiée rationnellement. En ce sens, M. Quiviger rejoint les affirmations de Villey pour lequel « on

3. Rappelons, brièvement et à grands traits, que pour pour traiter le problème de la pollution, Coase estime qu'il est préférable de lier droit de propriété et droit de polluer plutôt que de mettre en place un système de taxes (envisagé par Pigou, à travers le principe pollueur/payeur). Ainsi, selon Coase, le droit de propriété d'une ressource donne le droit de polluer. Attribuer clairement un droit de propriété et, partant, un droit de polluer, est nécessaire pour éviter la situation où le pollueur aurait autant le droit de polluer que le pollué le droit de ne pas être pollué. A suivre le système de Coase, si une entreprise a la propriété des ressources, elle a le droit de les polluer. Les pollués devront alors négocier avec elle pour que son comportement change : par exemple offrir une compensation à une baisse d'activité souhaitée. L'intervention de l'État serait alors inutile pour traiter le problème de la pollution, la négociation suffirait.

ne gaspillera pas sa peine à découvrir de prétendus titres "originaires" de propriété : "l'occupation", avec le mythe du consentement universel au droit du premier occupant (GROTIUS) – ou le "travail" (LOCKE). Jamais le rationalisme moderne n'est parvenu à expliquer le partage des propriétés » (*Philosophie du droit*, Dalloz, 2001 [1984-1986], p. 264).

La conclusion de l'auteur est la suivante : « la leçon du "droit naturel" est donc qu'il convient de laisser au second plan une enquête portant sur la nature du pouvoir que le propriétaire a sur sa chose au bénéfice d'une description, la plus fine et exhaustive possible, de la connexion logique et métaphysique qu'on peut établir entre un point d'imputation juridique (un sujet, une personne) et une chose » (p. 123).

Le propos rejoint ainsi, nous semble-t-il, un des courants de pensée actuels en droit civil visant à redéfinir la notion de propriété à partir de l'exclusivité – *cf.* not. F. Zenati, « Pour une rénovation de la théorie de la propriété », *RTD civ.* 1993, p. 305 *sq.* Comp. W. Dross, *Droit civil. Les choses*, LGDJ, n° 42-1, p. 85, qui rappelle que selon Durkheim, « le droit de propriété consiste essentiellement dans le droit de retirer une chose de l'usage commun. (...) Le droit de propriété se définit beaucoup plus par un côté négatif que par un contenu positif, par les exclusives qu'il implique que par les attributions qu'il confère » (*Leçons de sociologie*, PUF, 2010, p. 171-172).

On peut se demander si, au-delà du recours à la distinction opérée par le droit entre la propriété et la possession [4], l'auteur n'aurait pas pu interroger la notion de bien, telle que les juristes la comprennent. En effet, les thèmes de l'appropriation et de la valeur paraissent renvoyer avant tout à la question de la qualification d'une chose comme bien, de même que les doutes relatifs au caractère appropriable d'une chose ne relèvent pas que de la possession mais de la conception qu'on peut se faire de la notion de bien. Ainsi, la question de la libre disposition du corps humain et de ses éléments, question loin d'être neutre économiquement et axiologiquement, paraît se poser avant tout en termes de « bien » plutôt que de « possession » [5].

---

4. Remarque : la distinction entre les actions possessoires et les actions pétitoires, opportunément mentionnée à la la note 3, p. 84, relève désormais de l'histoire du droit, l'article 9 de la Loi n° 2015-177 du 16 février 2015 ayant abrogé l'article 2279 du code civil, siège de l'action possessoire.

5. Sur la notion de bien, *cf.* not. P. Berlioz, *La notion de bien*, LGDJ, 2007.

Toujours est-il que l'idée de point d'imputabilité, de lien, invoquée pour parler de la propriété, fait également l'objet des développements de la troisième partie de l'ouvrage consacrée à *l'obligation juridique*. La propriété mène ainsi à l'obligation.

La thèse qu'entend défendre l'auteur ici est que le lieu juridique de l'obligation est la relation complexe existant entre le créancier et le débiteur, ce que l'auteur qualifie de *nexalité*, « terme forgé à partir du terme *nexus* qui désigne le nœud complexe unissant le créancier et le débiteur », préférable selon lui à la formule « lien de droit », trop peu précise pour rendre compte de la nature du rapport juridique existant entre le créancier et le débiteur.

Pour parvenir à cette conclusion, M. Quiviger dépouille l'obligation juridique de tous ses faux attributs. Pour ce faire, l'auteur revient sur la distinction du droit et de la morale pour constater que le droit, s'il est un énoncé performatif, ne trouve sa réalisation que grâce à l'ensemble de la collectivité. La collectivité est alors regardée à travers le prisme de la fraternité, dont l'expression la plus exacte juridiquement serait celle de la solidarité.

Or, la solidarité invite à penser autrement l'opposition entre l'obligation morale et l'obligation juridique à travers le droit-créance, qui met lui-même en évidence toute la pertinence de l'obligation naturelle. La conclusion s'impose alors : si l'obligation naturelle est juridique, si l'obligation naturelle est tout aussi juridique que l'obligation civile c'est que l'essentiel du rapport juridique se situe dans l'engagement du débiteur, le *debitum* en latin, la *Schuld* en allemand, et non dans le pouvoir de contrainte du créancier, l'*obligatio*, la *Haftung*, dont est dénuée l'obligation naturelle.

Cette mise à nu de l'obligation permet de reconsidérer les droits de l'homme ou les droits fondamentaux en invitant à rechercher ce qu'il y aurait en eux de juridique (l'État peut en être le débiteur), et à atténuer la critique de Villey portant sur leur ineffectivité, dès lors que celle-ci ne relève aucunement de l'essence de l'obligation. De même, une telle conception de l'obligation, comme *nexalité*, permet de penser ensemble le délit et le contrat, le droit pénal et le droit civil.

En conclusion, l'auteur revient sur ce qu'est le droit naturel, en montrant le caractère excessif de la distinction du fait et de la valeur, lesquels n'ont pas d'existence *en soit*, mais ne sont que des aspects de la même réalité (sur cet point, nous ne pouvons que recommander l'article de Ph. I. André-Vincent, « L'abstrait et le concret dans l'interprétation », *Arch. Philo. Dr*, t. 17, p. 135 *sq*.).

Cette précision montre combien il est important de partir de l'être et de se poser la question de la langue du droit : indicatif plutôt qu'impératif, puisque le droit « *se contente de* dire » (p. 175).

La réflexion de l'auteur sur le juste naturel le conduit alors à examiner les caractères du droit naturel. Mobilité et diversité du droit naturel sont ainsi expliquées, afin d'écarter la tentation d'un droit naturel fixe (*cf.* le droit naturel moderne) mais également la tentation d'un droit comme pure contingence, comme purement factice, et dont on ne pourrait alors rien dire. Deux tentations auquel succombe le positivisme rationaliste.

In fine, après une brève réflexion sur le rôle de la jurisprudence par rapport à celui de la loi, passant ainsi naturellement de la vertu de justice à celle de la prudence, l'auteur termine en présentant les caractéristiques du bon juge, cheville ouvrière du droit naturel.

Notre conclusion sera quant à elle la suivante : la lucide bienveillance de M. Quiviger à l'égard de la pensée de Villey fait de son ouvrage un outil efficace de défense du droit naturel mais, également, un support stimulant et fécond pour aborder sous un angle renouvelé les concepts juridiques de propriété et d'obligation.

Achevé d'imprimer en novembre 2016 par

ISI print
15, rue Francis de Pressensé
93210 La Plaine Saint-Denis

N° d'impression : 125505

Imprimé en France

BULLETIN D'ABONNEMENT / *SUBSCRIPTION FORM*

Revue de Philosophie Économique

Review of Economic Philosophy

Je soussigné(e) / *I would like to put the following order and will sign this order form below*

Nom / *First Name* :..........
Prénom / *Last Name* : .....
Institution / *Institution name* :..
N° TVA / *VAT number (if applicable)* : ....
Adresse / *Address* : ....
....
C.P. / *Zip Code* : .... Ville / *City* :...
State (if applicable) : ....
Pays / *Country* :...

Commande / *Contents of the order* :

.... abonnement(s) annuel(s) à la *Revue de Philosophie Économique* (deux numéros par an), au prix de 50 euros TTC (frais de port inclus) pour la France et de 55 euros TTC (frais de port inclus) pour l'étranger.
Yearly subscription (two issues per year) for 55 € (p&p included)

.... fascicules, au prix de 30 euros TTC (frais de port en sus), selon détail ci-dessous :
Or order by issue, at individual price of 30 € per issue (p&p to be added)
(Notice: unless otherwise specified, all issues contain both English and French essays, each essay displays abstracts in both languages)

.... ex. du numéro / *copie(s) of issue* 2, vol. 16, décembre 2015, 978-2-7116-5213-6

.... ex. du numéro / *copie(s) of issue* 1, vol. 16, juin 2015, *Justice et environnement* / Justice and Environment, 978-2-7116-5212-9

.... ex. du numéro / *copie(s) of issue* 2, vol. 15, décembre 2014, *Varia*, 978-2-7116-5211-2

.... ex. du numéro / *copie(s) of issue* 1, vol. 15, juin 2014, *Les figures de l'entrepreneur* /
The Entrepreneur : *Facets of Yesterday and Today*, 978-2-7116-5210-5

.... ex. du numéro / *copie(s) of issue* 2, vol. 14, décembre 2013, *Varia*, 978-2-7116-5209-9

.... ex. du numéro / *copie(s) of issue* 1, vol. 14, juillet 2013, *Critical Realism in the Social Science, Agency and the Discusive Self*, 978-2-7116-5208-2

.... ex. du numéro / *copie(s) of issue* 2, vol. 13, décembre 2012, *Varia*, 978-2-7116-5207-5

.... ex. du numéro / *copie(s) of issue* 1, vol. 13, juillet 2012, *Experimental Economics* : *Some Methodological Aspects*, 978-2-7116-5206-8

.... ex. du numéro / *copie(s) of issue* 2, vol. 12, décembre 2011, 978-2-7116-

5205-1

.... ex. du numéro / *copie(s) of issue* 1, vol. 12, juillet 2011, 978-2-7116-5204-4

.... ex. du numéro / *copie(s) of issue* 2, vol. 11, décembre 2010, 978-2-7116-5203-7

.... ex. du numéro / *copie(s) of issue* 1, vol. 11, juillet 2010, *Markets, Governance and Human Development*, 978-2-7116-5202-0

.... ex. du numéro / *copie(s) of issue* 2, vol. 10, décembre 2009, 978-2-7116-5201-3

.... ex. du numéro / *copie(s) of issue* 1, vol. 10, juillet 2009, *Enjeux éthiques en économie de la santé (French language only)*, 978-2-7116-5200-6

.... ex. du numéro / *copie(s) of issue* 2, vol. 9, décembre 2008, 978-2-7117-3511-2

.... ex. du numéro / *copie(s) of issue* 1, vol. 9, juillet 2008, *Démocratie d'entreprise (French language only)*, 978-2-7117-3510-5

.... ex. du numéro / *copie(s) of issue* 14, 2006/2, 978-2-7117-3507-5

.... ex. du numéro / *copie(s) of issue* 13, 2006/1, 978-2-7117-3506-8

.... ex. du numéro / *copie(s) of issue* 9, 2004/1, *Le concept d'identité / Identity Concept*,
978-2-7117-3502-0

.... ex. du numéro / *copie(s) of issue* 8, 2003/2, 978-2-7117-3501-3

.... ex. du numéro / *copie(s) of issue* 7, 2003/1, *Autour de John Rawls (French language only)*, 978-2-7117-3500-6

Paiement / *Payment should be sent* :

❒ par chèque bancaire à l'ordre de « Librairie Vrin » (joindre le chèque au bulletin d'abonnement) / by *Bank Order written to "Librairie Vrin"*

❒ par virement sur notre compte / *by wire transfer to our account*
BIC : PSSTFRPPPAR
IBAN : FR28 2004 1000 0100 1963 0T02 028

❒ par règlement administratif (joindre le bon de commande au bulletin d'abonnement)

Date : .... Signature

À renvoyer par courrier postal ou électronique :
Please send via postmail or email the order form completed with date and signature:

Librairie Philosophique J. Vrin
À l'attention de Frédéric Mendès
6 place de la Sorbonne
75005 Paris – France
fmendes@vrin.fr